Cofio
Cael awr i agor cloriau – hen gyfrol
I gyfrif y breintiau
A chanfod rhai penodau
Yn y cof sy'n gwrthod cau.

J P

AGOR CLORIAU

Argraffiad cyntaf: 2018

© Hawlfraint John Phillips a'r Lolfa Cyf., 2018

Dymuna'r cyhoeddwyr gydnabod cymorth ariannol Cyngor Llyfrau Cymru

Llun y clawr: Tim Jones
Cynllun y clawr: Y Lolfa

Rhif Llyfr Rhyngwladol: 978 1 78461 552 9

Cyhoeddwyd, rhwymwyd ac argraffwyd yng Nghymru gan Y Lolfa Cyf., Talybont, Ceredigion SY24 5HE
gwefan www.ylolfa.com
e-bost ylolfa@ylolfa.com
ffôn 01970 832 304
ffacs 832 782

John Phillips

AGOR CLORIAU

ATGOFION ADDYSGWR

y Lolfa

Diolchiadau

Mae 'niolch yn fawr i Lyn Ebenezer am fy annog i gyhoeddi'r gyfrol ac i Alun Jones am olygu'r testun ac am ei awgrymiadau gwerthfawr. Hoffwn ddiolch i wasg Y Lolfa ac yn enwedig i Lefi Gruffudd a'i gydweithwyr am lywio'r llyfr drwy'r wasg. Mae fy nyled hefyd i Dr Huw Walters, Aberystwyth, am rannu o'i wybodaeth eang o hanes Dyffryn Aman pan oedd yn galw, ac i'm mab Geraint am daflu golwg fanwl dros y cyfan. Gwerthfawrogaf hefyd y cymorth a gefais gan Gyngor Llyfrau Cymru.

John Phillips
Ebrill 2018

Y Gwreiddiau

PENTREF AR Y ffin yw Gwaun-cae-gurwen neu Gwaun Cegyrwen i roi iddo'i enw cywir. Gyda llaw math o flodyn gwyn, *white hemlock* yw cegyrwen. Mae'r pentref ar y ffin rhwng Sir Gâr a Sir Forgannwg, ar y ffin rhwng Cwmaman a Chwm Tawe, ac ar y ffin rhwng ardal y pyllau glo a broydd y ffermydd breision y tu hwnt i'r Mynydd Du. Gellir edrych ar y ddau fyd hwnnw o gopa'r mynydd lle mae'r Garreg Lwyd yn teyrnasu. I'r de safai pyramidiau duon y pyllau glo, ac i'r gogledd, saif clytwaith o gaeau gwyrdd a ddaw i'r golwg wrth i'r hewl ddirwyn i lawr at Dro'r Gwcw. Mae'n debyg bod yma Odyn Galch o'r un enw a dyma'r rheswm am enw'r tro.

Fel 'Y Waun' yr adnabyddir y pentref o hyd neu weithiau'r GCG bondigrybwyll a ddefnyddir gan y rheini sy'n methu ymgodymu â'r Gymraeg. Felly 'ar y Waun' y bydden ni'n byw nid 'yn y Waun'. Pan ofynnir i mi o ble rwy'n dod, yr ateb gan amlaf yw o'r Waun, er nad ydw i wedi byw yno ers hanner can mlynedd a mwy. Mae'r ymlyniad at y pentref genedigol yn nodweddiadol ohonon ni fel Cymry. Felly, rwy'n byw yn Llambed ond yn dod o'r Waun. Erbyn heddiw mae'r Waun yn cael ei gysylltu'n aml â Gareth Edwards, Syr Gareth erbyn hyn, y chwaraewr rygbi, a theitl ei gofiant ef oedd *Crwt o'r Waun*.

Annibynwyr oedd mwyafrif brodorion y cylch gan i annibyniaeth wreiddio'n gynnar iawn yn yr ardal. Rhain oedd etifeddion yr Hen Sentars, ac er i Hywel Harris ymweld â'r ardal, cwynodd nad oedd yma fawr o gynhesrwydd tuag ato. Y fam eglwys oedd capel Cwmllynfell a sefydlwyd ar ddiwedd yr ail ganrif ar bymtheg a changen ohoni hi oedd capel Carmel, Gwaun-cae-gurwen. Codwyd y capel yn hanner cyntaf y ddeunawfed ganrif a safai ar lechwedd Penlle'r Fedwen yn ymyl yr Hewl Hir, unig gysylltiad y fro â'r byd mawr oddi allan. Yn anffodus fe losgwyd yr hen gapel gan fandaliaid rai blynyddoedd yn ôl. Yn ei mynwent hi mae beddau llawer o'm cyndeidiau. Yn 1877, gan fod yr hen gapel mor ddiarffordd, codwyd capel mwy o faint yn y pentref ei hun a'r Carmel newydd oedd y capel cryfaf o lawer. Yn ei anterth roedd dros saith gant o aelodau ar y llyfrau a bu'r heddychwr, y Parch Llywelyn C Huws, yn weinidog yno am dros chwarter canrif. Mae ganddo un emyn yn *Caneuon Ffydd* (862) yn erfyn am heddwch.

> Rhag tywallt gwaed dy blant ar erwau prudd,
> rhag rhwygo eu cartrefi nos a dydd,
> rhag diffodd gobaith a rhag difa ffydd,
> o arbed ni.

Dynion dwad yn bennaf a berthynai i'r enwadau eraill. Gwan ar y cyfan oedd y Methodistiaid, er iddynt godi capel Shiloh, a theuluoedd o Sir Gâr yn bennaf a sefydlodd achos y Bedyddwyr yn Seion, Cwm-gors, yn enwedig y bobol a ddaeth o ardal Rhandirmwyn a Rhydcymerau. Yn eu plith roedd y 'Tims', y cyfeirir atynt gan D J Williams fel rhai a ymfudodd o ardal Esgairdawe i'r Waun. Roeddent yn deulu cerddorol iawn ac un ohonynt oedd Roland Jones, Roland Tim, y tenor enwog. Er ei fod yn byw yn y gogledd fe'i claddwyd ym mynwent yr Hen Garmel.

Fel mwyafrif teuluoedd y cylch roedd gan fy nheulu innau gysylltiadau â Sir Gâr. Hanai fy nhad-cu a'm mam-gu, o ochr fy mam, o ardal Llanymddyfri. Mae'n debyg i 'nhad-cu, William Jones, ddod yn wreiddiol o Lansadwrn, a'm mam-gu, Ann Richards, o Tyn Berth, Cilycwm. Mae'n debyg mai tŷ pwdel oedd hwn ac erbyn heddiw mae wedi diflannu. Rhyw bymtheg o erwau'n unig oedd yn eiddo i'r tyddyn, ond eto fe fagwyd tri ar ddeg o blant ar ei aelwyd. Byddai fy hen dad-cu, Thomas Richards, yn dod â menyn a wyau i'w gwerthu yn y farchnad yn Llanymddyfri er mwyn cael ychydig o bres. Roedd fy hen, hen dad-cu yn byw yn ffermdy Castellan, rhwng Porth-y-rhyd a Llanymddyfri. Dyma yw enw fy nhŷ yn Llambed heddiw, a dyma'r enw fu ar bob tŷ arall y buom yn byw ynddynt, yn Rhymni, Aberdâr ac Aberystwyth. Mae'n debyg fod Thomas Richards yn gymeriad doniol, a phan fyddai rhywun yn gofyn beth yw'r wyau sy gyda chi heddi, ei ateb arferol oedd 'gwyn a melyn'. Prin yw'r wybodaeth am gefndir dad-cu, sef William Jones, ond credaf iddo ddod i Lanymddyfri i weithio mewn siop groser ac yno mae'n debyg y cyfarfu â mam-gu. Buont yn byw am gyfnod yn Stone Street, lle ganed Mam, ac wedyn yn Castle Street, cyn symud i fyw tu allan i'r dref yn Dolauhirion Cottage sydd i'w weld o hyd ar lan afon Tywi, nid nepell o bont enwog Dolauhirion.

Cafodd y teulu brofiad erchyll wrth i mam-gu farw yn 1902 a hithau yn ddim ond 35 oed. Bu farw o 'lock jaw', sef 'tetanus' ar enedigaeth efeilliaid. Roedd sefyllfaoedd o'r fath yn weddol gyffredin yr adeg honno. Gadawyd fy nhad-cu a phedwar o blant bach, a'r hynaf yn ddim ond pedair oed. Tom oedd yr hynaf, a mam, sef Caroline Ann, yn ail, a hithau'n ddim ond dwy flwydd oed. Wil a Mary oedd yr efeilliaid. Claddwyd mam-gu ym mynwent Capel y Bedyddwyr, Cwmsarnddu, sydd ryw ddwy filltir o'i chartref yn Dolauhirion Cottage. Yna, bu'n rhaid i 'nhad-cu, William Jones, wneud trefniadau ar gyfer magu'r pedwar plentyn gan berthnasau. Teimlaf dristwch o hyd wrth fynd ar hyd yr hewl drwy Borth-y-rhyd ar fy ffordd i Lanymddyfri, wrth groesi pont Dolauhirion, a gweld y bwthyn, a cheisiaf alw weithiau ym mynwent Cwmsarnddu i weld bedd mam-gu. Er ei bod hi'n gorwedd yn ymyl ei thad a'i mam mae ei theulu agos wedi'u claddu'r ochr draw i'r Mynydd Du ym mynwent Hen Garmel. Cymerwyd fy mam a'i brawd Tom i'w magu gan eu mam-gu ar fferm Carreg Lefain ym Myddfai, ac mae'n debyg i'r efeilliaid Wil a Mary gael eu magu gan

9

berthnasau eraill. Bûm yn meddwl ymweld â Charreg Lefain er mwyn tynnu lluniau, ond deallaf mai dieithriaid sy'n byw yno nawr ac na fyddai fawr o groeso i mi yno. Felly mae pethau erbyn hyn yng nghefn gwlad Cymru.

Cafodd Mam ei haddysg yn ysgol fach Myddfai, a'i dymuniad yn blentyn oedd mynd yn athrawes, ond nid oedd gan y teulu'r modd i wireddu'r uchelgais honno, er yn sicr roedd ganddi'r gallu. Felly, wedi'r profiad trist o golli mam-gu aeth fy nhad-cu dros y Mynydd Du i chwilio am waith. Cafodd waith yng ngwaith glo Cwm-gors gan ymsefydlu yng Ngwaun-cae-gurwen. Yno, câi ei adnabod fel 'Wil Llandyfri'. Yn ôl cyfrifiad 1911 roedd yn byw yn Llan Villa, Gron Road yn y pentref, ac wedi ail briodi â Gwenllian Davies o Lanymddyfri. Erbyn hynny roedd y plant wedi dychwelyd ato a hwythau hefyd yn byw ar y Waun. Mae'n amlwg bod William Jones yn ŵr call oblegid benthycodd arian i godi dau dŷ drws nesaf i'w gilydd ar Cefn Road. Yn un o'r rheini, sef Bryn Myrddin, 22 Cefn Road, Gwaun-cae-gurwen, y'm ganed innau, ac yno y treuliais holl flynyddoedd fy mhlentyndod.

Perthynai 'nhad, Philip Phillips, i'r Philipiaid, un o hen deuluoedd Dyffryn Aman, a gallaf erbyn hyn eu holrhain yn ôl i ganol y ddeunawfed ganrif. Bûm yn ffodus i ddod i gysylltiad ag Anne Evans o Lanaman sydd hefyd o dras y Philipiaid ac mae hi a'i gŵr wedi treulio oriau'n dilyn yr achau. Roedd fy hen, hen, hen dad-cu yn byw yn Bodist Isaf ar lechwedd Mynydd Betws, rhwng Glanaman a Rhydaman. Pan agorwyd y pyllau glo ym mlynyddoedd cynnar y bedwaredd ganrif ar bymtheg, denwyd y tyddynwyr i weithio ynddynt. Yn ogystal â chadw ychydig o anifeiliaid ar y tir byddent hefyd yn gweithio yn y pyllau newydd. Symudodd fy hen dad-cu, David Morgan Phillips, i fyw ar stad Pwll-y-wrach ar y Waun yn 1850, gan rentu darn bach o dir. Cadwai fuwch neu ddwy a gweithio yn yr Hen Bwll. Cafodd ei ladd yn y pwll yn 1879. Fel coediwr, ei waith oedd gosod y coed a gadwai do'r pwll yn saff. Gallai hynny fod yn waith peryglus ac fe'i daliwyd o dan gwymp a'i ladd. Yn wreiddiol, Pwll-y-wrach oedd enw'r pwll dwfn dan y rhaeadrau ar afon Garnant.

Daliai fy nhad-cu, John Morgan Phillips, i fyw ym Mhwll-y-wrach, ond erbyn heddiw Seisnigeiddiwyd yr hen enw a gelwir y lle'n Water Street. Gweithio fel colier yn yr Hen Bwll fyddai tynged fy nhad, fel mwyafrif bechgyn y cylch wedi iddynt adael yr ysgol yn ddeuddeng mlwydd oed. Dechreuodd yn yr Hen Bwll, cyn symud i bwll newydd y Maerdy a gweithio o dan ddaear am yn agos i hanner can mlynedd. Ar fy nhystysgrif geni disgrifir ei alwedigaeth fel 'colliery hewer', sef un a weithiai ar y ffas lo. Symudodd o bwll y Maerdy i'r drifft yng ngwaith Cwm-gors, lle byddai'r *spake* yn hytrach na chaets yn cario'r glowyr i grombil y ddaear. Yn ystod y gaeaf, prin y byddai'r glowyr yn gweld golau dydd, ar wahân i brynhawn Sadwrn a'r Sul. Byddent yn gweithio dan ddaear o saith y bore tan tua phump y prynhawn. Dioddefodd fy nhad gryn dipyn yn ei flynyddoedd olaf o effaith y llwch, ac ni allai gerdded ond ychydig lathenni heb aros am sbel i gael ei anadl. Eto, daliai i weithio, gan dreulio'r blynyddoedd olaf dan y ddaear yn gofalu am un o'r pympiau dŵr.

Cofiaf amdano'n ymdrechu i fynd i'w waith wrth weithio ar y 'shifft nos' ac yntau'n gorfod cerdded y filltir a mwy i Gwm-gors. Does yna ddim rhyfedd iddo ef, fel llawer o goliers, geisio sicrhau na fyddai ei fab yn ei ddilyn dan ddaear. Llwyddodd i wneud hynny, ond eto pan orfodwyd ef gan afiechyd i roi'r gore i'w waith dirywiodd ei gyflwr yn gyflym. Roedd colli'r hunan barch o fod mewn gwaith yn gallu bod yn gryn ergyd. Yn ystod ei flwyddyn olaf prin roedd yn ein hadnabod, a bu farw ym mis Ionawr, 1951, yn 64 oed. Ar ei dystysgrif marwolaeth rhoddwyd 'senile decay' fel y rheswm.

Gallai glöwr gael dau fath o afiechyd, sef silicosis, effaith y llwch silica, a hefyd pneumoconiosis, effaith y llwch glo. Y pryd hwnnw byddai'n rhaid i lowyr fynd am *x rays* o bryd i'w gilydd i fesur maint y llwch yn eu hysgyfaint, cyn gallu hawlio iawndal. Os oedd modd profi bod unrhyw beth arall yn bod arnynt, ni châi'r iawndal ei dalu. Dyna ddigwyddodd yn ein hachos ni. Er i 'nhad weithio dan ddaear am gyfnod mor faith, penderfynwyd nad y llwch oedd yn gyfrifol am ei afiechyd ond clefyd y galon. Am gyfnod credaf mai rhyw lwfans o ddeg swllt yr wythnos fydden ni'n ei gael, a byddwn i'n gorfod cael cinio am ddim yn yr ysgol. Ond y golled fwyaf oedd colli'r glo a roddwyd fel rhan o'u cyflog i lowyr. Byddai tunnell yn cael ei ollwng bob hyn a hyn y tu allan i'r tŷ, a byddwn yn gorfod ei gario i'r sied lo. Gwaith annifyr oedd hwn ac yn galed ar y dwylo gan mai glo caled oedd glo'r Waun. Gan i 'nhad fethu'r prawf nid oedden ni felly'n teilyngu'r lwfans glo. Yn ffodus, fe briododd fy chwaer, Jennice, â Brin Rees o Gwmtwrch yn 1947, a daethant i fyw aton ni. Fel glöwr yng Nglofa Brynhenllys, Cwmtwrch roedd ef yn gallu hawlio glo, ac fe fyddem felly yn sicr o gartref cynnes.

Fi oedd y cynta o ddynion y teulu ers tair cenhedlaeth nad aeth i weithio dan ddaear, eto rwyf wedi teimlo balchder drwy f'oes bod gen i wreiddiau dwfn mewn cymdeithas lofaol mor Gymreig. Bu 'mrawd, Edgar, yn gweithio dan ddaear am ddeunaw mis, ond yna aeth i Birmingham i weithio ac yno yr arhosodd am weddill ei oes. Priododd â merch o'r ddinas a magu teulu yno. Felly, mae gen i berthnasau sy'n siarad ag acenion y 'Brummies' ac yn dal i fyw yn Lloegr. Fe fyddwn yn cwrdd pan fydd priodas neu angladd yn y teulu. Roedd Wncwl Wil drws nesaf, brawd mam, hefyd yn gweithio ar y ffas lo yng Nghwm-gors a glowyr oedd bron pawb o ddynion Cefn Road.

Dychwelodd fy mam i'r Waun o Garreg Lefain pan oedd yn un ar ddeg, ar ôl i 'nhad-cu ailbriodi. Ni chafodd groeso mawr gan ei llysfam, a bu'n rhaid iddi fynd i wasnaethu fel morwyn ar fferm Godrergarth, Pumsaint yn dair ar ddeg oed. Mr a Mrs Jones, rhieni Keidrych Rhys, neu William Ronald Rhys Jones, fu'n amlwg ym mywyd llenyddol Cymru fel golygydd y cylchgrawn *Wales*, oedd yn ffermio yno. Mam fyddai yn edrych ar ei ôl pan oedd yn blentyn bach. Symudodd Mr a Mrs Jones i Ben-y-bont, Llangadog ac fe fyddwn yn mynd atynt ar wyliau yn ystod cyfnod y rhyfel. Ni chlywais erioed sôn ganddynt am eu mab, Ronald. Bu mewn rhyw drafferth pan oedd yn gweithio mewn banc yn Llandeilo pan aeth jôc yn rhy bell. Mae'r amgylchiadau braidd yn niwlog ond clywais sôn iddo fynd â dryll i'r banc a chael y sac am hynny. Wedi hynny, symudodd i Lundain a throi at y byd llenyddol. Aeth i gadw siop lyfrau a enwyd yn Druid Bookshop a daeth honno'n fan cyfarfod i feirdd a llenorion Eingl Gymreig. Wedyn, sefydlodd y Druid Press ar ôl symud 'nôl i Gymru. Bu'n ddylanwadol iawn fel golygydd y cylchgrawn *Wales* a roddai lwyfan i feirdd fel Alun Lewis, Dylan Thomas, Glyn Jones ac eraill oedd yn cyfansoddi yn Saesneg. Byddai ef hefyd yn cyhoeddi cerddi mewn cylchgronau safonol fel y *Times Literary Supplement*. Yng ngholofnau *Wales* ym mis Hydref 1958 y cafwyd erthygl gan yr Arglwydd Raglan yn mynnu bod yr iaith Gymraeg yn gwbl ddiwerth ac y dylid ei diddymu. Ymosododd ar y Bwrdd Addysg yng Nghymru ac ar genedlaetholwyr yn gyffredinol.

They wish the people of Wales to live not in the present but in a fictitious druidical past, and therefore persuade or compel them to waste their time and restrict their opportunities by studying the moribund Welsh language. It will be a happy day for Wales when that language finally takes its proper place – on the bookshelves of the scholars.

Pan ofynnwyd iddo pryd y byddai'r iaith yn marw, ei ateb cwta oedd 'It will see me out,' ac felly y bu. Cyhoeddwyd llythyrau gan amddiffynwyr yr iaith yn y cylchgrawn hefyd, megis Emlyn Williams y dramodydd. Roedd gan y diweddar Huw Ceredig stori am gyfarfod â Keidrych Rhys mewn clwb nos yn Llundain ac yno ar yr un pryd roedd Christine Keeler. Hi oedd y ferch a chwaraeodd ran amlwg yn y *Profumo Affair*. Mae'n debyg ei bod yn gwybod geiriau ambell gân Gymraeg, a'i bod wedi gofyn iddynt ganu 'Bugail Aberdyfi'.

Yn 1922 cwympodd fy nhad-cu, William Jones, o ben tryc a bu farw yn dilyn y ddamwain. Felly, lladdwyd yr ail o'm

cyndeidiau ar ôl damwain yn y gwaith glo. Yn ffodus iawn,
gwnaeth ei ewyllys ychydig cyn ei farwolaeth gan adael un tŷ,
sef Bryn Myrddin, i Mam a'i brawd Tom, a'r llall, Bronheulog,
i Wil a Mary, yr efeilliaid. Petai heb wneud hynny byddwn wedi
bod heb gartref. Er mai 'nhad-cu gododd y ddau dŷ, roeddent
ar dir ystad Pwll-y-wrach ac fe roddwyd les o 99 mlynedd
arnynt. Byddai'n rhaid i ni dalu *ground rent* yn flynyddol, ac
rwy'n cofio mynd â hwnnw i ffermdy Pwll-y-wrach. Ar ôl y 99
mlynedd byddai'r les yn dod i ben, a deuai'r ddau dŷ yn eiddo
perchnogion ystad Pwll-y-wrach. Roedd hynny'n hollol annheg,
wrth gwrs, ond yn ffodus, newidiwyd y gyfraith gan roi'r hawl
i berchennog tŷ brynu'r les, a dyna wnaeth fy rhieni.

Bu 'nhad-cu, John Morgan Phillips, farw yn 1916. Roedd
teulu mam-gu, sef Ann Rees, yn dod o Lwyncelyn, Tai'r Gwaith.
Mae gennyf frith gof o'i hangladd hi gan i mi gael fy nal i fyny,
a minnau'n ddim ond pedair oed, i'w gweld yn ei harch, yn ôl
yr arfer bryd hynny, mae'n debyg. Cofiaf weld rhywun mewn
dillad du'n gorwedd yno, a dyma mae'n bosib un o'm hatgofion
cynharaf. Felly, fe gefais fy amddifadu o'r ddau dad-cu a'r
ddwy fam-gu yn gynnar. Yr unig beth sydd gyda mi o Water
Street yw'r *weather glass* sy'n hongian ar waelod y grisiau. Mae
hwnnw'n rhagorol am broffwydo'r tywydd. Mae gen i hefyd
wats aur ar ôl Annie, chwaer ieuengaf fy nhad. Gwyddwn ei
bod hi wedi marw yn 1918 pan sgubodd y *Spanish Flu* drwy'r
wlad, ond wyddwn i ddim am yr amgylchiadau nes dod o hyd
i'r adroddiad hwn ym mhapur *Llais Llafur*:

> Grief has followed hard on the heels of gladness. Pte Ivor Jones of
> Rhosamman, Upper Brynamman whilst home on leave a fortnight
> ago was married to Miss Annie Phillips of Water Street, Gwaun-
> cae-gurwen. On returning from the marriage ceremony the bride
> was laid up with influenza and double pneumonia set in. She
> died on Friday morning. Mrs. Jones was only 21 years of age. On
> Tuesday her remains were laid to rest at Old Carmel cemetery the
> Rev. B Davies officiating.
>
> *Llais Llafur*, 2 Tachwedd, 1918

Felly, ni fu Annie'n briod ond am ychydig ddyddiau a bu'n rhaid i'r gweinidog fu'n gweinyddu yn ei phriodas ei chladdu.

Clywais am ddigwyddiad arall yn gysylltiedig ag Ivor Jones. Yn 1924 bu tanchwa ddychrynllyd yn Rhos Aman. Roedd saith glöwr yn cysgodi mewn caban yn barod i fynd lawr i'r pwll. Roedd ganddynt ffrwydron a byddai'n arferiad sychu'r *gelignite* cyn mynd at eu gwaith – proses sy'n ymddangos i mi'n beryglus iawn – a'r tro hwn fe'u gosodwyd yn rhy agos at y tân. Bu tanchwa anferthol a chwythwyd y caban yn yfflon gan ladd y saith glöwr. Yn arferol byddai wyth glöwr yn cysgodi yno bob bore, a'r wythfed fyddai Ivor Jones. Y bore hwnnw roedd yn hwyr ac felly achubwyd ei fywyd.

Roedd y tŷ lle'm ganed ryw ddau led cae o afon Garnant, y ffin rhwng y ddwy sir. Ar ochr Sir Forgannwg ac nid ar ochr Sir Gâr y ganwyd fi. Bûm yn ffodus, oherwydd roedd hi'n sir gyfoethocach na Sir Gâr, yn rhoddi gwell grantiau ar gyfer myfyrwyr prifysgol ac ar y cyfan roedd gwell cyfleusterau gennym ni ar y Waun. Er mai ar ymylon y sir roedd y Waun a thros hanner can milltir o Neuadd y Sir yng Nghaerdydd, roedd gennym gynghorydd sir dylanwadol iawn. Bu Dai Dan Davies yn ein cynrychioli am flynyddoedd ac fel cyn-arweinydd y glowyr cafodd ei garcharu unwaith am fod yn rhan o streic. Gwnaeth ef yn sicr fod gan y Waun ysgol gynradd ac ysgol uwchradd newydd. Roedd gyda ni hefyd neuadd fendigedig a pharc yn ei hymyl.

Cefais fy enwi yn William John ar ôl fy nau dad-cu. Fi oedd y cyw melyn olaf a'm brawd Edgar a'm chwaer Annie Jane (Jennice) yn hŷn na mi. Mam oedd yr unig un a fyddai'n fy ngalw wrth fy enw llawn. Ymhlith gweddill y teulu ac yn gyffredinol ar y Waun fe'm galwyd yn Non, ac mae hwnnw wedi parhau hyd heddiw ymhlith fy nghyfoedion a'm perthnasau. Ond, fe ddylwn bwysleisio mai nid enw merch oedd Non ar y Waun, fel y mae mewn rhai rhannau o Gymru. Yn ystod fy mywyd bu'n rhaid i mi ymateb i lawer o enwau eraill. Bûm yn Wil John ar adegau a John Phil yn yr ysgol. Yn y coleg W J a

Taff yn y fyddin, ond John yn gyffredinol. Ar achlysuron prin iawn erbyn hyn, Mr Phillips.

Cymraeg oedd iaith pob aelwyd ar Cefn Road a mwyafrif y dynion a'r cryts ifanc yn gweithio yn un o byllau glo'r Waun neu yng Nghwm-gors. Nid oedd yn arferiad i'r menywod priod weithio yn ystod y cyfnod hwnnw. Roedd bod yn wraig i löwr a gofalu dros y teulu yn alwedigaeth ynddi ei hunan. Pan fyddai athrawes yn priodi byddai'n gorfod ymddeol o'i swydd. Ond yn ystod y rhyfel bu'n rhaid i rai o'r merched ymuno â'r ATS, y WRENs a'r WAAFs, a bu'n rhaid i rai fynd i weithio yn y ffatri ffrwydron yn y Rhigos. Wedi'r rhyfel codwyd ffatri gwneud clociau a watshys yn Ystradgynlais, a'r enw a roddwyd arni'n lleol oedd Ffatri Tic Toc. Cyflogwyd merched ynddi ac aeth nifer o ferched pentrefi godre'r Mynydd Du yno i weithio.

Bywyd ar y Waun

Os MAI BRYNAMAN oedd yn enwog am feirdd megis Watcyn Wyn a Gwydderig, y Waun oedd yn enwog am y band. Sefydlwyd Band Arian y Waun yn 1892 a pherthynai i 'Ddosbarth A' Bandiau Prydain Fawr. Golygai hynny ei fod o'r un safon ac yn gallu cystadlu â bandiau enwog megis Black Dyke, Fairy Aviation, Cory Workmen, a Park and Dare. Bu'r bandiau hyn yn cystadlu yn y gornestau bandiau cenedlaethol a drefnwyd weithiau yn Hall y Waun. Bu ewythr i mi, J T Rees, yn arwain y band am beth amser ac fe ymunodd fy nhad â'r band yn gynnar iawn. Bu'n chwarae'r cornet am saith mlynedd ar hugain, hyd nes i effeithiau'r llwch amharu arno. Roedd ganddo iwifform urddasol a chap â phigyn, ac fe wisgais hwnnw lawer gwaith wrth chwarae fel plentyn. Yn anffodus, nid etifeddais i ei ddawn gerddorol, ond yn blentyn hoffwn ei glywed yn adrodd hanesion am deithiau'r band i'r Crystal Palace, yr Exhibition yn Wembley ac i Belle Vue ym Manceinion. Mae rhyw frith gof gennyf i 'nhad ddweud fod y band wedi chwarae o flaen y Frenhines Fictoria ac fe allai hynny fod yn bosib oblegid yn 1901 y bu hi farw – er efallai mai dychymyg plentyn yw hwn. Mae gyda ni luniau cynnar o'r band mewn iwifform yn y National Exhibition yn 1925 pan wahoddwyd hwy i berfformio yno.

Mae'n debyg mai Band y Waun oedd y band cyntaf i roi perfformiad ar y radio y tu allan i stiwdio. Pan enillodd y Band bencampwriaeth holl fandiau Cymru a chael offerynnau newydd aeth rhywun dan y ffugenw Hen Law ati i gyfansoddi deunaw o benillion dan y teitl 'Band Enwog y Waun'. Plethodd enwau a llysenwau'r holl aelodau i mewn iddynt. Etifeddodd fy nhad lysenw fy nhad-cu, John Morgan Phillips, sef y 'canon bach', yn y pentref. Mae'n debyg iddo gael ei ystyried yn 'un bach doniol iawn'. Felly, dyma'r pennill sy'n sôn am fy nhad.

Fe glywir lleisiau lawer
Yn y Band, yn y Band;
Mae'n rhaid cael llawer offer
Yn y Band, yn y Band;
Phil Cannon, a Dai Sander,
John Sami, Ike y Drwmwr,
Wil Godwin, Jack a Sheper,
Mock Bwthyn sydd yn glyfer,
Yn y Band, yn y Band.

Gwelwyd ymroddiad ac ysbryd cydweithredol glowyr y Waun ar ei orau yn y penderfyniad i godi neuadd yn y pentref. Aeth y neuadd gyntaf ar dân ond aethpwyd ati i godi un arall mwy o faint yn 1924. Ffrwyth eu hymdrechion oedd Hall y Waun ond yn lleol ni ynganwyd yr 'h'. Roedd ynddi seddau i bron fil o bobol a chyfleusterau llwyfan heb eu hail. Cynhelid ynddi gyngherddau'r band, dramâu'r capeli, eisteddfodau, perfformiadau'r cwmni opera lleol, a hi wrth gwrs oedd y sinema. Codwyd neuaddau tebyg ym mhob un o'r pentrefi cyfagos, ond trist yw gweld eu cyflwr heddiw, er bod neuadd Brynaman yn dal i fodoli fel sinema. Ychydig flynyddoedd yn ôl dymchwelwyd Hall y Waun gan fod y costau i'w chynnal yn ormod, a chodwyd un dipyn yn llai urddasol ar gyfer y clwb rygbi.

Hall Y Waun
Ynddi eurwyd breuddwydion – a heuwyd
Ein hieuanc obeithion,
Wedi'r hwyl traddodir hon
I ofal ein hatgofion.
J P

Codwyd llyfrgell a pharc yn ymyl y neuadd a chyfleusterau campus ar gyfer chwaraeon megis tenis a bowls. Ddangosais i ddim unrhyw ddiddordeb yn un o'r rhain. Yn y llyfrgell roedd casgliad eang o gyfrolau'n ymwneud â gwleidyddiaeth, athroniaeth a diwinyddiaeth. Mor drist oedd gweld, rai blynyddoedd yn ôl, y casgliad hwn ar werth mewn siop ail law yn Nhalacharn. Roedd yno hefyd gasgliad o bapurau newydd, ac yn eu plith y *Daily Worker*, papur y Comiwnyddion. Byddai'r glowyr yn barod hefyd i gyfrannu eu harian prin i gyflogi dau ddoctor yn y pentref, a hynny cyn bod sôn am yr NHS. Felly, byddai Dr Phillips a Dr Thomas ar gael pan fyddem yn dost, a buont yn dda iawn yn ystod gwaeledd fy nhad. Byddai'r rhain ar gael unrhyw bryd, nos a dydd.

I ni, fel plant yn y pedwar degau heb deledu, yr atyniad pennaf oedd y ffilmiau a gâi eu dangos yn y sinemâu. Câi dwy ffilm eu dangos bob nos o ddydd Llun i ddydd Mercher, a dwy ffilm newydd yn ystod gweddill yr wythnos. Felly, dydd Sul oedd yr unig ddiwrnod pan na fyddai ffilmiau. Gan y câi'r un patrwm ei ddilyn yn y pentrefi o amgylch byddai modd inni dreulio bob noson o'r wythnos, ar wahân i'r Sul, yn gwylio ffilm pe dymunem. Felly, roedd enwau sêr amlycaf Hollywood yn gyfarwydd iawn i ni. Nid oedd unrhyw rwystr chwaith i blant wylio ffilmiau arswyd a fyddai'n teilyngu'r 'Categori 18' heddiw. Cofiaf wylio ffilmiau fel *Dracula*, *Frankenstein*, *The Mummy's Hand* a *The Cat and the Canary*, yn ifanc iawn. Llanwyd y sinema â sgrechfeydd y plant wrth iddynt guddio dan y seddau i osgoi'r golygfeydd mwyaf erchyll. Byddai yna ffilmiau dipyn yn fwy addas wrth gwrs, yn enwedig y *westerns*, a sêr fel Gene Autrey, Roy Rogers a Hopalong Cassidy yn arwyr. Roedd yna dipyn o fynd ar gomediwyr fel Laurel and Hardy, Abbot and Costello, Bob Hope a Bing Crosby, the Marx Brothers a'r Three Stooges. Yn ystod y rhyfel gwnaeth Charlie Chaplin y ffilm gomedi *The Great Dictator* ac ynddi chwaraeodd ran Adolf Hitler gan wneud pob math o sbort am ei ben. Ond yna aeth y stori ar led y byddai'r Almaenwyr yn bomio unrhyw sinema a feiddiai ddangos y ffilm. Cyrhaeddodd y stori hon y Waun, ac ni chofiaf iddynt fod yn ddigon dewr i'w dangos yn yr Hall.

Er i ni dreulio llawer gormod o'n hamser yn nhywyllwch y sinema byddai amryw o bethau eraill i'n diddanu fel plant. Roedd Band of Hope yn y capel a gwahanol weithgareddau mwy 'parchus', ond hefyd byddai'r Billiard Hall yn ein denu i gyfeiriad llai aruchel. Yn Siop Wat roedd tri bwrdd a modd i chwarae snwcer a biliards, a daeth hon yn gyrchfan boblogaidd i lawer ohonom. Gyda llaw, ble ddiflannodd y biliards? Yn anffodus ni chyrhaeddais ryw safon uchel yn y naill na'r llall o'r campau hyn, a cholli fyddai fy nhynged gan amlaf. Yn y fyddin, ar ôl derbyn profion ar fy llygaid, gwelwyd bod gen i ychydig o broblem ynglŷn â gwahaniaethu rhwng coch a brown. Tybed ai dyma paham y byddwn yn colli ambell waith wrth fwrw'r bêl anghywir?

Er mai pentref diwydiannol oedd y Waun, o'n cwmpas roedd y bryniau, y caeau, yr afon a'r coed. Yn gefndir i'r cyfan roedd y Mynydd Du a godai'n urddasol dros wastadedd diffaith Comin y Waun. Gallwn ei weld bob bore wrth agor llenni fy ystafell wely, gan ryfeddu at y lliwiau'n newid o ddydd i ddydd, ac weithiau o awr i awr. Ar ddiwrnod stormus, a'r cymylau'n casglu dros y Garreg Lwyd, hawdd oedd deall pam y galwyd ef yn Fynydd Du, ond ar ddiwrnod heulog o haf gallai'r du droi'n borffor wrth i'r grug daflu golwg garedicach ar draws ei lethrau. Yn ystod fy mhlentyndod byddai modd i blant grwydro'n rhydd ac ymhell heb yr ofn a'r gofid sydd mor amlwg ymhlith rhieni heddiw. Byddai blodau gwylltion yn britho'r caeau, cyn i'r cemegau eu lladd. Yn britho'r meysydd roedd y blodau llaeth, clychau'r haf, llygaid y dydd, bysedd y cŵn, a'r blodau menyn, a fedrai, yn ôl ein tyb ni, ddangos ein hoffter o fenyn. Hefyd ym mhobman roedd dant y llew neu'r 'blodau pisho yn gwely', a fedrai yn ôl y gred achosi i blant wlychu'u gwelyau. Byddem yn gyfarwydd â'r dail tafol a allai leddfu llosgiadau'r dined poethion, ac yn ddefnyddiol hefyd pan fyddai galwad natur yn mynd yn drech! Casglem y llysu ar Fynydd y Betws, a chesglais lawer jwg o fwyar duon yng Nghwm Tŷ Mawr er mwyn i mam wneud tarten. Yna fe ddeuai tymor hela cnau ac ambell gwlwm pump neu hyd yn oed gwlwm chwech yn help i lenwi'r pocedi.

Er bod yr afon yn ddu gan lwch glo, rhywfodd neu gilydd fe fyddai ambell bysgodyn mentrus yn llwyddo i fyw yn y dŵr, ond mwy niferus o lawer fyddai'r llyswennod a fyddai'n glynu wrth y rhaeadrau, neu'r *falls* i ni, ym Mhwll-y-wrach. Byddai eu dal yn dipyn o gamp gan eu bod mor llithrig, a rhyfeddwn wedi clywed iddynt ddod yr holl ffordd o'r *Sargasso Sea*. Byddai pot jam yn ddefnyddiol iawn i ddal ambell bilcyn (*stickleback*) a *minnow*, neu'r penbyliaid rhyfedd a ymddangosai ym Mhwll Sam. Byddem yn chwarae ceiliog y dŵr ar lan yr afon wrth geisio cael carreg i neidio ar yr wyneb, a'r un gâi'r mwya o neidiadau fyddai'n fuddugol. Yn sicr, roeddem yn agos iawn at natur bryd hynny.

Roedd rhai hen arferion yn dal ar y Waun o hyd. Pan fyddai plentyn braidd yn wanllyd fe aed ag ef i dorri llech. Roedd menyw arbennig wedi etifeddu'r gallu teuluol i wneud hynny. Golygai dorri agen fach ar y glust â *razor blade* a thynnu ychydig o waed. Pan fyddai rhywun braidd yn araf sonnid bod 'y llech' arno neu ei fod 'fel llech'. Mae'n amheus a ddeuai unrhyw les o'r driniaeth, ond byddai rhai'n credu ynddo. Ar Cefn Road roedd teulu Cefn Rhiwlas a feddai'r gallu i wneud eli ar gyfer gwella cornwydon, llosgiadau, a phob math o anhwylderau eraill. Byddai pobol yn tyrru atynt i geisio gwellhad. Ni ddatgelwyd beth oedd yn yr eli arbennig hwn oblegid i'r wybodaeth gael ei gadw'n gyfrinachol o fewn y teulu. Roedd gan Mari Cefn Rhiwlas un swyddogaeth bwysig arall, gelwid arni pan fyddai rhywun yn marw er mwyn 'troi'r corff heibio'.

Gan nad oedd yna deledu dibynnem yn llwyr ar y radio, hyd yn oed i ddilyn tynged tîm rygbi Cymru. Byddem yn gwrando'n astud ar sylwebaeth yr anghymharol G V Wynne Jones a Peter West gan geisio dychmygu'r sefyllfa ar y cae yn Cardiff Arms neu yn St Helens. Dyma gyfnod Haydn Tanner,

21

W T Davies, Bleddyn Williams, Jack Mathews, Cliff Morgan, Clem Thomas o Frynaman ac amryw o gewri eraill. Câi rhai o'r gemau rhyngwladol eu chwarae ar faes Sain Helen, Abertawe y dyddiau hynny, a byddai bysied o'r Waun yn teithio i'w gweld. Cofiaf am y tro cynta i mi fynd gyda nhw, ond gan fod yn rhaid i'r dorf sefyll ar y teras i wylio'r gem, a minnau'n weddol fyr, prynhawn rhwystredig iawn a gefais. Ni welais fawr o'r bêl, dim ond pan gâi ei chicio i'r awyr. Nid oedd yno doiledau o fewn cyrraedd, a chan fod y rhan fwya o'r gwylwyr wedi bod yn yfed cyn y gêm, gallai'r teras fod braidd yn amhleserus. Yn 1953, a finnau yn y coleg, euthum gyda Alun Eirug Davies i weld Cymru'n chwarae yn erbyn yr All Blacks o Seland Newydd yn yr Arms Park. Dyma'r tro olaf i Gymru eu curo, ac roeddwn yn sefyll y tu ôl i'r pyst pan giciodd Clem Thomas y bêl ar draws lled y cae i ddwylo Ken Jones ar yr asgell arall a hwnnw'n sgorio'r cais buddugol.

Gwahanol yw pethau yn y Stadiwm moethus heddiw. Prin bod neb yn gwybod geiriau'r hen emynau a ganwyd gyda'r fath arddeliad. Disodlwyd hwy erbyn hyn gan 'Delilah' neu rai o ganeuon Max Boyce. Diolch byth, mae 'Hen Wlad fy Nhadau' yn dal i gael ei chanu'n angerddol, ac mae'n siŵr bod hynny'n werth ychydig o bwyntiau i dîm Cymru. Ganwyd Gareth Edwards ar y Waun ac erbyn heddiw mae stryd wedi'i henwi ar ei ôl. Ond roedd yna rai eraill o'r ardal a enillodd gapiau dros Gymru, megis Claude Davy, aelod amlwg iawn o'r tîm yn nhridegau'r ganrif ddiwethaf. Ef oedd capten tîm Cymru pan gurwyd yr All Blacks yn 1935; yn enwog am ei daclo digyfaddawd, daeth yn feistr ar y 'crash tackle' gan lorio'r dyn â'r bêl. Cefais y fraint o'i gwrdd unwaith. Un arall oedd 'Sgili Davies' a sgoriodd y cais buddugol ar St Helen's pan gurodd Abertawe Dde Affrica. Torrwyd gyrfa un chwaraewr yn echrydus o fyr. Yn 1922, enillodd mewnwr ifanc o'r enw Tudor Williams ei gap cyntaf dros Gymru ac yntau'n gweithio yn un o byllau'r Waun fel trydanwr, ond cafodd ei ladd yn y pwll yn ddwy ar hugain oed.

22

Tîm y pentre oedd tîm rygbi Cwm-gors, neu'r 'Cherry and Whites'. Er nad oeddwn fawr o chwaraewr bûm yn chwarae'n gyson i'r tîm ieuenctid a gwisgais grys y tîm cyntaf ar adegau, pan fyddent yn brin! Parhaodd y diddordeb hwn mewn rygbi drwy gydol fy oes, a phan oeddwn yn dysgu ym Merthyr pasiais arholiad dyfarnwr y WRU yn Rodney Parade. Ond wedi symud i Aberystwyth prin oedd y cyfle i ddyfarnu. Rwy'n dal i gofio dau o'r cwestiynau a ofynnwyd yn yr arholiad:

1) Ar ôl chwarter awr fe sylwch fod un tîm ag un ar bymtheg o chwaraewyr ar y cae ac maent eisoes wedi sgorio tri phwynt. Beth ddylech chi wneud?

2) Mae sgarmes yn ymyl y pyst ac mae chwaraewr yn gosod y bêl wrth ymyl bôn y postyn. Beth yw'r penderfyniad?

(Daliwch i ddarllen a chewch yr atebion.)

Ar adegau profiad rhwystredig fu ymweld â Pharc yr Arfau ac yna'r Stadiwm dros yr wythdegau a'r nawdegau. Hiraethwn am weld y saithdegau'n dychwelyd, pan oedd yr athrylithgar Gareth Edwards yn chwarae gyda'r brenin Barry John. Y pryd hwnnw byddai Cymru'n curo pawb ac yn ennill y Gamp Lawn yn gyson. Aeth pum mlynedd ar hugain heibio cyn i Loegr ennill gêm yng Nghaerdydd. Er ein bod wedi ennill y bencampwriaeth dair gwaith yn ystod y deng mlynedd diwethaf a churo Lloegr yng Nghwpan y Byd yn Twickenham anghyson fu'r perfformiadau, er cafwyd pleser arbennig wrth weld Cymru'n curo Lloegr o 30 i 3 yn 2013.

Gorfoledd – Cymru: 30 – Lloegr: 3

Bythol a fu ein gobeithion – a'n hawch
   Am drechu y Saeson;
  Gwireddwyd ein breuddwydion,
  Hir oes fydd i'r grasfa hon.
          J P

Pan ddeuai'r haf, criced fyddai'r gêm a minnau'n 'slow left arm bowler' gweddol, ond eto'n batio yn rhif un ar ddeg yn nhîm yr ysgol. Byddai tîm criced Morgannwg yn chwarae ar

faes Sain Helen yn ystod yr haf yn erbyn timoedd o Awstralia,
India neu India'r Gorllewin. Byddem yn dal bws o'r Waun a
mynd â'n bwyd gyda ni er mwyn cyrraedd Abertawe erbyn
un ar ddeg. Yna, byddem yn eistedd ar y meinciau pren tan y
belawd olaf tua saith o'r gloch. Ein harwyr oedd Wilf Wooller y
capten, JC Clay y troellwr, a chwaraewyr fel Emrys Davies, WC
Jones ac Allan Watkins, a gafodd gap i Loegr. Yn chwarae dros
Awstralia cofiaf y bowlwyr cyflym Lindwall a Miller, ond ni
allaf fostio i mi weld y digymar Don Bradman. Ond yn ffodus,
neu yn anffodus, nid oeddwn yn Sain Helen pan fwrodd Gary
Sobers o India'r Gorllewin chwech chwech mewn un pelawd a
fowliwyd gan Graham Nash o dîm Morgannwg.

Yr Atebion:
1. Anfon un chwaraewr o'r cae ond mae'r tri phwynt yn aros.
2. Cais, mae'r pyst yn rhan o'r llinell.

Adloniant

Yn ystod y rhyfel, rhaglenni Saesneg fyddai'r arlwy llethol ar y radio a byddem yn gwrando'n gyson ar raglenni fel *ITMA*, *Hippodrome*, a *Worker's Playtime*. Rhaglen Tommy Handley oedd *ITMA* a chofiaf mai Mona Lot oedd un o'r cymeriadau. Ei phrif ymadrodd oedd *'Can I do you now, Sir'*. Byddai band y Waun o bryd i'w gilydd yn chwarae mewn rhaglenni fel *Music While you Work*, a *Workers Playtime* ar y donfedd Brydeinig. Byddai lleisiau Gracie Fields, George Formby ac wrth gwrs Vera Lyn i'w clywed yn gyson er mwyn codi'n calonnau yn ystod y rhyfel. Byddem yn gwrando hefyd ar raglenni Cymraeg, er mai prin oeddent cyn i Radio Cymru ddod i fodolaeth. Cofiaf am *Awr y Plant*, *Twm Siôn Cati* a *Galw Gari Tryfan*, ac roedd tipyn o fynd hefyd ar *Y Noson Lawen*. Gwrandawem ar Driawd y Coleg yn canu caneuon fel 'Hen feic penny farthing fy nhaid' a 'Triawd y Buarth', a hefyd ar y Co Bach, y comedïwr o Gaernarfon. Rhaid cyfaddef nad oedden ni o'r sowth yn deall pob gair ganddo.

Byddem yn chwarae gemau hefyd gyda'r nos o amgylch y bwrdd, yn enwedig yn ystod misoedd y gaeaf. Gemau fel dominos, draffts, ludo a snakes and ladders, a byddai gemau geiriol fel 'Ei di i Landybïe heb weud ie, dros yr hewl neu dros y caeau' neu 'Ei di i'r Rhos heb weud os'. Cofiaf y cyfnod cyn bod trydan yn dod i'r tŷ, a ninnau'n dibynnu ar y lampau paraffin. Roedd y rhain yn taflu cysgodion a byddem yn ceisio creu siapiau pob math o anifeiliaid ar y waliau. Nid oedd sôn am garpedi, leino fyddai ar y llawr fflags, a'r matiau y byddai

Mam wedi'u gwneud o racs. Eto, roeddem yn gwbl fodlon ein byd. O fewn ein cartrefi heb deledu byddai pwyslais mawr ar ddarllen, ond ar wahân i *Cymru'r Plant*, Saesneg oedd yr arlwy gan fwyaf. Dechreuais gael comics fel y *Beano* a'r *Dandy*, ac yna yn hŷn, mynd ymlaen at gylchgronau fel y *Wizard*, yr *Hotspur* a'r *Champion*. Bûm i'n ffodus imi gael fy magu mewn cartref â digonedd o lyfrau. Prynai mam encyclopaedias fel *Arthur Mee* a'r *Wonderland of Knowledge* ar ein cyfer. Porais yn fanwl drwy'r rhain, ac maent yn dal i fod gyda mi, ond yn oes y rhyngrwyd a'r iPad prin yw'r galw amdanynt.

Er maint y dylanwadau Saesneg o'r sinema a'r comics, Cymraeg oedd iaith naturiol ein cyfathrebu a'n cymdeithasu. Eto, prin ar y cyfan oedd y rhai hynny a fedrai ysgrifennu Cymraeg yn naturiol. Dyma fesur esgeulustod ein cyfundrefn addysg yn ystod dyddiau ysgol ein rhieni. Wedi iddi ddychwelyd o Myddfai i'r Waun ni chafodd Mam unrhyw wers yn y Gymraeg. Felly, pan oeddwn yn y fyddin, mewn Saesneg byddai'n llythyru â mi, er na fyddwn erioed wedi ystyried siarad â'n gilydd yn yr iaith estron honno. Hefyd pan fyddai rhywun yn mynd ar wyliau, yn Saesneg, gan amlaf, yr ysgrifennid y cyfarchion ar y cardiau. Roedd tuedd wasaidd yn aml i feddwl bod ein Cymraeg ni yn y sowth o safon isel, ac mai yn y gogledd y siaredid Cymraeg cywir. Eto, fe ddylid cofio mai'n hiaith ni oedd iaith y Mabinogi, a bod llawer o'r hen eiriau'n dal o hyd ar lafar, gan gynnwys y ferf 'gwelws' yn lle 'gwelodd', a geiriau fel 'cwnnu' yn lle 'codi' ac 'ercyd' yn lle mofyn. Roedd tafodiaith Morgannwg yn caledu cytseiniaid fel yn 'eclws' (eglwys) a 'prioti' (priodi), ond roedd yna ffin ieithyddol bendant tua Cefnbrynbrain. Yng Nghwmllynfell ac yng Nghwm Tawe fe fyddent yn caledu ond ar y Waun a Brynaman ni fyddem yn gwneud hynny. Felly, 'priodi yn yr eglwys' fydden ni. Fe ddaeth y Twrch Trwyth, y creadur mytholegol hwnnw yn chwedl Culhwch ac Olwen, i'r ardal, a cheir ambell enw fel Gwys ac Egel i'n hatgoffa o hynny. Pen y Twrch Trwyth yw bathodyn Ysgol Dyffryn Aman hyd heddiw.

Y Saesneg, wrth gwrs, oedd yr unig iaith swyddogol, gan

mai hi oedd iaith pob ffurflen, cylchlythyr a phapur newydd. Y papur lleol oedd *Llais Llafur*, a fu'n bapur Cymraeg unwaith, ond erbyn hyn mae wedi troi i'r Saesneg. Eto, roedd siarad Saesneg yn ddieithr i mi hyd nes i mi gyrraedd tua saith oed. Pan briododd fy mrawd, Edgar, ag Irene o Birmingham yn ystod y rhyfel, prin y medrwn siarad â hi na hyd yn oed ei deall ar y dechrau. Nid oedd fawr o Saesneg gan fy nhad, ond rywfodd fe fyddai ef ac Irene yn dod ymlaen yn dda iawn. Fe fyddem, o bryd i'w gilydd, yn mynd i Birmingham am wyliau. Y peth rhyfedd oedd i ni fynd i Birmingham yn ystod y rhyfel pan fyddai'r efaciwîs o ddinasoedd Lloegr yn dianc i Gymru. Gan fod posibilrwydd y byddai plant Edgar yn dod atom, ni fu'n rhaid i ni gymryd efaciwî, ond daeth bachgen o Gillingham i fyw drws nesaf am ddwy flynedd. Ronald Baugh oedd ei enw ac fe gadwodd gysylltiad â'r teulu am flynyddoedd wedi iddo ddychwelyd i Loegr. Ni chafodd y llif o blant di-Gymraeg lawer o ddylanwad ar y Waun, gan fod yr iaith yn ddigon cryf o fewn y pentref. Dysgodd rhai o'r plant hynny beth Cymraeg ac fe ymsefydlodd rhai ohonynt yng Nghymru wedi'r rhyfel.

Y Rhyfel

SONIAIS EISOES MAI angladd mam-gu, Water Street, oedd fy atgof cynharaf. Nid oeddwn ond pedair oed ar y pryd a mam-gu yn ei saithdegau cynnar, yn dipyn yn iau na fi heddiw, ond i fi ar y pryd roedd hynny'n hen iawn. Erbyn hyn, hoffwn gredu nad yw croesi'r saith deg yn golygu eich bod yn hen nac yn fusgrell. Ni chofiaf fawr am y diwrnod cyntaf yn yr ysgol chwaith, ar wahân i'r darlun sy'n fy meddwl o eistedd mewn ystafell fawr a thân yn y cornel. Ymhen dwy flynedd fe godwyd ysgol gynradd newydd ar y Waun ac yna ysgol uwchradd.

Cofiaf, serch hynny, y diwrnod y torrodd y rhyfel allan ym mis Medi, 1939, a ninnau ar wyliau yn fferm Caegwyn, yn ymyl Myddfai. Bu'n rhaid i ni ruthro gartref rhag ofn i Edgar, fy mrawd, gael ei alw i'r fyddin. I blentyn, roedd cyfnod y rhyfel yn un cyffrous iawn, er y caledi a'r prinder bwyd a ffrwythau, a hyd yn oed siocled a losin. Diflannodd bananas ac orennau bron yn llwyr yn ystod y blynyddoedd hyn. Roedd y *ration cards* a'r *gas masks* a hyd yn oed yr *identity cards* yn rhan hanfodol o fywyd bob dydd. Er i rai o bobol ifanc y Waun ymuno â'r fyddin, oherwydd bod prinder glowyr fe arhosodd digon o fechgyn ifanc ar ôl yn y pentref. Gan fod fy mrawd erbyn hyn yn gweithio yn Birmingham bu'n rhaid iddo ef fynd i'r fyddin, a gwasanaethodd fel gyrrwr yn y Royal Army Ordnance Corps.

Roedd gorfodaeth ar lawer o ddynion y pentref i ymuno â'r Home Guard rhag ofn i'r Almaen ymosod. Mae'n syndod pa mor debyg yw'r rhaglen deledu *Dad's Army* i'r profiad a gafodd amryw ohonynt hwy. Roedd f'ewythr, Wil, a fy mrawd yng nghyfraith, Bryn, yn perthyn iddynt, a chafwyd nifer o droeon trwstan wrth iddynt ymarfer. Ni wn beth fyddai wedi digwydd petai'r Almaenwyr wedi landio. Byddent weithiau yn gorfod bod ar ddyletswydd gyda'r nos a phetai rhywun yn nesáu atynt roeddent i weiddi, 'Halt who goes there, friend or foe'. Os 'friend' yna gwaeddent 'advance and be recognised'. Ond nid oedd ganddynt fwledi yn eu drylliau felly byddai problem petai'r ateb yn 'foe'. Cafwyd sôn am un o'r Home Guard ar ddyletswydd yn clywed sŵn ac yn gweiddi 'friend or foe', ond neb yn ateb. Felly, dyma weiddi eto ond dim ateb wedyn. Roedd mewn penbleth beth i'w wneud, ac efallai bod dianc yn bosibilrwydd erbyn hyn! Ond cyn gweiddi am y trydydd tro dyma fref, a'r gelyn y noson honno oedd buwch o fferm gyfagos. Methaf â deall un peth: petai'r Almaenwyr yn cael y sialens a fyddent yn debygol o weiddi 'foe'?

Cofiaf, serch hynny, am y nosweithiau pan ymosododd awyrennau yr Almaenwyr ar Abertawe am dair noson ym mis Ionawr 1941. Byddai'r seiren a leolwyd ar ben y *police station* a'i sgrech oerllyd yn ein rhybuddio bod ymosodiad ar y ffordd, ac yna byddai'r *all clear* yn cael ei seinio pan fyddai'r perygl drosodd. Roedd sŵn awyrennau'r Almaen yn wahanol i'n rhai ni, a chofiaf weld yr awyr yn goch pan fomiwyd gwaith olew Sgiwen. Hwn oedd ein barometer ni ar y Waun. Petaem yn gallu arogli olew yna byddai'n bosib iddi fwrw glaw am fod y gwynt yn dod o'r de orllewin. Cofiaf hefyd weld y *searchlights* yn goleuo'r awyr, ac am rai nosweithiau bu Jennice a minnau'n cysgu yn y cwtsh dan stâr er mwyn diogelwch. Roedd mam wedi rhoi gwely yno ar ein cyfer. Wrth ddilyn llwybr tarw nid oedd canol Abertawe ond rhyw naw milltir i ffwrdd a byddai'r awyrennau yn hedfan drosom wrth anelu at eu targedau yn y dref. Gwnaed difrod mawr a lladdwyd dros ddau gant o bobl yn Abertawe. Cofiaf i ni wedi hynny gasglu *flights* rhai o'r *incendiary bombs* a ollyngwyd, a'u paentio'n goch er mwyn gwneud fasys ohonynt.

Byddai'n rhaid i ni gario'n *gas masks* i'r ysgol bob dydd a byddem yn cael practis bob hyn a hyn. Gallaf arogli'r rwber hyd heddiw. Nid oedd shelter yn yr ysgol, a byddem yn cael ymarferion i'n gwasgaru rhwng y tai cyfagos. Cofiaf unwaith glywed awyren yn yr awyr wrth i ni adael yr ysgol ganol dydd, ac yna clywed sŵn ffrwydrad. Roedd awyren o'r Almaen wedi gollwng bom a disgynnodd honno yng nghanol mynwent yr eglwys ym Mrynaman. Nid oedd hynny ond rhyw ddau gan llath o'r ysgol gynradd. Yn ffodus, roedd y plant yn dal yn yr ysgol ac ni chafodd neb niwed, er bod twll anferth lle ffrwydrodd y bom. Petai wedi bwrw'r ysgol fe fyddai nifer fawr iawn o blant wedi'u lladd. Cofiaf i bawb heidio i Frynaman i weld y twll lle disgynnodd y bom.

Ar y comin roedd cwt i'r Observer Corps a'u gwaith hwy oedd cadw golwg ar yr awyrennau fyddai'n hedfan heibio a rhoi gwybod pan fyddai rhai o'r Almaen yn eu plith. Roedd y rhan fwyaf o'r aelodau'n cynnwys llawer o gyn-filwyr y Rhyfel Byd Cyntaf. Ar un achlysur cawsant dipyn o sioc wrth weld balŵn anferth yn hofran dros y comin. Rhoddwyd y rhain dros leoliadau pwysig i rwystro awyrennau'r gelyn, ond roedd yn amlwg bod hon wedi dod yn rhydd. Gwaith yr Observer Corps oedd ceisio'i dal, nid tasg hawdd i wŷr oedrannus. Ond er syndod i bawb fe lwyddwyd i wneud hynny, a nifer fawr o drigolion y Waun yn dal yn dynn wrth y rhaffau. Yn un o raglenni *Dad's Army* cafwyd golygfa debyg a Corporal Jones yn cael ei godi i'r awyr, ond ni fu'r digwyddiad ar y Waun mor gyffrous â hynny. Collid rhai awyrennau o bryd i'w gilydd ar y Mynydd Du gan y byddai peilotiaid dan hyfforddiant yn hedfan dros y mynydd, a chafwyd amryw o ddamweiniau. Lladdwyd aelodau o'r criwiau, a than yn ddiweddar roedd olion rhai o'r awyrennau hyn yn dal ar y mynydd.

Byddai pawb yn gorfod sicrhau wedi iddi dywyllu na fyddai unrhyw olau'n dangos drwy'r ffenestri, felly roedd yn rhaid cael llenni trwchus du. Hwn oedd y *blackout* pan nad oedd unrhyw olau o werth i'w weld ar y strydoedd. Byddai'n rhaid i bawb ymbalfalu yng ngolau *torches* wedi iddi nosi felly. Gellid cael dirwy drom wrth i olau ddangos drwy'r ffenestri, ac fe fyddai'r ARP neu'r Air Raid Wardens yn mynd o gwmpas gyda'r nos i sicrhau na fyddai hynny'n digwydd. Er ei bod fel y fagddu, ni chafwyd mwy o droseddau fel lladrata hyd y gwn i, gan fod pobol yn parchu eiddo eu cymdogion.

Fe ddaeth yr Americanwyr i ymarfer ar gyfer D-Day ar y Mynydd Du, ac fel plant aethom i'w gweld er mwyn ceisio cael losin ganddynt. Yr ymadrodd mawr oedd 'any gum, chum'. Am y tro cyntaf cawsom ein cyflwyno i ragoriaethau *chewing gum*! Tybed faint o'r milwyr fu'n hyfforddi ar y mynydd aeth yn ôl i America ar ôl yr ymosodiad ar draethau Normandi? Cofiaf glywed y newyddion yn yr ysgol ar y 6ed o Fehefin, 1944, sef diwrnod D-Day, bod byddinoedd Prydain ac America wedi glanio yno. Cofiaf hefyd noson V E Day (Victory in Europe) ar yr 8fed o Fai, 1945, pan ddaeth y rhyfel yn Ewrop i ben. Cafwyd coelcerth fawr ar sgwâr y Waun a phawb yn dathlu a dawnsio tan oriau mân y bore. Bu dathliad tebyg ym mis Awst ar gyfer V J Day pan gurwyd Siapan ar ôl i'r Americanwyr ollwng y bom atomig yn Hiroshima a Nagasaki. Ar ôl y rhyfel daeth General Bernard Montgomery, arwr El Alamein a brwydrau eraill, ar ymweliad â'r Steer Pit er mwyn diolch i'r glowyr am eu hymdrechion yn ystod y rhyfel. Heb gyflenwad digonol o lo ni fyddai'r wlad wedi gallu cynhyrchu'r arfau i orchfygu'r Almaen.

Yn ystod y rhyfel roedd popeth bron ar *rations* a rhaid oedd mynd â'r llyfr *rations* i brynu bwyd, dillad, a hyd yn oed losin. Pan fyddem yn mynd i siop byddai'r siopwr yn torri'r cwpons priodol allan o'r llyfr bach yn ofalus, ac ni fyddai modd cael mwy na'n lwfans o bethau. Caem hyn a hyn o fenyn, cig, a siwgr, a'r siopwr yn eu pwyso'n ofalus. Byddem ni, blant, yn cael poteli o sudd oren trwchus i roi ychwaneg o fitaminau inni. Dyma ryw syniad o'r *rations* wythnosol ar gyfer pob unigolyn: 2 owns o fenyn, 4 owns o margerine, 4 sleisen o gig moch, 8 owns o siwgr, 2 owns o de, 2 beint o laeth, a gwerth punt o gig. Byddai'r math newydd o fwydydd yn help i ymestyn ychydig ar *y rations*. Ymddangosodd wy powdwr am y tro cyntaf, a byddai corned beef a spam, math o gig newydd o America, o help. Yn lle siwgr roedd modd defnyddio sacarin i felysu pethau. Diflannodd orennau a bananas fel y dywedais, a chyfyngwyd y losin i ddeuddeng owns y mis. Parhaodd hynny o 1942 tan 1953. Yn rhyfeddol, fe honnir bod iechyd y boblogaeth yn well yn ystod y rhyfel, gan nad oedd gordewdra'n broblem.

Ond byddai rhai mwy cyfrwys na'i gilydd yn mynnu mwy na'u haeddiant drwy brynu pethau ar y farchnad ddu. Galwyd y rhai fyddai'n codi prisiau uchel am y rhain yn *spivs*. Caent eu cosbi o gael eu dal. Bu achos pwysig gerbron y llys yn Aberaeron pan laddwyd mochyn heb drwydded. Gan fod fy nhad yn löwr yn gweithio ar y ffas, byddem weithiau'n cael pacedi o *emergency rations* y fyddin, a gallaf flasu o hyd y siocled a gaed ynddynt. Hefyd cafwyd pacedi o bapur tŷ bach go iawn, oedd yn beth gweddol ddieithr i'r mwyafrif ohonom. Fe barhaodd y *rations* am rai blynyddoedd wedi'r rhyfel, a phan oedd angen siwt arnaf i fynd i'r coleg, bu'n rhaid i mi fynd â'm llyfr bach o gwpons gyda fi i Burtons, Rhydaman. Ond eto, nid wyf yn cofio i fi weld eisiau fawr o ddim, gan fod Mam yn dda iawn am dolio ac am baratoi bwydydd maethlon fel cawl, a hwnnw'n llawn sêr ar ei wyneb. Byddai cael potsh tato a menyn hefyd yn dderbyniol. I frecwast byddai'r bara te yn flasus, y tost a wnaed ar fforc dostio o flaen y tân glo, a'r caws wedi'i bobi.

Ar y Sul fe gaem ginio blasus, cig eidion rhost fynychaf, a llysiau o'r ardd. Nid oeddwn i'n ffond iawn o rai mathau o gig, ac mae hynny wedi parhau hyd heddiw. Cofiaf weld Mam yn gwneud brawn allan o ben mochyn, ac ni fu fawr o archwaeth gen i at hwnnw byth wedyn. Hyd heddiw nid wyf yn gallu bwyta unrhyw fath o ymysgaroedd anifail ac nid oeddwn yn hoffi gweld cwningen yn cael ei blingo chwaith. A bod yn onest roeddwn yn ymylu at fod yn llysieuwr yn blentyn. Anaml y byddem yn bwyta ffowlyn ar wahân i achlysuron arbennig fel ar Ddydd Nadolig, ond ar brynhawn Sul fe fyddai pwdin reis neu *pineapple chunks* a *condensed milk* bob amser i de.

Roedd Mam yn dda iawn am wneud pob math o darten gan gynnwys tarten wy, tarten fale, ac yn eu tymor, tarten mwyar duon, tarten gwsberis, tarten cwrens duon a tharten lysu, fy ffefryn i.

Plannodd fy nhad-cu goed afalau yn yr ardd a hefyd coeden *Victoria Plums*, felly, roedd gyda ni ddigonedd o ffrwythau. Byddai'r afalau'n cael eu gosod yn yr atig er mwyn eu cadw dros y gaeaf, ac wrth iddynt aeddfedu byddai arogl hyfryd drwy'r tŷ. Byddem yn tyfu pob math o lysiau yn ein gardd ffrwythlon hefyd. Roedd y llywodraeth wedi cyhoeddi posteri ac arnynt y geiriau bras 'Dig For Victory' i'n hannog i dyfu mwy yn ein gerddi. Hefyd fe drowyd amryw o barciau a thir agored yn erddi i dyfu bwyd. Roeddem ni bron â bod yn hunangynhaliol, ond byddem yn prynu'r nwyddau eraill yn y Co-op, neu'r 'Cop' i ni. Roedd cael y difidend bob hyn a hyn hefyd yn help i'w ychwanegu at y coffrau teuluol. Weithiau, byddai'n rhaid i mi fynd ar neges i'r Cop a gallaf hyd heddiw gofio'r blawd llif ar y llawr a'r arogl arbennig wrth i'r cig moch gael ei dorri yn ôl y galw. Hefyd torrid darnau o fenyn a chaws o'r blociau mawr, gan osgoi defnyddio'r pacedi plastig sy'n dal bwydydd heddiw gan wneud cymaint o niwed i'r amgylchfyd. Prynu yn ôl yr angen fydden ni ac ni fyddem yn gwastraffu bwyd. Te a yfid bron yn ddieithriad, a phrin y cofiaf unrhyw goffi yn y tŷ. Erbyn heddiw nid oes gen i lawer o archwaeth am de, ond ystyriaf fy hun yn dipyn o *afficionado* coffi.

Gan y byddai llwyth o lo yn rhan o gyflog fy nhad, byddai golwyth o dân gyda ni bob amser. Nid oedd y tân glo byth yn diffodd, oblegid câi ei 'nuddo' gan roi 'henlo' (golosg) arno gyda'r nos i'w gadw'n fyw tan y bore. Er bod gwres parhaol yn y gegin, nid oedd y fath beth â gwres canolog yng ngweddill y tŷ ac ar noson rewllyd o aeaf byddai mentro i'r llofft yn gallu bod yn brofiad. Bu fy nhad-cu yn eithaf arloesol wrth osod ystafell molchi yn y tŷ 'nôl yn 1910 a hefyd fe osododd WC wedi'i gysylltu â'r sewer. Cofier mai tu allan y byddai'r toiledau ar gyfer llawer iawn o dai bryd hynny a bwced i ddal y carthion. Clywais sôn y byddai 'gong' yn dod o gwmpas gyda'r nos i wacáu'r bwcedi ar un adeg. Ar ymweliad ag Amgueddfa Llundain gwelais bod y 'gong' yn hen derm Saesneg ac y byddai gŵr a elwid yn 'gong farmer' yn cael ei gyflogi yn Lloegr i wneud y gwaith amhleserus hwn. Mae'n beth rhyfedd bod y term Saesneg canoloesol hwn yn dal i gael ei ddefnyddio ar y Waun mor ddiweddar â blynyddoedd cynnar y ganrif ddiwethaf. Gan nad oedd toiledau ar y llofft roedd y pot dan y gwely yn gallu bod yn handi! Nid oedd sôn chwaith am bapur toiled fel y cyfryw, sgwariau o bapurau newydd wedi'u torri'n ofalus a'u hongian ar hoelen a gyflawnai'r orchwyl honno. Ar noson oer fe fyddem yn defnyddio potel bridd yn y gwely ond weithiau twymo bricsen yn y ffwrn a wnaem. Gwnâi honno, wedi'i lapio mewn darn o flanced, waith y botel, gan gadw'i gwres drwy'r nos. Ond ambell waith byddai'r darn blanced yn dod yn rhydd a'n traed yn cael ambell losgiad.

Ar y tân agored y byddai Mam yn coginio a hwn hefyd fyddai'n gwresogi'r ffwrn. Mor hyfryd oedd profi arogl y torthau ffres wrth iddynt gael eu tynnu allan. Roedd diwrnod arbennig ar gyfer y gwahanol orchwylion. Dydd Llun ar gyfer golchi dillad, dydd Mercher ar gyfer crasu bara. Bob dydd Gwener byddem yn prynu pysgodyn, *hake* fynycha, gan Twm Wat a ddeuai o gwmpas y tai yn gweiddi 'fish'. Mwy na thebyg bod hynny'n dilyn yr hen arferiad Catholig o fwyta pysgod ar ddydd Gwener. Byddai John Martin, Beili Glas, yn dod â'i gart a cheffyl heibio bob dydd â llaeth, a byddai Mam yn mynd mas â jwg i gael peint o'r stên. Weithiau byddai gwragedd o Benclawdd yn dod â cocos i'w gwerthu. Fel plant byddem yn hoff o'u gosod mewn dŵr a halen dros nos er mwyn eu gweld yn agor cyn iddynt gael eu berwi erbyn cinio. Byddent hefyd yn gwerthu bara lawr a wnaed o fath arbennig o wymon môr. Mae hwn yn dal yn boblogaidd yn y de a chaiff ei ffrio gyda chig moch. Rwyf i ymhlith yr ychydig sy'n dal i'w brynu yn Llambed. Ymwelydd ym mis Medi fyddai Francis, y Sioni Winwns o Lydaw a siaradai Gymraeg yn rhugl. Byddaf yn dal i brynu rhaffed o winwns o Lydaw, gan eu bod yn fwy melys na'r rhai a dyfir yma. Bob hyn a hyn byddai Reuben y dyn *rags and bones* yn dod o gwmpas ac yn rhoi ychydig geiniogau inni am hen bethau. Eisteddai ar gert isel iawn a'i geffyl druan yn edrych fel petai ar drengi. A dweud y gwir nid oedd Reuben ei hun yn edrych fawr gwell. Roedd rhyw ddirgelwch yn perthyn iddo ond yn ôl yr enw mae'n debyg ei fod o dras Iddewig.

Ar ddydd Sul ni wnaem unrhyw waith, a byddai llawer yn mynd i'r capel a'r Ysgol Sul. Ni fentrem ninnau'r plant fynd allan i chwarae chwaith, a byddai'r Hen Dadau wedi eu syfrdanu wrth weld y gemau heddiw ar y Sul. Nid oedd y tafarnau yn agor ar y Sul, er byddai cwrw ar gael yn y clybiau. Roedd Deddf Gwlad o Oes Fictoria yn mynnu bod tafarndai Cymru ar gau cyn penderfynu cael pleidlais fesul sir yng Nghymru i benderfynu a ddylent agor. Yng Nghwmtwrch roedd tafarn George IV yn fan cyfarfod tair sir, Morgannwg, Caerfyrddin, a Brycheiniog a phan bleidleisiodd Morgannwg i agor ar y Sul byddai modd yfed mewn un o'r ystafelloedd ond ddim yn y lleill, yn ôl y sôn. Roedd Ceredigion ymhlith yr ychydig siroedd a ddaliodd hyd yr eithaf er mwyn cadw'n sych, ond nid felly bellach:

> Ddoe bu tonnau'r diwygiadau
> Yn gorlifo drwy'n seiadau,
> Nawr ceir môr o seddau gweigion
> Lle bu Duw yn cyffroi'r eigion.
>
> JP

Fe benderfynodd Brin, fy mrawd yng nghyfraith, gadw mochyn mewn twlc ar waelod yr ardd. Profiad go ddiflas oedd diwrnod lladd y mochyn. Byddwn yn ei fwydo'n ddyddiol am tua blwyddyn ac yna deuai'r awr dyngedfennol a gallaf o hyd glywed ei sgrechfeydd truenus. Câi'r truan ei lusgo o'i dwlc a'i osod ar fainc, yna gwthiai'r lladdwr moch ei gyllell i'w wddf a'r gwaed yn tasgu allan. Wedi lladd y mochyn byddai'n rhaid crafu'r blew, a defnyddid canwyllbrennau a bwcedi o ddŵr berwedig i wneud hynny. Yna aed ati i'w dorri'n ddarnau er mwyn eu halltu, a chedwid yr afu er mwyn gwneud ffagots. Roedd gennym fainc yn y pantri i'w halltu, a bachau yn y nenfwd i'w hongian, ac yno y byddai am fisoedd lawer. Byddai'r cig ar y cyfan yn llawn braster ac yn ofnadwy o hallt, ond câi sleisen neu ddwy ei thorri ar gyfer brecwast a phrydau eraill. Parhaodd Brin i fwynhau cig moch hallt iawn, a byddwn yn prynu peth iddo ym marchnad Caerfyrddin. Fe fu fyw nes ei fod yn wyth deg naw oed, felly ni wnaeth hynny fawr o niwed iddo fe o leiaf.

Ar y Waun, fel yn y mwyafrif o bentrefi'r de, sefydlwyd caffi gan deulu o Eidalwyr a daeth hufen iâ Cresci yn enwog drwy'r ardal. Byddai cael cornet neu *wafer* ar ddiwrnod poeth o haf yn brofiad i'w drysori a rhaid fyddai ei fwyta yn y man a'r lle. Pan oedd mwy o arian yn fy mhoced byddai modd eistedd yn y caffi a chael yr hyn a elwid yn 'North Pole', sef hufen iâ a marshmallow. Yn ystod y rhyfel carcharwyd yr Eidalwyr am fod Mussolini wedi ochri gyda Hitler. Felly, bu'n rhaid i Dai Cresci fynd i garchar ar Ynys Manaw, ond daliai'r caffi i fod ar agor. Byddai colli'r hufen iâ wedi bod yn gymaint o ergyd i'r pentref, ac ni chofiaf i'r teulu ddioddef unrhyw ragfarn oherwydd eu bod yn Eidalwyr. Fe ddaeth y mab, Hugo, yn rhugl yn y Gymraeg ac yn boblogaidd iawn yn y pentref, ond hyd heddiw ni wn beth oedd enw iawn Dai Cresci.

Nid oedd gan neb gar ar Cefn Road a phrin iawn oedd y ceir yng ngweddill y pentref hefyd. Felly, dibynnem yn llwyr ar y bysys a fyddai'n ein cysylltu â'r pentrefi cyfagos ac â'r dre, sef Abertawe. Roedd bysys y South Wales Transport a'i *double deckers* coch yn mynd i Bontardawe ac yna ymlaen i Abertawe, y Western Welsh a James Bros yn mynd i Gastell-nedd, tra byddai cwmnïoedd fel Rees and Williams Tŷ-croes, a Bevan and Davies, yn mynd â ni i bentrefi Cwmaman ac i Rydaman. Byddai'r Eclipse, ac wedi hynny yr United Welsh, yn mynd o'r Waun drwy Frynaman, Cwmllynfell, Ystalyfera a Phontardawe

i Abertawe. Bryd hynny, byddai pethau dipyn yn fwy gwâr ar
y bysys, a disgwylid i ddynion ildio'u seddau os byddai menyw
neu unrhyw un oedrannus yn sefyll.

Gan nad oedd ffôn gan neb yn eu tai dibynnem yn llwyr
ar yr un ciosg coch oedd wrth y *Post Office*. Dyma lle byddwn
i'n ffonio'r ysgol i drafod canlyniadau'r arholiadau Lefel A ac
O wedi iddynt ymddangos yn y *Western Mail*. Nid oedd fawr
o breifatrwydd ar gael y pryd hynny, oblegid byddai rhestr
o ganlyniadau disgyblion pob ysgol yng Nghymru ar gyfer
y Senior, Lefel O, a'r Higher, Lefel A, yn cael eu cyhoeddi yn
y papur. Gallwch ddychmygu'r tensiwn wrth inni ruthro i'r
siop bapur er mwyn gweld beth oedd ein tynged. Pe baech
wedi gwneud yn dda byddai popeth yn iawn, ond beth am y
trueiniaid oedd wedi methu.

Pan fyddai angen anfon neges frys at rywun, byddai'n rhaid
defnyddio'r telegram a rhain fyddai'n dod â newyddion drwg
adeg y rhyfel pan fyddai rhywun wedi cael ei glwyfo, ei garcharu,
neu ei ladd. Mae cofgolofn sylweddol ar y Waun a delw milwr
yn lifrai'r Rhyfel Byd Cyntaf yn sefyll arno. Ceir rhestr go faith
o enwau bechgyn y pentref a laddwyd yn y Rhyfel Mawr, ond
diolch byth rhestr dipyn yn llai a geir ar gyfer yr Ail Ryfel Byd,
gan fod mwy o'r bechgyn ifanc wedi aros yn y pyllau glo. Hefyd
nid oedd yr arweinwyr mor barod i anfon milwyr i ladd-dai fel
y Somme.

Er mai dyn y clwb yn hytrach na dyn y capel oedd fy nhad,
roedd disgwyl i mi a'm chwaer fynychu Ysgol Sul Carmel.
Byddai cwrdd y plant unwaith y mis a phob plentyn yn gorfod
dweud ei adnod o flaen y capel cyfan. Ni fyddai 'Duw Cariad
Yw' yn ddigon. I raddau byddai hynny'n diflasu'r nos Sadwrn
ac nid oeddwn yn hoff iawn o'r profiad. Edrychwn ymlaen
serch hynny at drip blynyddol yr Ysgol Sul. Byddai nifer
fawr o fysys *double decker* yn ymgasglu tu allan i'r capel i'n
cludo i Borthcawl un flwyddyn ac i Ynys y Barri y flwyddyn
wedyn. Caed diwrnod bendigedig yn y ffair ac ar y traeth, a
rhywfodd byddai'r haul yn tywynnu bob tro, er, efallai mai

felly mae'n ymddangos, wrth edrych yn ôl drwy sbectol atgof. Byddem hefyd yn gallu mynd i lan y môr yn Abertawe ar fws South Wales Transport yn ystod misoedd yr haf, a gweld y cloc blodau enwog. Roedd traeth bendigedig yno, a llawer yn cymharu'r bae â Bae Naples. O gwmpas y bae byddai trên bach y Mwmbwls yn rhedeg, er mewn gwirionedd dau dram coch ydoedd. Gallwn hefyd dreulio ambell brynhawn ar draethau bendigedig Langland Bay neu Caswell Bay ar Benrhyn Gŵyr. Mae gan Bryan Martin Davies, y prifardd o Frynaman a chydfyfyriwr yn Aber, gerdd dan y teitl 'Glas' yn sôn am y trip i'r traeth yn Abertawe, a phobol pentrefi glo Cwm Tawe yn heidio yno ar ddiwrnodau teg o haf.

> Pan oedd y Sadyrnau'n las
> a môr yn Abertawe'n rhowlio chwerthin ar y traeth,
> roedd cychod a chestyll a chloc flodau
> yn llenwi'r diwrnod,
> a gyda lwc
> ymdeithiem ar y pensil coch o drên
> rownd rhimyn glas y bae
> i bwynt y Mwmbwls.

Un tro pan oeddem ar ymweliad â thraeth Aberafan cawsom brofiad ofnadwy fel teulu. Roedd fy chwaer, Jennice, a hithau tua un ar ddeg oed, wedi mynd i mewn i'r môr ac am ryw reswm wedi llewygu. Gorweddai yn y dŵr â'i hwyneb am i lawr. Yn ffodus fe sylwodd gŵr a oedd hefyd yn perthyn i'r St. John's Ambulance arni, a bu'n rhoi *artificial respiration* iddi cyn iddi ddechrau anadlu. Mae gen i gof plentyn o weld tyrfa o'i chwmpas. Gŵr o Faesteg oedd yr un a'i hachubodd ac fe enillodd fedal am wneud. I mam a 'nhad bu hynny'n brofiad erchyll, ond diolch byth fe fu Jennice fyw nes croesi'r pedwar ugain.

Hyd yn oed yn ein harddegau, byddai llawer ohonom yn dal i fynd i'r cwrdd ar nos Sul gan eistedd ar y galeri, y bechgyn ar un ochr a'r merched ar y llall. Er na allaf honni, serch hynny, i'r pregethau gael dylanwad ysgubol arnaf yn grotyn, eto, roedd gennym barch i lawer o'r rhai amlwg ym mywyd y capel, ac fe edrychwn ar y gweinidog, Llywelyn C Hughes, â'r parch dyladwy. Ond fe fyddai ambell jôc yn cael ei dweud amdano yn y pentref. Yn ddiweddar bu'n rhaid cau Carmel ar ôl canfod *dry rot* yn yr adeilad a methwyd â chael digon o arian i'w achub. Ar wahân i gapel bach Hermon a'r eglwys yng Nghwm-gors nid oes lle arall i addoli ar y Waun erbyn hyn.

Ar nos Sul wedi'r cwrdd tyrrem i'r sgwâr neu i'r 'Cross' fel y galwyd ef, ac yna byddem yn dechrau ar y 'monkey parade'. Byddem yn cerdded yn ôl a blaen ar hyd Hewl Cwm, gan amlaf y bechgyn a'r merched ar wahân, ond bob hyn a hyn yn dod yn fwy ewn wrth lygadu ein gilydd. Yna, byddai'r rhai mwyaf mentrus yn dianc i dywyllwch yr hewl heb olau a arweiniai tua'r *falls*. Fe allai'r cyfarfod arwain at wneud *date* yn nes ymlaen yn yr wythnos i fynd i'r sinema, a rhai hyd yn oed mor feiddgar â dewis eistedd yn y seti cefn. Roedd tipyn o fynd ar y dawnsfeydd hefyd, ac yno'n bennaf y byddai bechgyn a merched yn cyfarfod. Roedd y Palais de Danse a'r Drill Hall yn y Garnant, y Rink ym Mhontardawe a'r Regal yn Rhydaman. Yn y rhain byddai band Bessie John ymhlith eraill yn perfformio. Roedd hwn dipyn o flaen ei amser gan mai menywod yn unig fyddai'n chwarae ynddo.

Roedd y tafarndai'n bwysig hefyd ac ar y Waun roedd dwy dafarn, y Caegurwen Arms, neu'r 'Cae' a'r Mountain Inn, neu'r 'Mount'. Yno byddai'r band yn ymarfer. Hefyd sefydlwyd clybiau megis y 'Buffs' (Ancient Order of the Buffalos) ar y Waun, a'r Workingmen's Club (Y Clwb) yng Nghwm-gors, lle byddai fy Wncwl Wil yn aelod amlwg. Yn y clwb hwnnw gwelid llun Stalin ar y wal, hyd yn oed ar ôl i Rwsia ymosod ar Hwngari yn 1956. Llysenw fy Wncwl oedd Wil 'Bolshie', oherwydd ei ddaliadau politicaidd, mae'n debyg. Roedd rhaniad amlwg yn y gymdeithas, rhwng dynion y capel a dynion y clwb. Fe fyddai ambell un, yn enwedig ar nos Sadwrn, yn cael llond bola o gwrw ac roedd gweld ambell i ŵr lled feddw ar y stryd yn brofiad gweddol gyffredin. Eto, peth anarferol iawn fyddai gweld unrhyw ymladd na thrais yn y pentref.

Peth prin iawn, iawn hefyd fyddai gweld menyw yn feddw. Mewn gwirionedd câi unrhyw fenyw a fynychai dafarn ei hystyried braidd yn gomon a byddai gweld un yn yfed peint o gwrw yn fwy anghyffredin byth. Port and lemon neu rywbeth *genteel* oedd diod arferol merched ac yn y snyg yn hytrach na'r bar y byddent yn yfed hwnnw, a hynny yng nghwmni sboner neu'r gŵr. Ni fyddai menyw yn mentro i mewn i dafarn ar ei phen ei hun. Cofiaf y nosweithiau difyr ar nos Sadwrn pan fyddai Wncwl Wil yn galw ar ôl bod yn y clwb ac yntau'n sôn am gymeriadau lliwgar y Waun. Roedd ganddo'r ddawn i ddynwared pobol, a gallai ddynwared un siopwr lleol a gadwai siop losin, gan restru bron hanner cant o'r losin, o jelly babies i acid drops, i siocled Five Boys.

Roedd fy Wncwl Tom, brawd arall Mam, yn gymeriad tipyn yn fwy cymhleth. Er iddo ddechrau ei yrfa fel glöwr yn ystod y Rhyfel Byd Cyntaf ymunodd â'r Independent Labour Party gan droi'n wrthwynebydd cydwybodol. Mae'n rhaid cofio nad peth hawdd oedd gwneud hynny gan fod y conshis, fel y gelwid hwy, yn cael amser caled gan lawer o'r rhyfelgarwyr. Roedd yn arferiad mewn rhai ardaloedd i roddi pluen wen i unrhyw fachgen ifanc nad oedd mewn gwisg filwrol, fel arwydd o'i lwfrdra honedig. Byddai rhai gweinidogion o'u pulpud yn annog pobol ifanc i ymuno â'r fyddin a'r Parch John Williams, Brynsiencyn, ffrind i Lloyd George, yn gwisgo lifrai milwrol wrth bregethu.

Bu'r Parch T E Nicholas, sef Niclas y Glais, yn weinidog am gyfnod yng Nghwm Tawe ac roedd ef yn ffyrnig yn erbyn unrhyw fath o ryfel. Cafodd ddylanwad mawr ar lawer o bobol ifanc yr ardal gan gynnwys fy ewythr. Tua'r un adeg roedd Gwenallt yn byw yng Nghwm Tawe ac fe ddaeth yntau o dan ddylanwad rhai o sosialwyr y cylch. Gwrthodai aelodau'r ILP ymladd am fod y rhyfel, yn eu tyb hwy, yn rhyfel dros gyfalafiaeth. O ganlyniad, bu'n rhaid i Tom ac eraill o'r Waun ymddangos o flaen tribiwnlys a'u hanfon i Dartmoor am naw mis o garchar. Mae'n debyg bod Gwenallt a Bertrand Russell yr athronydd yno tua'r un pryd.

Cofiaf weld carden gyfarch o'r carchar yn y tŷ yn dangos y celloedd, ac arni'r geiriau 'Greetings from Dartmoor', ond yn anffodus fe aeth y garden ar goll. Wedi hynny, bu'n rhaid i Tom dorri cerrig mewn chwarel ym Mhenderyn. Ar ôl y rhyfel aeth allan i Scranton, Pennsylvania lle roedd llawer o Gymry wedi ymsefydlu, gan gynnwys rhai perthnasau i ni. Yno, enillodd gymwysterau fel osteopath a naturopath cyn dychwelyd i Gymru ac am weddill ei oes bu'n gweithio fel osteopath yn Nhrebanos. Fel naturopath ni chredai mewn amryw o'r cyffuriau a ddosberthid gan feddygon. Roedd nifer ohonynt hwy yn gwrthod derbyn bod gan osteopath a naturopath ddim byd i'w gynnig, a byddent yn elyniaethus iawn tuag atynt. Cafodd fy chwaer lawer o dostrwydd yn blentyn, a bu'n dioddef o rai clefydau go beryglus fel difftheria, y dwymyn goch a'r frech goch, clefydau eithaf cyffredin bryd hynny ymhlith plant. Roedd ysbyty arbennig i rai a ddioddefai o'r difftheria, sef yr Isolation Hospital yn Gellinudd, uwchben Pontardawe. Ar gyngor ei brawd gwrthododd fy mam adael i Jennice fynd yno, a bu ef yn ei thrin. Llwyddodd i wella, ond ni allaf brofi mai'r driniaeth a gafodd gan fy wncwl fu'n gyfrifol am hynny. Cefais innau, fel y mwyafrif o blant, glefydau fel y frech goch, mymps, a'r clefyd melyn yn blentyn, ond ar y cyfan bûm yn weddol iach. Yn anffodus, gan i mi gael y clefyd melyn ni fu'n bosib i mi roddi gwaed am weddill fy oes.

Er bod Tom yn ŵr galluog, roedd hefyd braidd yn ecsentrig. Pan oedd yn ddibriod ac yn byw gyda mam a 'nhad ar y Waun achubodd gadno a'i gadw mewn cwb yn yr ardd. Yn y diwedd bu'n rhaid mynd â hwnnw i Singleton Park, Abertawe wedi iddo symud i Drebannws i fyw. Roedd yn llysieuwr eithafol ac yn gwrthod cyffwrdd â chig, felly bob Nadolig byddai'n cael Mock Turkey wedi'i wneud o gnau a ffrwythau. Byddai ef a'i wraig yn dod atom yn gyson ar brynhawn Sul am de, ond byddai Wncwl Tom wastad yn dod â'i fwyd gydag ef. Prynodd gar Morris 8, ond byddai'n gyndyn iawn i ddefnyddio'r batri i'w ddechrau. Byddai'n well ganddo stryffaglu a chwysu wrth droi'r handlen, a digwyddai'r perfformans hwn bob nos Sul, glaw a hindda.

Un cyfnod cafodd yr ysfa i chwarae'r ffliwt ac aeth ati i brynu rhai eithaf drud. Deuai'n amal i'n tŷ ni i geisio cyd chwarae gyda 'nhad, a oedd fel cyn-aelod o'r Band yn deall cerddoriaeth yn dda. Ond prin bod gan Tom y gallu na'r ddawn i feistroli unrhyw offeryn. Byddai hefyd yn prynu hen lyfrau yn siop enwog Ralphs yn Abertawe, ac yn eu plith llawer o lyfrau Cymraeg prin. Yn anffodus, wedi iddo farw gwerthwyd y rhan fwyaf ohonynt, er bod ambell un yn dal ym meddiant Geraint, y mab. Tua diwedd ei oes ail gydiodd mewn crefydd a daeth yn aelod ac yn ddiacon yng nghapel Hermon ar y Waun. Pan fyddwn yn dychwelyd ambell waith wedi *48 hour leave* o'r fyddin ac yn dal bws ar nos Sul byddai'n sefyll amdanaf ar y sgwâr er mwyn rhoi chweugain imi. Ond nid oeddwn i yngan gair wrth neb rhag ofn i'w wraig ddod i wybod.

O safbwynt gwleidyddiaeth perthyn i'r chwith roedd mwyafrif helaeth y glowyr. Disodlwyd y Rhyddfrydwyr gan y Blaid Lafur yng nghymoedd de Cymru, a'r arwyr oedd gwleidyddion fel Keir Hardie a William Abrahams (Mabon). Ar gomin y Waun mae carreg fawr sy'n deillio o Oes yr Iâ, a'r enw roddwyd arni oedd Carreg Ffilfan. Llygriad yw hwn o Garreg Ceffylfaen, am ei bod yn edrych fel carreg a ddefnyddid ar gyfer dringo ar gefn ceffyl. Wrth hon y byddai'r glowyr yn cynnal cyfarfodydd i drafod penderfyniadau pwysig ynglŷn â thelerau gwaith a streicio. Ceir sôn am arweinwyr fel Mabon yn sefyll arni i annerch glowyr y Waun. Ni chollodd 'nhad na mam erioed y cyfle i fwrw'u pleidlais adeg etholiad, ac i'r Blaid Lafur byddai honno'n mynd bob tro. Roedd y gair Tori yn esgymun oblegid y cysylltiadau â'r cyfoethogion ac â'r meistri glo. Bodolai'r duedd hon tan yn ddiweddar, er bod pethau wedi dechrau newid. Roedd yr hen ddywediad 'petai asyn yn sefyll dros Lafur byddai'n cael ei ethol' yn rhannol wir ar un adeg, ond nid mor wir heddiw. Honnwyd hefyd mai nid cyfrif y pleidleisiau i Lafur a wnaed yn y de ond eu pwyso. Byddai'n beth anodd iawn i mi fotio Tori o hyd; er na ellir fy nghyfrif mwyach yn aelod o'r dosbarth gweithiol, efallai fod rhywbeth yn dal yn y gwaed! Heddiw, mae llawer o hen radicaliaeth y Blaid Lafur wedi diflannu a phrin bod fawr o wahaniaeth rhyngddi hi a phleidiau eraill. Ond methais berswadio aelodau o 'nheulu ar y Waun i fotio dros Blaid Cymru. Bu'n rhy anodd iddynt newid teyrngarwch oes.

Ein papur dyddiol gartref fyddai'r *Daily Herald* a ochrai gyda'r Blaid Lafur, a'i ddarllenwyr gan fwyaf yn perthyn i'r dosbarth gweithiol, ond byddai Wncwl Wil yn derbyn y *Daily Worker*. Roedd Wil a Mam, fel llawer ar y Waun, yn mynnu dal cysylltiad â'r wlad, yn prynu'r *Carmarthen Journal*, ac yn hoffi mynd i Lanymddyfri am dro. Yn y tŷ cofiaf weld llyfrau gan Karl Marx ac Engels, a hefyd cyfrolau o farddoniaeth Niclas y Glais fel *Salmau'r Werin* a adawyd gan fy Wncwl Tom. Pan oeddwn yn y coleg roedd Niclas yn ddeintydd yn Elm Tree Avenue, Aberystwyth. Cefais y ddannodd a bu'n rhaid i mi fynd ato i dynnu dant yn y sied ar waelod yr ardd. Dyna un 'claim to fame'. Unwaith, euthum gyda Tom i gapel Hermon ar y Waun i'w glywed yn darlithio ar y testun 'Llygad y Drws'. Soniodd yn y ddarlith am ei brofiad yn y carchar yn Abertawe yn ystod y rhyfel, a galwai'r *peephole* yn nrws ei gell yn llygad y drws. Gwrthodwyd papur ysgrifennu iddo ac ar bapur tŷ bach yr ysgrifennodd ei sonedau. Cafodd y rhain, wedi iddo adael y carchar, eu cyhoeddi mewn cyfrolau.

Y Pyllau Glo

YN NWYLO PERCHNOGION preifat roedd y pyllau glo tan 1947, ac fe fyddent yn mynnu gwneud cymaint o elw â phosib drwy lafur y glowyr. Yr Amalgamated Anthracite, cwmni o Swydd Efrog, oedd yn berchen ar byllau'r Waun. Pan fyddai'r farchnad lo'n anffafriol, gostyngent gyflogau'r gweithwyr ac arweiniai hynny at streicio a chryn galedi. Dyna a ddigwyddodd yn 1926, pan fu 'nhad a'r glowyr eraill allan o waith am dros flwyddyn, heb unrhyw gyflog i gynnal eu teuluoedd. Er mwyn cynhesu'r tŷ byddai'n rhaid mynd i gasglu ambell gnepyn o lo ar y tipiau. Roedd hynny cyn fy ngeni i, ond bu'n rhaid i'm brawd, Edgar, fynd i gael bwyd yn y *soup kitchen* yng Nghapel Carmel. Cofiaf fy nhad yn sôn am y brwydro rhwng y coliers a'r Glamorgans, sef y plismyn cyhyrog a anfonwyd i'r ardaloedd glo i geisio rhoi trefn ar bethau. Anfonwyd rhai ohonynt i Orsaf yr Heddlu ar y Waun.

Soniodd 'nhad am Fand y Waun yn arwain gorymdaith o lowyr i Gwm Nedd, am fod *blacklegs* wedi torri'r streic a mynd 'nôl i'r gwaith yno. Fe fu brwydr ffyrnig wrth i'r coliers ymosod ar yr heddlu gan daflu cerrig atynt, a'r plismyn yn eu tro'n bwrw'r glowyr yn ddidrugaredd â'u pastynau. O bryd i'w gilydd cofiaf innau am 'nhad ar streic, ond dim byd tebyg i 1926. Byddai gwragedd y glowyr yn gallu ymdopi hyd yn oed heb ddibynnu ar gyflogau uchel, ac nid wyf i'n cofio dioddef o brinder bwyd. Yn ystod y rhyfel bu'n amser da i'r glowyr gan fod cymaint o alw am lo a'r cyflogau'n gymharol dda, yn enwedig ymhlith y rhai fel fy nhad a weithiai ar y ffas. Gwnaeth hynny am flynyddoedd, a hynny dan amgylchiadau go anodd yn fynych. Byddai ganddo *stall* ei hunan a chrwtyn yn gweithio gydag ef, ond nid oedd gweithio yn y pyllau glo carreg yn hawdd iawn. Nid oedd y wythïen lo ar y Waun ond rhyw ddwy droedfedd a hanner o uchder, felly roedd y ffas yn gyfyng iawn. Ar ôl cerdded gryn bellter o waelod y pwll, fe fyddai'n rhaid i löwr dorri'r glo â mandrel, yn aml ar ei orwedd, a llenwi'r dramiau â bocs cwrlo. Câi'r colier ei dalu yn ôl nifer y dramiau a lanwyd ganddo.

Roedd canmlwyddiant damwain fawr Senghennydd yn 2013. Lladdwyd dros bedwar cant o ddynion a bechgyn mewn un bore gan ffrwydrad anferthol yn y pwll. Nid hon oedd y ddamwain gyntaf yno, oblegid lladdwyd tua phedwar ugain mewn tanchwa ddwy flynedd ynghynt. Gadawyd cannoedd o wragedd yn weddwon a phlant yn amddifaid. Perchennog y pwll oedd Lewis Merthyr a ddyrchafwyd wedyn yn Arglwydd Merthyr a Barwn Senghennydd. Bu achos cyfreithiol yn erbyn y perchnogion am iddynt fethu â sicrhau gweithle diogel i'r glowyr a chawsant eu dirwyo, er mai dim ond rhyw bedair ceiniog am bob glöwr a laddwyd oedd y ddirwy honno. Roedd yna hen ddywediad bod y perchnogion yn gofidio mwy am golli ceffyl dan ddaear na cholli glöwr gan fod ceffyl yn costio mwy. Aeth trip y capel i Senghennydd i ymweld â'r amgueddfa a hefyd y gofeb genedlaethol gerllaw. Ar hon cofnodwyd y damweiniau a ddigwyddodd ym mhyllau glo Cymru dros y blynyddoedd. Roedd yma gyfeiriad at ddamwain yr Hen Bwll yn 1847 a hefyd yr un ym Mhwll Perkins yn 1884.

Oherwydd y prinder glowyr yn ystod y rhyfel bu'n rhaid anfon rhai bechgyn i'r pyllau yn hytrach na'u hanfon i'r fyddin. Yr enw ar y rhain oedd y Bevin Boys ar ôl Ernest Bevin, y gweinidog â chyfrifoldeb dros y pyllau glo. Cafodd Edgar gynnig dod yn ôl, ond roedd yn well ganddo ef aros yn y fyddin oblegid gwyddai, drwy brofiad, pa mor anodd oedd gweithio dan ddaear. Fe allai cof y coliers a hyd yn oed plant y coliers fynd 'nôl ymhell iawn yn enwedig wrth gofio am unrhyw ormes neu annhegwch a gafwyd yn y gorffennol. Yn ystod y rhyfel roedd Winston Churchill yn arwr mawr yng ngolwg mwyafrif pobol Prydain, ond pan fyddai'n ymddangos ar y newyddion yn y sinema ar y Waun, fe fyddem ni'r plant i gyd yn gweiddi 'Bw' er nad wyf yn siŵr a wyddem y rheswm dros wneud hynny. Ond daliai Churchill i gael ei gysylltu yn y cymunedau glo â chythrwfl Tonypandy yn 1902, pan anfonwyd milwyr i roi trefn ar y glowyr. Mae'n debyg, yn ôl yr haneswyr, nad oedd hynny'n hollol deg, ond caiff y digwyddiad ei gysylltu ag ef hyd y dydd heddiw.

Yn 1947, a Llafur yn awr mewn grym, gwladolwyd y pyllau glo, a chodwyd baner ac arwydd y National Coal Board wrth bob un ohonynt. Cofiaf fy nhad yn dweud yn 1947 mai ni, sef y glowyr, oedd yn berchen ar bob gwaith glo bellach, ac y byddai pethau'n siŵr o wella. Yn anffodus, breuddwyd gwrach fu honno, fel y dengys hanes y diwydiant glo oddi ar hynny. Heddiw nid oes yr un pwll ar y Waun a chaewyd y pwll olaf yng Nghymru, sef y Tower Colliery yn Hirwaun, ychydig yn ôl. Arbenigodd yr arlunydd Valerie Ganz ar luniau glofaol, ac mewn arddangosfa o'i gwaith prynais lun ganddi, 'Last Day at the Tower'. Mae'n eironig meddwl, er bod llawer o lowyr yn gyndyn i adael i'w meibion eu dilyn dan ddaear, fod cau'r pyllau glo wedi chwalu'r hen gymdeithas gymdogol Gymraeg y magwyd fi ynddi. Cadwyd un pwll yn y de fel amgueddfa, sef y Big Pit, ac efallai y caf gyfle i fynd yno rywbryd gyda'r wyrion er mwyn iddynt gael profiad o fywyd glöwr.

Bu streic fawr y glowyr yn erbyn Thatcher yn dyngedfennol i fodolaeth y diwydiant glo yn Mhrydain. Yn y frwydr honno fe arweiniwyd Undeb y Glowyr gan Arthur Scargill, ond ni phrofodd ef yn un o'r arweinwyr doethaf. Roedd Margaret Thatcher wedi dewis ei thacteg yn ofalus ac wedi sicrhau bod digon o lo wrth gefn fel na fyddai'r streic yn cael effaith niweidiol ar y wlad. Serch hynny, bu'n frwydr lew a barhaodd am dros flwyddyn. Mewn rhannau o'r wlad bu tipyn o ymrafael rhwng y plismyn a'r glowyr, yn enwedig yn Orgreave. Yn anffodus, gwrthododd glowyr Nottingham fynd ar streic am nad oedd Scargill wedi galw pleidlais. Fel arfer brwydrodd glowyr Cymru hyd y diwedd er i'r teuluoedd ddioddef llawer. Bu cryn gefnogaeth iddynt ar lawr gwlad a byddai llawer yn casglu arian, bwyd a dillad i'w cynnal. Fe'm gwahoddwyd i gadeirio cyngerdd yng nghapel Carmel ar y Waun er mwyn codi arian iddynt a Dai Jones, Llanilar, yn canu. Roedd y capel yn llawn, ond ofer yn y pen draw fu'r frwydr.

Byddai ein bywydau ni ar y Waun yn cylchdroi o gwmpas y pyllau glo, a phyramidiau du y tipiau'n llenwi'n gorwelion. Wrth edrych allan o'm hystafell wely gallwn weld tip y Maerdy a thip y Steer Pit. Heddiw fe wastatawyd y tipiau a throdd y du yn wyrdd wrth i borfa eu gorchuddio. Erbyn hyn rhwygwyd y comin er mwyn i'r peiriannau enfawr gael gafael ar y glo brig, ond ni thyfodd cymdeithas o amgylch y math hwn o gloddio. Heddiw, ar safle hen bwll y Steer yn Nhairgwaith, mae trac rasio ceffylau.

Byddai sgrech hwteri'r gwahanol byllau'n nodi'r amser inni, hwter am chwech y bore, hwter am ddau y prynhawn, a hwter am hanner awr wedi deg y nos. Roedd gan bob pwll ei hwter ei hun a'u sŵn rhywfaint yn wahanol. Byddai clywed cri oerllyd yr hwteri ar amseroedd eraill yn gallu dynodi damwain yn y pwll a byddai hynny'n digwydd o bryd i'w gilydd. Am wythnos neu ddwy yn yr haf byddai'r ceffylau, a dreuliai eu hoes o dan ddaear yn tynnu'r dramiau, yn cael dod i fyny ac yn cael blasu peth rhyddid ac awyr iach. Cofiaf i mi fynd am dro gyda 'nhad i weld y ceffylau hyn, neu'n hytrach y 'ponies', yng ngwaith Cwm-gors yn prancio'n wyllt wrth fwynhau eu cyfnod byr o ryddid.

Pan fyddai 'nhad yn gweithio shifft nos byddai'n gadael y tŷ tua deg ac yn dychwelyd tua saith y bore, ac i ni'n blant fe allai'r noson fod yn un ofidus o hir ar adegau. Ni chaed pwyslais ar iechyd a diogelwch y dyddiau hynny, ac nid oedd y glöwr yn gwisgo helmet ar ei ben hyd yn oed. Dibynnent yn llwyr ar eu lampau bach am olau yn y tywyllwch dan ddaear.

Ambell dro byddai cwymp, wrth i ran o'r to gwympo gan ladd neu niweidio colier. Hefyd byddai carreg a elwid yn badell yn cwympo, a chan ei bod yn llyfn ac yn anodd i'w gweld, gallai ddisgyn yn ddirybudd. Byddai'n rhaid i'r colier allu coedo, sef gosod y *pit props* yn eu lle er mwyn sicrhau diogelwch y to, ac roedd honno'n grefft arbennig. Dyma oedd gwaith fy hen, hen dad-cu, Morgan Phillips, a laddwyd dan ddaear yn 1879.

Roedd perygl cyson hefyd y gallai nwy ffrwydro a chyn mynd dan ddaear byddai pob glöwr yn gorfod gwacau ei bocedi er mwyn sicrhau nad oedd ganddo sigarennau na matsys yn ei feddiant. Cofiaf i danad ddigwydd yng ngwaith Cwm-gors pan losgwyd chwech o goliers, gan gynnwys cefnder i mi. Yn ffodus ni laddwyd neb, ond parhaodd olion y ddamwain ar eu hwynebau am weddill eu hoes. Weithiau byddai dŵr yn llifo i mewn i'r pwll o hen weithfeydd eraill a digwyddodd hynny mor ddiweddar â 2011 mewn pwll bach yn ymyl Pontardawe, pan laddwyd pedwar glöwr. Fe allai'r dramiau neu'r shwrne dorri'n rhydd o dan ddaear gan achosi damwain, a dyma sut y lladdwyd cymydog i ni yn ugain oed. Ond er bod eu galwedigaeth yn un beryglus, roedd y glowyr yn gymeriadau ffraeth ac yn hoff o gymdeithasu:

Hen Löwr
Geiriau a ffydd gwŷr y ffas – yn sail
I'w sosialaeth eirias;
Hyd heddiw bu'n driw i'w dras
A dethol mewn cymdeithas.
J P

Erbyn hyn mae diweithdra'n uchel ymhlith yr ifanc, ac yn anffodus mae llawer o'r rhai a gafodd fanteision addysg wedi gorfod symud o bentrefi godre'r Mynydd Du i sicrhau gwaith. Hefyd symudodd llawer o bobol ddi-Gymraeg i mewn a phrynu'r tai sy'n dal yn gymharol rhad. Nid oes gan y mwyafrif unrhyw amgyffred o draddodiadau cyfoethog yr ardal na diddordeb ynddynt chwaith. Heddiw nid yw'r

Waun na'r pentrefi eraill yn ddim ond megis cysgodion o'r cymunedau a fu, felly gall dychwelyd fod yn brofiad poenus erbyn hyn i ni'r alltudion:

Atgofion

Mae afon fy machgendod heddiw'n glir,
A'r pysgod unwaith eto'n nofio'n hy;
Lle gynt bu llwch y glo'n difwyno'r tir
Daeth haen o wyrddni dros y tipiau du.
Ni chlywir sgrech yr hwter gyda'r wawr
Yn gyrru braw a chryndod drwy'r holl fro;
Ysgerbwd noeth y weindar sydd ar lawr,
A rhydu mae y dramiau gwag ers tro.
Wrth droi o gwmpas olion bore oes,
Rhyw anesmwythyd rhyfedd ddaw i'm rhan;
Mae'r hen atgofion heddiw'n peri loes
Ac estron wyf yn mynd o fan i fan.
Hiraethaf am gymdeithas gynnes glyd,
A thramp esgidiau hoelion ar y stryd.

J P

Rhai o Nodweddion Bywyd y Fro

Troseddau

Roedd Swyddfa'r Heddlu sylweddol ar y Waun, ond ni chofiaf fawr o dorcyfraith yn y pentref. Mae'n wir bod llofruddiaeth wedi digwydd yn Garnant yn 1927, pan laddwyd rheolwr siop fwyd mewn modd erchyll ac ni ddaliwyd y llofrudd. Rhyw fân droseddau'n unig fyddai ar y Waun a byddai'n rhaid i'r 'dihiryn' ymddangos o flaen ei well yn Llys yr Ynadon ym Mhontardawe. Yn waeth fyth, byddai adroddiad yn ymddangos yn y *Llais Llafur* a deuai'r gymdogaeth gyfan i wybod am y drosedd. Ond troseddau diniwed fyddai'r rhain ar y cyfan, ac ni allaf gofio am un achos o drais nac o ladrad sylweddol. Mân droseddau fel meddwi ar nos Sadwrn a chymryd bet ar geffylau fyddai'n arferol. Roedd betio'n groes i'r gyfraith a chofiaf fod bwci o'r enw Archie Bateman yn byw ar y Waun. O bryd i'w gilydd byddai'n cael ei ddal gan blisman yn derbyn bets a'i ddwyn o flaen ei well. Byddai'n cael dirwy o chweugain, ond ymhen ychydig amser byddai wrthi unwaith eto.

Mân drosedd arall oedd yfed mewn tafarn ar ôl stop tap, ac ambell waith byddai plismon yn cuddio er mwyn dal y tafarnwr a'i gwsmeriaid. Byddai gyrru beic heb olau gyda'r nos, neu gario rhywun arall ar yr un beic, hefyd yn drosedd. Ond efallai mai'r drosedd fwyaf annheg oedd cosbi glöwr am gario blocyn o bren coed tân o'r gwaith o dan ei got. Cofiaf i 'nhad wneud hyn droeon, ond ni chafodd ei ddal. Yr eironi oedd mai darnau gwastraff o bren oedd y rhain heb fawr o ddefnydd iddynt, ond byddai'r perchnogion yn mynnu mai eu heiddo hwy oeddynt. Os byddai plismon yn dal plant yn dwyn afalau neu'n gwneud rhywbeth tebyg, byddai'n fwy na pharod i roi cic yn eu penolau yn hytrach na'u dwyn o flaen eu gwell.

Angladdau

Pan fyddai rhywun ar y stryd yn marw, fel arwydd o barch câi'r llenni eu tynnu ym mhob un o'r tai tan yr angladd. Câi'r arch ei gosod yn y stafell ffrynt, neu'r parlwr, a byddai'r cymdogion a'r ffrindiau yn galw i gydymdeimlo, ac os dymunent caent gyfle i edrych ar y corff. Roedd yr hen arferiad o wylied y corff, sef aros drwy'r nos wrth ymyl yr arch, wedi gorffen erbyn hynny. Cofiaf Mam yn sôn am yr arferiad hwnnw pan oedd yn ferch ifanc yn gwas'naethu yn ardal Pumsaint. Roedd menyw fach grwca wedi marw a bu'n rhaid ei chlymu yn yr arch. Tra oedd rhai'n ei gwylied drwy'r nos daeth y clymau'n rhydd ac yn sydyn dyma hi'n codi yn yr arch, gan greu ofn mawr ar y rhai oedd yn ei gwylied. Mae sôn hefyd bod yr arferiad o fwyta pechod yn fyw ar un adeg yn Nyffryn Aman. Fe fyddai'r bwytäwr pechod yn dod i'r tŷ ac yn cael ychydig geiniogau am fwyta darn o fara a halen oddi ar yr arch. Yna, câi ei erlid ymaith, oblegid y gred oedd bod pechodau'r person a fu farw wedi'u trosglwyddo iddo ef. Ni wn pryd yn hollol y daeth yr arferiad hwn i ben. Pan fu'r ddamwain ym Mhwll Perkins yn 1884 gan ladd deg glöwr, cafwyd sôn mewn un papur yn Ffrainc bod yr arferiad hwn wedi digwydd ar waelod y pwll, ond ni welais unrhyw brawf pendant o hynny.

Ar ddiwrnod yr angladd byddai'r galarwyr yn cyfarfod y tu allan i'r tŷ, pob un yn ei ddillad tywyll a llawer yn gwisgo *bowler hat*. Dim ond dynion fyddai'n ymgynnull, ni fyddai'r menywod yn mynd i'r fynwent. Wedi gwasanaeth byr gan y gweinidog yn y tŷ, ni fyddai gwasanaeth yn y capel, a chenid emyn y tu allan. Y pennill arferol fyddai:

Daeth yr awr im ddianc adref,
Draw o gyrraedd pob rhyw gur;
Gwelaf dorf o'm hen gyfeillion
Draw ar lan y Ganaan bur.

Yna byddai'r angladd yn codi, a'r galarwyr yn dilyn yr arch ar ei ffordd i fynwent Hen Garmel. Byddai plisman fynychaf yn sefyll ar yr hewl fawr i atal y traffig, a byddai'n rhoi salíwt pan fyddai'r arch yn mynd heibio. Cyn dyddiau'r hers câi'r arch ei chario ar elor, a thua hanner dwsin yn ei hysgwyddo ar y tro. Gan fod mynwent Hen Garmel ar lethr y mynydd, byddent yn gorfod newid y cludwyr yn go amal. Ar lan y bedd caed gwasanaeth byr arall a'r emyn a gâi ei ddewis yn fynych fyddai:

O fryniau Caersalem ceir gweled
holl daith yr anialwch i gyd...

Byddai clywed y lleisiau'n chwyddo o gwmpas y bedd a gweld y Mynydd Du yn y cefndir yn brofiad emosiynol iawn.

Yn yr Hen Garmel y claddwyd y Philipiaid i gyd a hefyd fy nhad-cu, William Jones, er bod mam-gu yn gorwedd gyda'i theulu hi yng Nghwmsarnddu. Erbyn heddiw mae drain ac ysgall bron â chuddio'r hen feddau, a chyn bo hir bydd beddau'r Philipiaid cynnar wedi diflannu. Yn anffodus, nid oes digon o ymddiriedolwyr ar ôl i ofalu am y fynwent wedi i'r capel gau. Yn y fynwent newydd yn ymyl mae 'nhad a mam yn gorwedd, ac yn eu bedd hwy y claddwyd llwch Jennice a Brin. Yn ffodus, y cyngor lleol sy'n gyfrifol am y fynwent hon. Fe fydd yn rhaid mynd â blodau i'r fynwent ar Ddydd Sul y Blodau, a mater o barch yw glanhau'r beddau teuluol cyn hynny. Gallaf o hyd gofio arogl y blodau yn y tŷ, yn enwedig yr *hyacinths*, cyn mynd â hwy lan i'r fynwent. Rwy'n dal i gysylltu aroglau'r blodyn hwnnw â mynwentydd.

Sul y Blodau, Hen Garmel

Bu awel finiog Mawrth yn gyndyn iawn
I lacio'i gafael yn y grug a'r brwyn;
Mae'r llwytrew'n dal i gannu erwau'r mawn,
Er dyfod blagur nerfus ar bob llwyn.
Daw'r haul chwareus i ffugio tywydd braf,
Cyn cuddio'i wenau ffals dan gwmwl du,
I'n temtio â rhyw ragflas byr o'r haf
Cyn dyfod eilwaith naws y gaeaf fu.
Daw cawod sydyn sbeitlyd yn ei thro,
Dros gopa'r Mynydd Du yn ewn a chwim,
I boeri glaw a chesair dros y fro,
Gan geisio'n dychryn â'i herfeiddiol rym.
Rhuthrwn i roddi'r blodau ar y bedd,
Ond prin y pery rhin eu sawr a'u gwedd.

JP

Rhai Arferion Eraill

Byddem bob tro'n dathlu'r Nadolig a gosod y trimings rai
dyddiau cyn hynny, er nad oedd cardiau Nadolig mewn bri
mawr hyd y cofiaf. Byddai'r cinio Nadolig yn bryd arbennig
iawn, a mam wedi bod wrthi'n gwneud pwdin a chacen Nadolig
ddyddiau cynt. Dyma'r adeg y byddem yn cael ffowlyn neu
ŵydd, ond peth prin ar y cyfan oedd twrci. Cyn fy nghyfnod
i byddai cwrdd y plygain yn cael ei gynnal am tua chwech y
bore, a phawb yn cario canhwyllau wrth fynd i'r gwasanaeth
yn yr Hen Garmel. Gallaf ddychmygu'r olygfa arbennig hon
wrth i'r addolwyr ymlwybro i fyny'r Hewl Hir a arweiniai at
y capel ar lechwedd Mynydd Penllerfedwen. Deil y plygain yn
boblogaidd mewn nifer o ardaloedd, ac erbyn hyn mae newydd
ddechrau yn y coleg yn Llambed.

Byddem fel plant yn disgwyl yn eiddgar am ddyfodiad *Father
Christmas*, gan mai dieithryn i ni ar y Waun oedd Siôn Corn.
Rhaid oedd gosod hosan waith fy nhad yn barod wrth waelod
y gwely, ac roedd digon o le i'r ymwelydd ddod i mewn drwy'r
simdde agored. Ond byddai'n rhaid iddo fod yn ofalus er mwyn
osgoi'r tân glo! Ychydig o bresantau a gaem. Fe chwaraeodd fy

53

mrawd Edgar dric arnaf un Nadolig drwy glymu dwy esgid yn
y simdde, a phan godais yn y bore dwedodd fod Santa wedi
mynd yn sownd yno. Yn naturiol mi ges dipyn o ofon.

Ar Nos Galan byddai nodyn mwy llawen na'r arferol gan
hwteri'r pyllau glo, wrth iddynt seinio ganol nos i groesawu'r
Flwyddyn Newydd. Dyma'r gwahoddiad i'r oedolion i fynd mas
i ganu, ond yn ystod y bore y bydden ni, fel plant, yn mynd ati
i hela calennig. Byddem yn sgathru o dŷ i dŷ, a byddai'r rhan
fwyaf o'n cymdogion wedi sicrhau bod digon o geiniogau ar ein
cyfer. Byddai'r hwteri yn seinio eto ganol dydd i'n rhybuddio
bod yr amser casglu calennig wedi dod i ben. Ar ôl y canu
byddem wedi casglu swm sylweddol o geiniogau. Rhain fyddai
ein harian poced yn ystod y misoedd nesaf, gan gynnwys y naw
ceiniog ar gyfer mynd i'r sinema. Roedd ein caneuon yn rhai
traddodiadol:

> Blwyddyn newydd dda i chi
> Ac i bawb sydd yn y tŷ,
> Dyna yw 'nymuniad i,
> Blwyddyn newydd dda i chi.
> Blwyddyn newydd dda i chi,
> Gwylie llawen,
> Dyma'r flwyddyn wedi dod,
> Y flwyddyn ore fu eriod,
>
> O dyma hyfryd flwyddyn
> O dyma hyfryd flwyddyn,
> A Blwyddyn newydd dda.

Roedd yna gân arall, nad oedd mor weddus, pan na fyddai
rhywun wedi derbyn calennig:

> Blwyddyn newydd ddrwg
> Llond tŷ o fwg,

Hefyd:

Os na chaf i geiniog
Mi dorraf ben y ceiliog...

Yna cwpled llai gweddus i gloi. Bydd rhai o'm cymheiriaid yn cofio'r geirie. Yn lwcus, ni chefais achos i ganu'r pennill hwn o gwbwl. Mae'n drist meddwl bod yr hen arferiad hwn wedi peidio â bod.

Cyn dyddiau'r *pithead baths* byddai gweld y glowyr â'u hwynebau du'n dychwelyd gartre ar ôl shifft yn olygfa gyffredin. Er bod dad-cu wedi rhoi ystafell molchi yn y tŷ, mewn padell sinc o flaen y tân y byddai 'nhad, fel y mwyafrif o lowyr, yn ymolchi bob dydd. Roedd y broses honno'n grefft ynddi ei hun, a swyddogaeth arferol y gwragedd oedd golchi cefnau eu gwŷr. Yn ystod y rhyfel cafwyd cyfarwyddid na ddylid defnyddio mwy na phum modfedd o ddŵr poeth yn y bath i arbed ynni, a mynnwyd bod y teulu brenhinol yn cydymffurfio. Prin y byddai hynny wedi bod yn ddigon i gael gwared ar y llwch glo wedi tyrn o dan ddaear. Gan fod y glowyr yn dod â'u dillad gwaith 'nôl gartre byddai *black pads* yn gallu bod yn bresennol yn y tai. Chwilen ddu yw'r enw safonol am y rhain, a *cockroaches* yw'r gair Saesneg. Rhai duon, rhyw dri chwarter modfedd o hyd oedden nhw, yn cuddio yn ystod y dydd, ond yn dod allan gyda'r nos. Roedden ni'r plant yn gyfarwydd â'r rhain, ac roedd trap ar gael i'w dal. Ynddo byddem yn rhoi ychydig o gwrw yn ei ganol, ac wrth gael eu denu tuag at hwnnw byddent yn cwympo i mewn i'r trap.

I blentyn byddai'r holl gyffro o amgylch y pyllau glo yn gyffrous, oherwydd y stêm, arogl olew a saim, sŵn y peiriannau, a gweld y caets yn plymio i'r dyfnder tywyll yn y Steer neu'r Maerdy. Cawn hefyd weld y trenau'n cario glo caled y Waun, y gorau yn y byd, dros y viaduct ac i lawr y cwm i Rydaman... neu Ammanford i ni, ac yna ymlaen i Lanelli neu Abertawe i gael ei allforio. Byddai GCG wedi'i baentio ar y tryciau. Roedd yna bont yn croesi'r rheilffordd ar y 'cross', a byddem yn sefyll ar hon pan fyddai trên yn mynd dani, er mwyn cael ein gorchuddio gan y stêm. Rhoddwn ddimeiau ar y rheilffordd yn y gobaith y byddai'r trên yn eu troi'n geiniogau, ond prin y gwnâi hynny dwyllo neb. Roedd bwriad un cyfnod i gysylltu'r Waun â Chwm Tawe, a dechreuwyd ar y gwaith drwy godi dwy orsaf, un ar y Waun a'r llall yng Nghwm-gors. Roedd y rhain yn adeiladu sylweddol ac yn cynnwys platfform hir. Ond ni chafodd y gwaith ei gwblhau, ac fe drowyd y ddwy orsaf yn gartrefi. Codwyd dwy orsaf ym Mrynaman hefyd, a dim ond lled hewl rhyngddynt. Roedd un yn perthyn i'r LMS a'r llall i'r GWR. Byddai un rheilffordd yn mynd i Abertawe drwy Ystalyfera a Phontardawe, a'r llall drwy Gwmaman i Rydaman ac yna ymlaen i Lanelli.

Ar yr un hewl â mi roedd teulu'r Bizbys yn byw, a Fred Bizby oedd yn gyfrifol am y weindar a ollyngai'r caets lawr i bwll y Maerdy. Ar ambell Sul byddwn yn mynd gyda'i fab â bwyd iddo, a chael y cyfle i weld y drwm anferthol oedd yn dal y ceblau yn troi a chlywed y clychau yn rhoi'r arwyddion i godi a gostwng y caets. Roedd hynny'n dipyn o brofiad i grwt ifanc. Byddem yn chwarae hefyd ar y tipiau glo gan ddefnyddio darnau o sinc fel ceir llusg, er mwyn sgubo i lawr y llethrau a dychwelyd i'r tŷ bron mor ddu ein hwynebau â'r coliers. Nid oedd angen i ni fynd i'r cyfandir i sgio!

Câi amryw o gemau eu chwarae gan blant y dyddiau hynny, marblys, concers, cati, sef *cat and dog*, cylch haearn a bachyn, ac roedd i bob un ei dymor. Hefyd byddem yn chwarae lic a loci, sef *hide and seek*, a gemau dipyn yn fwy drygionus gyda'r nos. Un o'r rhain oedd 'diawl bach y drysau'. Byddem yn clymu edau wrth y knocker, yna cuddio a'i dynnu a chael sbort wrth weld rhywun yn dod i'r drws a neb yno. Hefyd yn fwy drygionus fyth, 'diawl bach y pibau', sef rhoi darn o bapur mewn piben, yna'i gynnau er mwyn i'r mwg wneud sŵn annaearol. I ferched byddai chware sgotsh ar y pafin a sgipio yn gyffredin. Roedd digon o fechgyn ar ein hewl ni i chwarae *touch* rygbi, a'r bêl fyddai cwdyn can neu fflŵr wedi'i lenwi â rhacs, neu ambell dro pledren mochyn. Ond roedd honno'n rhy lithrig a braidd yn annymunol i'w dala.

Pan ddoi'r haf byddem yn troi at griced tan i ni dorri ffenestr un o'r tai cyfagos. Yn anffodus, roedd y fenyw a oedd yn byw yno'n chwaer i brifathrawes yr ysgol, ac am fisoedd lawer bûm yn byw mewn ofn parhaol, er nad fi dorrodd y ffenestr. Cofiaf am rai hen arferion eraill fyddai'n dal yn y pentref. Byddem yn dal i ganu cân yn dechrau â'r geiriau 'Come to the Russian War, Boys.' Mae'n debyg bod hon ar gof a chadw oddi ar Ryfel y Crimea, ganol y bedwaredd ganrif ar bymtheg. Fe'i canwyd pan fyddai gang o'r Waun yn mynd i ymladd gang un o'r pentrefi cyfagos, ond prin y byddai'r ymladd hwnnw'n troi'n dreisgar. Roedd gan y Waun ei rhyfelgan ei hun, ond nid yw'n gwneud fawr o synnwyr heddiw, na bryd hynny chwaith! 'Tee las i ba, Tee las i bala, côr y bala, côr y bala, tinc, tinc y bala, y Waun yw y gore, y gore, y gore.'

Byddai yna un arferiad yn bodoli adeg y Llungwyn. Byddai bechgyn a merched yn eu harddegau o'r Waun, Cwm-gors, Brynaman, Garnant a Glanaman yn cerdded yr wyth milltir dros y mynydd i Gastell Carreg Cennen. Byddai ugeiniau ohonom yn treulio'r dydd yn adfeilion yr hen gastell a chael pob math o sbort, cyn cychwyn am adref yn hwyr y prynhawn. Ni wn beth oedd wrth wraidd yr arferiad hwn na pha mor hynafol oedd e. Roedd ffynnon yn yr ogof danddaearol, neu'r *dungeon* fel y galwem ni hi, o fewn y castell, ac fe fyddem yn taflu pinnau i mewn ynddi er mwyn cael lwc. Tybed a oedd yr arferiad yn gysylltiedig â hynny, gan fod hen ddraddodiadau'n bodoli ymhlith y Celtiaid bod pobol ieuainc yn ymweld â'r ffynhonnau er mwyn sicrhau ffrwythlondeb y llwyth. Yn ddiweddar, yng nghwmni fy nghyfaill, Huw Walters, ymwelais â'r castell a llwyddais, wedi peth ymdrech, i ddringo'r llethr serth. Nid ar ysgafn droed fel yn fy ieuenctid ond fel henwr wedi croesi'r wythdegau. Bûm yn ddigon mentrus gan geisio mynd lawr i'r ogof danddaearol, ond ni lwyddais i gyrraedd y ffynnon gan fod y grisiau erbyn hyn yn beryglus o serth. Wn i ddim sawl darpar ŵr a gwraig wnaeth gyfarfod wedi'r daith flinderus honno i'r castell. Ni lwyddais i gael gwraig yno a bu'n rhaid i mi aros tan ddyddiau'r coleg cyn llwyddo. Ar ymweliad diweddar â'r Waun clywais fod yr hen arferiad wedi dod i ben rai blynyddoedd yn ôl.

Y Gwter Fawr oedd yr hen enw ar Frynaman a châi Ffair y Gwter ei chynnal ddwywaith y flwyddyn ac roedd yn dipyn o atyniad i blant yr ardal. Er mai cyfyng oedd cae'r ffair ar y Banwen, llwyddwyd i gynnwys amryw o reidiau yno a hefyd amrywiaeth o stondinau. Byddem yn ceisio ennill ceiniogau ar y 'roll a penny' a bwrw coconyt i lawr ar stondin arall. Yn y pen draw, byddai wedi bod dipyn yn rhatach prynu un a defnyddio hoelen a mwrthwl i gael y llaeth, cyn ei chwalu a bwyta'r darnau blasus tu mewn. Byddai Ffair Lestri a Ffair Wlanen yn cael eu cynnal yr un pryd. Crys gwlanen byddai 'nhad yn ei wisgo fel y rhan fwyaf o'r coliers ac weithiau drafers neu bants hir. Mae'n debyg bod y gair hwn wedi dod o'r Saesneg *drawers*. Er bod y rhain yn gynnes, roeddent yn rhy grafog o lawer i ni'r to ifanc. Yn y ffair hefyd byddai *Boxing Booth* yn cael ei redeg gan deulu'r Taylors. Rhoddent wobr pe gallai'r bechgyn lleol fynd am rownd gyda'u bocswyr hwy. Ar ôl stop tap byddai rhai'n ddigon mentrus, neu ffôl, ar ôl cael llond bola o gwrw i dderbyn yr her. Ond anaml y byddent yn para rownd gyfan gan fod bocswyr y ffair yn rhai profiadol a gwddyn iawn. Dyma sut y dechreuodd bechgyn fel Tommy Farr o'r Rhondda, a ddaeth yn enwog wrth herio Joe Louis am ei deitl fel pencampwr y byd. Mae gyda fi ryw frith gof bod fy nhad wedi aros lawr yn ystod y nos i wrando ar y sylwebaeth radio o America y noson honno.

Addysg

Dechreuais yn yr ysgol yn bump oed ac yn fuan iawn wedi hynny dewiswyd y Waun i groesawu un o eisteddfodau cynnar Urdd Gobaith Cymru, sef Eisteddfod Mai, 1937. Wn i ddim pam dewiswyd y Waun ond os yw'r papur lleol i'w gredu fe gafodd groeso arbennig yn y pentref. Dyma'r hanes:

G.C.G. certainly went gay for the occasion, banners and bunting everywhere and the Welsh Dragon and the Urdd Flag held a prominent place in the street and home decorations. Mass procession lined by 1000s of spectators headed by 4 local bands was led by I.O. Edwards founder of Urdd Gobaith Cymru.

Mae'n amlwg fod y plant ysgol yn rhan o'r orymdaith ac roedd gennyf lun o'm chwaer a minnau wedi'n gwisgo yng ngwisg yr Urdd er nad oes gennyf fawr o gof o'r achlysur ei hunan. Er cynhesed y croeso am ryw reswm ni wreiddiodd yr Urdd ar y Waun er bod yna Aelwyd fywiog ym Mrynaman am flynyddoedd.

Cawsom addysg ragorol yn yr ysgol fach a chan fod arholiad yr 11+ mewn bodolaeth cawsom sylfaen dda yn y tair R. Roedd yn rhaid dysgu'r tablau ar y cof a rhoddwyd cryn bwyslais ar *mental arithmetic*. Llaw chwith oeddwn i'n naturiol, ond rywfodd neu'i gilydd teimlwyd y pryd hynny bod plentyn o dan anfantais wrth iddo ysgrifennu â'r llaw honno. Felly, cefais fy ngorfodi i ysgrifennu â'r llaw dde'n gynnar iawn. Erbyn heddiw sylweddolir mai nid drwy ddamwain bydd plentyn yn dewis defnyddio'r llaw chwith, ond mai rhywbeth yn yr ymennydd sy'n gyfrifol am hynny. Fe all gorfodi plentyn i newid llaw achosi atal dweud yn ôl y gwybodusion, a dyma mae'n debyg a ddigwyddodd i'r Brenin George V1, fel y gwelwyd yn y ffilm *The King's Speech*. Yn ffodus llwyddais i osgoi hynny. Yn sicr, fe gafodd y newid effaith ar fy ysgrifen. Ond er fy mod yn defnyddio'r llaw dde i ysgrifennu, y llaw chwith a ddefnyddiaf o hyd ar gyfer pethau eraill fel bwyta. Fe allaf ysgrifennu fy enw o hyd yn y llaw honno, ond mae'n ymdebygu i ysgrifen plentyn pump neu chwech oed. Wrth chwarae criced bowliwr llaw chwith oeddwn yn nhîm yr ysgol ond eto'n cicio pêl â'r droed dde. Yn ddiweddar darllenais fod T Llew Jones wedi cael yr un profiad â minnau, ond yn amlwg nid effeithiodd hynny ar ei alluoedd ef, a gyda llaw, bowliwr llaw chwith araf oedd yntau hefyd.

Er bod y Waun o fewn ffiniau Sir Forgannwg ddiwydiannol,

roedd yr ysgol i bob pwrpas yn ysgol Gymraeg, a'r mwyafrif helaeth o'r plant yn dod o gartrefi lle câi'r iaith ei siarad. Mae'n galondid deall mai Ysgol Gymraeg benodedig yw ysgol gynradd Gwaun-cae-gurwen heddiw. Y brifathrawes oedd Miss Mary Evans, neu 'Mari Machine' i bawb yn y pentref. Ei thad fyddai'n gyrru'r *engine*, neu'r 'machine' fyddai'n tynnu neu ollwng y trycs glo ar yr inclein cyn i'r *viaducts* gael eu codi. Felly, nid oedd dim byd amharchus yn y llysenw, er y câi un rhigwm llai chwaethus ei adrodd, ond wiw imi sôn am hwnnw. Yr athro fyddai'n gyfrifol am y sgolarship oedd Fred Morgan ac mae llawer o blant y Waun yn ddyledus iddo. Yn anffodus, fe gollodd ef ei unig blentyn, Alun, pan oedd yn ei arddegau cynnar. Roedd ganddo dyfiant ar ei glust ac felly tu ôl i'w gefn 'twmpyn clust' oedd ein henw arno. Gallai fod yn ddisgyblwr llym, ond gwnaeth yn sicr ein bod yn barod i wynebu treialon yr 11+. Nid oedd cinio yn yr ysgol a byddai'n rhaid inni fynd gartref ganol dydd, ond caem botelaid fach o laeth yn y bore yn yr ysgol. Yn naturiol, cerdded i'r ysgol fyddai pob un ohonom gan nad oedd gan unrhyw deulu fodur.

Roedd Dydd Gŵyl Ddewi'n achlysur pwysig a chyngerdd yn cael ei gynnal. Cofiaf i mi chwarae rhan doctor mewn drama, ac er i mi lwyddo dod o hyd i'r bag addas, ar y llwyfan aeth pethau'n ffradach wrth i fi anghofio fy llinellau. Rwy'n sicr i'r profiad gael effaith arnaf, achos am flynyddoedd byddwn yn amharod iawn i gymryd rhan mewn unrhyw beth cyhoeddus. Cofiaf hefyd bod yna *maypole* yn neuadd yr ysgol ac arno rubanau o bob lliw, a byddai'r merched yn enwedig yn dawnsio o'i amgylch. Gan mai peth Seisnig iawn oedd hwn roedd yn rhyfedd ei weld mewn ysgol mor Gymreigaidd. Pan eisteddais yr 11+, gan fy mod yn cael fy mhen-blwydd ar ddiwedd mis Awst roeddwn dipyn yn iau na'r plant eraill. Yn ddiweddar gwelais ymchwil yn awgrymu fod plant a anwyd ym mis Awst dan anfantais, a'u bod yn llai tebygol o fynd i brifysgol, gan eu bod yn gorfod sefyll arholiadau yn gynt na gweddill y plant. Wn i ddim faint o wirionedd sydd yn hyn, ond o ystyried hynny a'r ffaith fy mod wedi cael fy ngorfodi i ysgrifennu â'r llaw dde, mae'n rhyfeddol 'mod innau wedi llwyddo gystal.

Roedd yn rhaid sefyll arholiadau yn y Gymraeg, Saesneg ac Arithmetic, a chofiaf ddiwrnod yr arholiad yn dda iawn. Roedd mam wedi rhoi darn o lo yn fy llaw er mwyn cael lwc. Mae gen i frith gof o ddiwrnod y canlyniadau a rhyw syniad i mi gael 165 allan o ddau gant o farciau, a oedd yn ddigon da i lwyddo. Cefais gefnogaeth lwyr gan mam a 'nhad, a hyd yn oed wersi preifet yn Saesneg ac Arithmetic. Byddwn yn gorfod ysgrifennu darnau estynedig ar destunau megis, 'The life of an old penny' neu 'The travels of an old boot'. Yna, gwneud symiau yn Arithmetic drwy fesur faint o amser fyddai'n ei gymryd i lenwi bath wrth i hyn a hyn o ddŵr ddod o'r tap, neu faint o amser fyddai'n ei gymryd i fynd o un man i fan arall petawn yn cerdded tua thair milltir a hanner yr awr. Fe'n trwythwyd yn y tablau, o dabl dau i dabl deuddeg, gan eu hadrodd fel parot bron bob dydd. Yna, eu defnyddio ar gyfer sesiynau o *mental arithmetic*. Rhoddwyd pwyslais arbennig hefyd ar sillafu ac ar ramadeg. Byddai hyn oll yn *anathema* i'r arbenigwyr heddiw, ond o leiaf fe sicrhawyd bod gennym afael ar sylfeini addysg. Wedi llwyddo yn arholiad yr 11+ cefais ddewis i fynd naill ai i Ysgol Ramadeg Pontardawe neu Ystalyfera. Dim ond rhyw chwarter y plant fyddai'n llwyddo mynd i Ysgol Ramadeg, a byddai'n rhaid i'r gweddill fynd i'r Ysgol Newydd neu'r Sec Mod ar y Waun. Yno, roedd y cwricwlwm dipyn yn llai academaidd, a'r cyfleoedd i gael swyddi da yn brinnach. Gan fod fy chwaer Jennice wedi pasio'r arholiad a dewis mynd i Bontardawe yno yr euthum innau ym mis Medi 1943.

Ar y cyfan roedd awyrgylch hapus yn yr ysgol gynradd ond roedd yno ddisgyblaeth. Câi'r gansen ei defnyddio, fel yn y mwyafrif o ysgolion y cyfnod. Cawn innau'r gosb honno weithiau am ryw fân droseddau, a chofiaf hyd heddiw yr effaith ar fy llaw a'r boen a fyddai'n parhau am oriau wedyn. Mynnai rhai o'r plant bod modd lleddfu hwnnw drwy osod darn o wallt ar y llaw neu drwy boeri arni cyn i'r gansen syrthio, ond ni

61

lwyddais i brofi hynny. Ymwelydd â'r ysgol oedd Mr Allen y *whipper in* a oedd wedi colli'i fysedd o ganlyniad i ffrwydrad yn y pwll glo. Prin ar y cyfan fyddai'r plant na ddeuai i'r ysgol, er weithiau byddai adroddiad yn *Llais Llafur* am rai rhieni o'r Waun yn ymddangos gerbron ynadon Pontardawe am fethu anfon eu plant yn gyson i'r ysgol. Y ddirwy arferol fyddai coron, sef pum swllt, swm go hallt y dyddiau hynny.

Yn blentyn, byddwn yn casáu dau beth yn arbennig sef ymweliad gan ddeintydd yr ysgol a thorri 'ngwallt, gan y byddai hynny'n golygu mynd i weld Dai Barbwr. Morwr oedd David Thomas yn ystod y Rhyfel Mawr, ac yn ddiamau ef oedd y barbwr mwyaf araf yng Nghymru. Byddai mynd ato'n golygu aros am sbel hir, hyd yn oed petai dim ond rhyw ddau neu dri o'm blaen i. Wrth dorri gwallt byddai Dai'n aros bob hyn a hyn i adrodd stori, yna torri am ychydig wedyn, cyn ailgydio yn y stori. Wedi gorffen torri byddai'n llosgi gwallt yr oedolion â thaper ac yna rhwbio talpau o *brilliantine* ar y gwallt. Byddai'r siop yn gymysgfa o aroglau gwallt wedi'i losgi ac o arogl cryf hwnnw. Pan symudais i Lambed roedd cryn sôn am Jack Oliver, y barbwr a'r bardd poblogaidd. Bu ef yn gweithio ar y Waun am gyfnod a gwnaeth ei brentisiaeth gyda Dai Barbwr. Ni chefais gyfle i gael trim ganddo fe, felly ni wn faint o ddylanwad gafodd hwnnw arno. Ond yn sicr, roedd dylanwad Ffair Rhos yn drwm arno fel bardd.

Yn yr ysgol gynradd trwseri byr fydden ni'r bechgyn yn eu gwisgo ond o gwmpas yr un ar ddeg oed byddem yn newid i wisgo trwser hir. Newid pwysig iawn gan y byddai'n dangos ein bod yn awr wedi cyrraedd ein harddegau. Esgidiau hoelion fyddai am ein traed a byddem yn hoff o godi gwreichion wrth eu taro ar y palmant. Er bod gan Jones y Crydd weithdy yn Cefn Road fy nhad fyddai'n gosod gwandde newydd ar fy sgidiau i. Wrth iddo daro'r morthwyl ar ei last byddai ei geg yn llawn o sprigs. Ni wn hyd heddiw sut y llwyddai osgoi llyncu ambell un.

Yn awr roeddwn yn barod am Ysgol Ramadeg Pontardawe

ac wedi newid i wisgo trwser hir a *shoes* ar fy nhraed. Prynwyd blaser a chap yr ysgol ac arnynt y bathodyn a'r arwyddair 'Bid ben bid bont'. Ar fy ysgwydd roedd y bag lledr newydd i gario fy llyfrau, felly roeddwn yn ddisgybl Ysgol Ramadeg go iawn.

Ysgol Ramadeg Pontardawe

GAN FOD YSGOL Ramadeg Pontardawe bum milltir o'r Waun roedd yn rhaid dal bws i'r ysgol. Perchennog y bws oedd Thomas Thomas neu Twm Blaengarnant, gŵr sylweddol o ran corff a chanddo sbectol drwchus. Nid oedd hynny'n hysbyseb da i yrrwr bws, ond yn ffodus nid oedd llawer o draffig ar yr hewl y dyddiau hynny. Er ei faint, gallai Twm, rywfodd, ddod drwy'r ffenestr fechan a rannai'r bws oddi wrth ei gaban pan fyddai unrhyw gamfihafio, a byddai'n hael â'i fonclust. Er mai ar gyfer rhyw 35 y gwnaed y bws, gwasgwyd dros hanner cant o blant i mewn iddo. Byddai meinciau wedi'u gosod rhwng seddau a byddai'r plant llai yn eistedd yng nghôl y rhai hŷn. Doedd fawr o sôn am iechyd a diogelwch y dyddiau hynny.

Gan ei fod yn mynd mor araf dan ei lwyth a chan fod olion o'r paent glas gwreiddiol yn dal yn gymysg â'r rhwd galwyd y bws yn 'Blue Flash'. Roedd yn dipyn o ymdrech ar adegau i ddringo rhiw serth Gelli-gron y tu allan i Bontardawe. Ambell waith byddai rhai o'r bechgyn mwyaf mentrus yn mynd allan o'r bws er mwyn cyrraedd top y rhiw o'i flaen. Pan fyddai'n glawio'n drwm neu'n bwrw eira byddai Twm yn gwrthod mynd i lawr y rhiw, ac oherwydd rhyw ddadl rhyngddo a'r Awdurdod Addysg byddai'n gwrthod mynd â ni yr holl ffordd at yr ysgol. Golygai hynny fod yn rhaid i ni gerdded yn agos i filltir bob bore a phrynhawn. Ambell waith, pan fyddai'n bwrw glaw'n drwm, byddem yn mynd ar streic ac yn gwrthod gadael y bws yn y bore. Ond dal i'n herio fyddai Twm bob tro ac ni fyddai byth yn ildio. Byddai plant y Waun felly'n cyrraedd yr ysgol ryw awr yn hwyr ac yn wlyb sopen. Ni chofiaf i ni gael ein cosbi erioed, efallai am fod y prifathro'n cydymdeimlo â'n safiad. Wedi'r cwbwl, plant i goliers oedd y mwyafrif ohonom, a'r streic yn arf gyfarwydd ymhlith ein tadau.

Unwaith, fe daflwyd bachgen allan o'r bws yn Rhyd-y-fro am ryw gamwedd fechan, a phenderfynodd rhai ohonom fynd allan gydag ef fel protest. Aeth Twm a'r bws hanner gwag yn ôl i'r Waun a ninnau'n ceisio cael lifft. Daeth lori heibio, ac er ein bod dan yr argraff ei bod yn mynd tua'r Waun, fe'n gadawyd ar Fynydd y Gwrhyd. Bu'n rhaid i ni gerdded rhai milltiroedd dros y mynydd. Ni chyrhaeddwyd y Waun tan tua saith o'r gloch y nos, a phawb yn pryderu amdanom. Yr eironi oedd mai tu allan i Ryd-y-fro roedd y crwt a daflwyd oddi ar y bws yn byw, ond roedd undod yn egwyddor bwysig o fewn y gymdeithas lofaol. Gellid ysgrifennu cyfrol am Twm Blaengarnant a'r 'Blue Flash.' Yn 1947 cafwyd eira mawr iawn a methodd bws Twm â mentro mas o'r garej. Felly, collwyd ryw bythefnos o ysgol, ond gan fy mod yn sefyll y Senior ar y pryd prin bod colli'r gwersi wedi bod o fantais i fi. Eto, cawsom dipyn o sbort yn chwarae yn yr eira, ac fe saif gaeaf 1947 yn y cof fel un ofnadwy o galed ac oer.

Yn Ysgol Ramadeg Pontardawe, fel ym mhob ysgol yn y cyfnod, Saesneg oedd y cyfrwng dysgu a chyfathrebu ar wahân i'r gwersi Cymraeg, er bod mwyafrif y plant a'r athrawon yn Gymry Cymraeg. Nid oeddwn yn ymwybodol bod rhai athrawon yn siarad Cymraeg hyd nes i mi ddeall yn ddiweddarach fod llawer ohonynt yn eistedd yn set fawr y capeli ar y Sul. Y drefn, bryd hynny, oedd Saesneg yn yr ysgol ond Cymraeg ar yr iard neu ar y bws ymhlith y plant. Y prifathro oedd David Thomas neu Twm Geog, ond er nad oedd byth yn defnyddio'r iaith Gymraeg deallais wedyn ei fod yn awdurdod ar Theophilus Evans, awdur *Drych y Prif Oesoedd*.

Yn y flwyddyn gyntaf rhannwyd y plant yn ddau ddosbarth, sef 2A a 2. Rhoddwyd y plant oedd yn dod yn bennaf o bentrefi Cymraeg fel y Waun, Cwm-gors, Tai'r Gwaith, Rhyd-y-fro, Alltwen, Rhos, Ynysmeudwy, Trebannws, Godre'r Graig a Felindre yn 2A, a'r gweddill yn *Form 2*. Roedd dechrau yn nosbarth 2 yn hytrach na Dosbarth 1 yn gyffredin mewn ysgolion. Y rheswm am hynny oedd bod yr arholiadau'n cael eu cynnal ymhen pedair blynedd yn Nosbarth 5. Yn yr ail flwyddyn byddai'n rhaid dewis rhwng Cymraeg a Ffrangeg, ac fel y rhan fwyaf o'r disgyblion yn 2A dewisais y Gymraeg. Felly, cefais fy amddifadu o ddysgu iaith dramor am fy mod am barhau â'm mamiaith. Roedd y dewis dwl hwn yn beth cyffredin tan yn ddiweddar, ond o leiaf fe lwyddais i ddysgu geiriau 'Sur le pont d'Avignon' a 'Frère Jacques'.

Ni wnes fawr o farc yn y blynyddoedd cynnar ym Mhontardawe, ac ni ddeuthum erioed yn y deg uchaf yn y dosbarth. Nid oedd gen i fawr o grap ar bynciau fel Algebra na Geometry gan fod yr athro'n anobeithiol. Roedd y rhyfel yn ei anterth, a llawer o'r athrawon gorau wedi'u galw i ymuno â'r lluoedd arfog. Yr athro Cymraeg am gyfnod oedd Brinley Rees. Roedd ef yn ysgolhaig o'r radd flaenaf ac yn frawd i Alwyn D Rees, ond druan ohono nid oedd ganddo ddim disgyblaeth ar y dosbarth. Yn gorfforol edrychai braidd yn eiddil, a'r llysenw a roddwyd arno oedd 'mousie'. Ond yn ei ddosbarthiadau ef y deuthum i werthfawrogi barddoniaeth am y tro cyntaf, a hynny wrth ddarllen *Telynegion Maes a Môr* gan Eifion Wyn. Er syndod i ni priododd â Miss Joan Inkin yr athrawes ymarfer corff a oedd yn Saesnes ddi-Gymraeg, er mae'n debyg iddi ddod yn rhugl yn yr iaith wedi hynny. Yn ffodus, bu modd iddo gefnu ar y dosbarth o blant anystywallt a chael ei apwyntio'n ddarlithydd ym Mhrifysgol Bangor a chael gyrfa ddisglair yno. Rhoddwyd llysenwau ar y rhan fwyaf o'r athrawon eraill hefyd fel: Beakie, Bunny, Humpy, Long a Dai Mallet. Nid oes angen fawr o ddychymyg i ddeall pa bwnc a ddysgwyd gan yr olaf. Am ryw reswm galwyd yr athrawes hŷn yn Poodle. Am fod un athro Mathemateg yn britho'i frawddegau â'r ymadrodd 'Is-it' dyna fu ei lysenw ymhlith y plant.

A minnau'n bedair ar ddeg oed yn Nosbarth 5 roeddwn yn wynebu arholiad y Senior, sef TGAU heddiw, a dechreuais gymryd fy astudiaethau o ddifrif. Er fy mod gyda'r ifancaf yn y dosbarth, llwyddais drwy ryw wyrth i basio'r cyfan. Llwyddais hyd yn oed mewn Arlunio ar ôl paentio bysedd y cŵn. Peth rhyfeddol dros ben, gan nad oes gen i unrhyw allu yn y maes hwnnw. Euthum i'r chweched dosbarth i astudio yr Higher mewn Cymraeg, Hanes a Daearyddiaeth.

Erbyn hyn, roedd Eic Davies wedi dod yn athro Cymraeg yn yr ysgol. Newidiodd y gŵr byr hwn â'r gwallt cochlyd cwrliog yr awyrgylch ieithyddol yn gyfan gwbl. Gyrrai Austin 7 bach a phan fyddai'n eistedd yn sedd y gyrrwr byddai'r car yn gwyro gryn dipyn. Yn ei geg byddai pib gam fel Sherlock Holmes. Ef oedd un o'r rhai a fathodd dermau rygbi yn y Gymraeg. Ef hefyd a roddodd y sylwebaeth Gymraeg gyntaf mewn gêm rygbi ym Mhontarddulais yn 1958. Bu ei fab Huw Llywelyn yn sylwebu ar rygbi am flynyddoedd ac erbyn hyn mae termau fel cic adlam, sgarmes a phas wrthol yn dermau cyffredin ar deledu. Cafodd Eic gryn ddylanwad ar amryw ohonom. Roedd yn ddramodydd plant ac yn wladgarwr tanbaid, a dylanwadodd yn fawr ar awyrgylch yr ysgol. Symudodd i fyw ar y Waun yn Colbren Road, nid nepell o gartref Gareth Edwards a oedd yn byw yn Colbren Square. Ei wraig oedd y cynghorydd cyntaf i gael ei hethol dros Blaid Cymru ar Gyngor Dyffryn Lliw a hynny yn un o gadarnleoedd Llafur fel y Waun. Cofiaf y siarad a'r syndod ar y Waun pan roddodd Eic yr arwydd 'Paent Gwlyb' y tu allan i'r tŷ yn lle'r 'Wet Paint' arferol. Roedd polisïau iaith y pentref braidd yn gymysglyd bryd hynny.

Yn yr un chweched dosbarth â mi roedd dau ddarpar archdderwydd a dau brifardd, sef David Rowlands o Bontardawe, neu Dai, a Meirion Evans o Felindre. Hefyd yn gyd-ddisgybl, roedd yr actores enwog Siân Phillips, neu Jane ar y pryd, a aned ar y Waun. Gyda llaw, Eic newidiodd enw David i Dafydd a Jane i Siân. Nid oedd gan Eic fawr o ddiddordeb yn y llyfrau gosod sychion fel *Y Ffydd Ddiffuant* na chwaith mewn ymarferion dwl fel cyfieithu o'r naill iaith i'r llall fel y gwnâi ambell athro. Gwell oedd ganddo ef geisio ehangu ysbryd creadigol ei ddisgyblion a'u hannog i ysgrifennu rhyddiaith a barddoniaeth. Cofiaf i'r ddrama *Tobias and the Angel* gael ei llwyfannu yn yr ysgol a Siân Phillips a Dafydd Rowlands yn chware'r prif rannau. Roedd Eic yn awyddus i berfformio *Blodeuwedd* gan Saunders Lewis ond nid oedd y Prifathro'n cytuno gan fod y thema yn ei farn ef braidd yn rhy *risqué*. Ymhlith y darpar actorion roedd Siân, Dafydd, a Meirion. Aeth Meirion i drafferth wrth geisio herio penderfyniad y prifathro. Deil o hyd i fynnu mai gwleidyddiaeth oedd y tu ôl i'r cyfan, gan mai Saunders oedd yr awdur a'r cof am Benyberth yn dal yn fyw. Ar un achlysur trefnodd Eic i Huw Griffith, enillydd yr Oscar am ei ran yn *Ben Hur*, ymweld â'r ysgol ac i annerch y Chweched Dosbarth. Ar y pryd roedd yn chwarae *King Lear* yn y Grand yn Abertawe. Bu hwn yn gyfle hefyd i'w gyflwyno i Siân Phillips. Yn ystod fy nghyfnod olaf yn yr ysgol daeth Caryl Williams, mam Huw Chiswell, yn athrawes gerdd ifanc i'r ysgol. Aeth ati i ffurfio côr ac i drefnu cyngherddau yn y pentrefi cyfagos. Fel y gallwch ddychmygu, nid oedd prinder aelodau ymhlith bechgyn y chweched dosbarth! Felly, cefais y profiad prin o ganu mewn côr cyn gadael Pontardawe.

Roedd gen i dipyn o ddiddordeb mewn chwaraeon, a chynrychiolais yr ysgol mewn rygbi a chriced. Ambell Sadwrn byddwn yn chwarae rygbi i'r ysgol yn y bore a socer i'r tîm lleol yn y prynhawn a hynny heb ormod o dalent yn y naill gêm na'r llall. Bûm yn chwarae'n gyson hefyd i dîm ieuenctid clwb rygbi Cwm-gors. Er nad oeddwn yn fawr o ran corffolaeth, deg stôn a hanner ar y mwyaf, cefais fy hun yn chwarae prop yn rheng flaen y sgrym. Nid oeddwn yn ddigon chwim i fod yn un o'r cefnwyr. Byddwn yn chwarae timau o'r pentrefi eraill fel yr Aman, Brynaman a Chwmllynfell, ac yn teithio mor bell â'r Tymbl a Phontyberem. Wrth chwarae yn erbyn Brynaman bu'n rhaid i mi bacio yn erbyn Delme Bryn (Boyo) Jones a oedd wedi cael cap dros ieuenctid i Gymru ac yn gwlffyn o fachan. Ni allaf gofio faint o'r bêl a welodd ein cefnwyr yn y gêm honno, dim llawer mwy na thebyg! Daeth 'Boyo' yn denor byd enwog, gan symud i ardal Aberaeron i fyw, ond yn anffodus bu farw'n gymharol ifanc. Ein hyfforddwr oedd Glyn Davies, tad Keith, y cyn-Gyfarwyddwr Addysg a fu'n Aelod y Cynulliad. Hefyd, roedd gen i gryn ddiddordeb mewn barddoniaeth yn y chweched dosbarth, yn enwedig yn sonedau T H Parry-Williams. O bryd i'w gilydd awn ati i ysgrifennu ambell soned ar gyfer cylchgrawn yr ysgol. Yn y gyfrol deyrnged i Eic Davies cyfeiriodd Meirion Evans ataf fel y 'sonedwr o'r Waun'. Eto, ni lwyddais i gyrraedd ei safon ef na Dafydd na chael y llwyddiant cenedlaethol a gawsant hwy. Trodd y ddau ohonynt hwy at y pulpud ac efallai fod yr yrfa honno'n fwy cydnaws â'r awen na swydd gweinyddwr bach mewn llywodraeth leol.

Pasiais yr Higher yn 16 oed, ond gan fy mod yn rhy ifanc i fynd i Brifysgol dychwelais i'r ysgol am flwyddyn arall a sefyll yr arholiadau am yr ail waith. Fe ddylwn fod wedi anelu at ennill ysgoloriaeth ond ni awgrymwyd fy mod yn ddigon da i wneud hynny. Gan fy mod eisoes wedi cael fy nerbyn i Brifysgol Aberystwyth ni weithiais yn rhy galed a chefais yr un graddau â chynt. Eic Davies, mae'n debyg, fu'n gyfrifol am i mi fynd i Aberystwyth i astudio'r Gymraeg a Hanes. Roedd ef wedi bod yn fyfyriwr yn Aber yn y tridegau ac yn cydletya â'r Athro Tom Jones, yr ysgolhaig o'r Allt-wen. Felly, roedd yn awyddus i mi fynd yno. Efallai y byddai wedi bod yn well petawn wedi astudio'r gyfraith yn hytrach na gorfod astudio'r pwnc hwnnw fel myfyriwr allanol yn ddiweddarach. Ond yn fab i löwr, a'r cyntaf o'r teulu i fynd i goleg a chael gyrfa broffesiynol, naturiol oedd meddwl am swydd saff fel athro ysgol. Dyna a wnaeth llawer iawn o'm cydfyfyrwyr yn Aber. Roedd dinasoedd Lloegr fel Lerpwl, Birmingham neu Lundain yn dibynnu'n helaeth ar gyflenwad o athrawon o Gymru.

Mae'n syndod fod cynifer o blant y glowyr wedi mynd i

brifysgolion, a gallaf gyfrif nifer o raddedigion a fu'n byw yn Cefn Road a Gron Road. Roedd y grantiau a gynigiwyd gan y cynghorau sir i fyfyrwyr o'r dosbarth gweithiol yn gymorth mawr. Er i mi dreulio cryn dipyn o amser fel Cyfarwyddwr Addysg yn cau ysgolion gramadeg, mae'n rhaid cyfaddef fod yr ysgolion hynny wedi rhoi'r modd i ni blant y dosbarth gweithiol barhau â'n haddysg. Y broblem oedd mai dim ond canran fechan fyddai'n cael y cyfle hwnnw pan oedd yr 11+ yn bodoli. Roedd yn rhaid i'r plant llai breintiedig dderbyn addysg yn yr ysgolion modern, a byddai tynged plentyn i raddau helaeth yn cael ei benderfynu gan un arholiad pan oedd yn un ar ddeg oed.

Aberystwyth

ROEDD MYND I'R coleg yn Aberystwyth yn fenter fawr i rywun nad oedd wedi bod o gartref cyn hynny ac yn enwedig i rywun oedd yn reddfol ddihyder. Cefais grant o £208 y flwyddyn gan Sir Forgannwg a oedd yn ddigon i'm cynnal yn y coleg. Bûm yn ffodus i gael lletya gyda Jack Jones, a oedd yn yr un ysgol â mi ac wedi dechrau yn Aber y flwyddyn cynt. Cawsom lety am £3 punt yr wythnos yn St Arvans, Heol Llanbadarn, gyda Gwilym a Gwladys Rowlands. Prin y meddyliwn bryd hynny y byddwn yn mynd heibio'r tŷ'n gyson heddiw, wrth ymweld â Hergest, cartref Geraint y mab a'i deulu. Bu Gwilym yn garcharor rhyfel yn Siapan a chafodd amser go galed yno. Cawsai nifer o Sir Aberteifi eu dal yn Singapôr gan gynnwys Frank Evans, a ymrodd wedi'r rhyfel i feithrin cyfeillgarwch rhwng Aberystwyth a thref yn Siapan. Plannwyd coeden y tu allan i Neuadd y Dref Aberystwyth, sy'n llyfrgell erbyn hyn, i nodi'r berthynas honno. Ar y silff ben tân yn St Arvans roedd plat metal ac wedi'i ysgythru arno roedd y geiriau 'Changi Prison'. Ar y plat hwn arferai Gwilym gael ei ddogn prin o reis. Roedd Gwladys yn hanu o dop Cwm Tawe; bu'n swyddog yn y WRENS yn ystod y Rhyfel a chanddi gymwysterau mewn coginio ac arlwyo. Roedd prinder bwyd yn parhau i fodoli, a bu'n rhaid i mi fynd â'm llyfr *rations* gyda fi, ond cawsom le arbennig a bwyd bendigedig. Fe fûm yn lletya yno am bum mlynedd.

Ychydig dros fil o fyfyrwyr oedd yn Aber y dyddiau hynny ac roedd rhai o'r cyn-filwyr a wasanaethodd yn ystod y rhyfel yn dal yno. Roedd mwyafrif y myfyrwyr yn dod o Gymru a chyfran helaeth yn siarad Cymraeg. Llywydd y myfyrwyr oedd Gwilym Prys-Davies a ystyriai ei hun ar y pryd yn Weriniaethwr Cymreig. Daeth yn gyfreithiwr llwyddiannus ac ef oedd yr ymgeisydd dros y Blaid Lafur pan gipiodd Gwynfor Evans etholaeth Caerfyrddin. Wedi hynny fe'i dyrchafwyd i Dŷ'r Arglwyddi.

Yn ystod fy mlwyddyn gyntaf astudiais Gymraeg fel prif bwnc ac yna Hanes a Hanes Cymru. Yn yr Adran Gymraeg yr Athro oedd TH Parry-Williams ac ef fyddai'n darlithio inni ar yr elfen Ladin yn yr Iaith Gymraeg a hefyd mewn Ieitheg Geltaidd ond nid mewn llenyddiaeth. Roedd yna ryw swildod yn perthyn iddo, a byddai'n ein cyfarch yn gwrtais ar ddechrau'r ddarlith â'r llais unigryw hwnnw fel 'Boneddigion a Boneddigesau' cyn bwrw ati i esbonio rhyw bwyntiau astrus ym myd yr hen Gymraeg. Dysgodd inni'r wyddor Ogham ac mae gennyf ryw afael arni o hyd. Cofiaf hefyd ei esboniad o'r enw 'Yr Eifl' ym Mhen Llŷn a welir ar draws y môr o'r prom. Enghraifft sydd yma o'r treiglad meddal deuol. (Geifl = lluosog gafl, sef fforc. Gan fod dau bigyn lluosog geifl yn treiglo, felly Yr Eifl). Gwelais enghraifft debyg yn yr enw Y Gyrn Ddu ar y Bannau. Ar ddiwedd y ddarlith byddai'n troi ar ei sawdl ar ei union cyn anelu am ystafell y darlithwyr gan gynnau ei bib ar y ffordd.

Gwenallt fyddai'n darlithio ar lenyddiaeth, gan ganolbwyntio ar farddoniaeth y bedwaredd ganrif ar bymtheg. Byddai ganddo ef hefyd ei ddull arbennig o ddarlithio. Roedd yn fyr iawn a cherddai'n ôl a blaen mor ysgafn droed â dawnsiwr ballet a'i lygaid ar gau. Roedd ganddo lais arbennig a phleser oedd gwrando arno yntau'n traethu. Mwy uniongyrchol fyddai dull Tom Jones wrth ein tywys drwy chwedl Culhwch ac Olwen a chanu Aneirin a Thaliesin. Ar y pryd byddai'n rhaid i ni hefyd astudio darnau o Gernyweg a Llydaweg.

Yn adran Hanes Cymru yn darlithio roedd Yr Athro David Williams, awdur *Modern Wales*, a'r Athro Jones Pierce, hanesydd y canol oesoedd. Byddai David Williams yn siarad yn bwyllog a hawdd oedd cymryd nodiadau, ond nid felly Jones Pierce gan ei fod mor fyrlymus, ac amhosib fyddai rhoi unrhyw beth ar bapur. Roedd yn rhaid astudio Athroniaeth a Seicoleg yn y flwyddyn gyntaf hefyd. Yr Athro R I Aaron ddarlithiai ar *Plato's Republic*, a mab y patholegydd enwog, Syr Bernard Spilsbury, a ymddangosodd mewn nifer o achosion llofruddiaeth pwysig, a ddarlithiai mewn Seicoleg. Roedd hwnnw'n berson rhyfedd ac ni ddysgais fawr ddim ganddo am y pwnc. Eto, ar y cyfan, roedd safon uchel ymhlith staff academaidd Aber a llawer ohonynt yn ysgolheigion o fri.

Bodolai cryn bellter rhwng y myfyrwyr a'r darlithwyr a phrin byddai unrhyw gysylltiad y tu allan i'r ystafell ddarlithio. Ar nos Sadwrn fe fyddwn yn cael cip ambell waith ar Gwenallt yn cael *fish and chips* a phys ger Cloc y Dref gyda'i gyfaill Scott Nisbet. Sais bohemaidd o ran ei wisg a'i olwg oedd hwn, a oedd yn gyfrifol am gelfyddyd yn y coleg. Y Prifathro yn ystod fy nghyfnod oedd Ifor L Evans ond ni welais gip arno yn ystod fy mlynyddoedd yn y coleg. Mae'n debyg nad oedd yn berson a hoffai gymysgu rhyw lawer. Ar nos Sadwrn yn y Lion Royal, câi cân braidd yn amharchus ei chanu amdano. Wiw imi ei hadrodd yma. Dechreuodd pethau newid wedi apwyntiad Gwyn Alf Williams, yr hanesydd. Byddai ef i'w weld yn aml yn yfed peints gyda'i fyfyrwyr yn y Belle Vue. Yna fe ddaeth Goronwy Rees fel prifathro. Caiff ei gofio am ei sanau gwynion, ond daeth ei brifathrawiaeth i ben mewn modd anffodus wedi iddo gyhoeddi erthyglau dienw mewn papur Sul am yr ysbiwyr yng Nghaergrawnt a fu'n gyfeillion iddo.

Tybed faint o'r saith mil o fyfyrwyr yn y coleg heddiw sy'n ymwybodol bod gan y coleg gân â'r geiriau:

Beth yw d'arwyddair di, hen Goleg ger y Lli,
'Nid Byd heb Wybodaeth' meddwn ni...

Faint sy'n dal i barchu'r ddefod o gicio'r bar ar waelod y prom, tybed? Arferiad a gadwn i a Bethan yn reddfol pan oeddem yn byw yn Aberystwyth. Yn fy nghyfnod i roedd llawlyfr ar gael o ganeuon i'w canu mewn cyfarfodydd yn Neuadd yr Arholiadau. Mae'n debyg bod rhai yn deillio'n ôl i gyfnod Idwal Jones yn y coleg. Dyma bennill o'r *Freshers Song*:

When I leave this bloody college
O how happy I will be,
No more sausages for breakfast,
No more marmalade for tea;
No more getting up for niners.
No more waiting for the bell;
When I leave this bloody college,
It will be like leaving hell!

Er prin bod yna wirionedd yn y geiriau olaf. I lawer ohonom ein dyddiau yn Aber oedd y rhai hapusaf yn ein bywydau. Ymfalchïwn yn y ffaith mai Aberystwyth oedd y coleg prifysgol cyntaf yng Nghymru, a sefydlwyd diolch i geiniogau'r werin. Gwisgwn y sgarff gyda balchder mawr ond ni phrynais y blaser â'r streipiau coch a gwyrdd, byddai hynny wedi bod yn gam rhy bell.

Roedd tipyn o gystadleuaeth rhwng y colegau yn enwedig yn ystod y Rhyng-golegol. Unwaith fe geisiodd myfyrwyr Abertawe ddwyn y bar a oedd yn wrthrych bron yn gysegredig yng ngolwg myfyrwyr Aber. Dro arall ceisiodd Robyn Léwis, cyfreithiwr parchus ac archdderwydd wedyn, ddwyn bws un o'r colegau eraill a'i yrru i ffwrdd. Yn anffodus, ni phrofodd yn yrrwr medrus iawn gan i'r bws achosi difrod i'r prom. Pan ddangoswyd y ffilm *Gone to Earth* yn y Pier, gwahoddwyd Bertie Stevens o Langeitho i ddod â'i bac o gŵn hela i'r dref i hysbysebu'r ffilm. Ond aeth rhai o'r myfyrwyr ati i lusgo clytiau wedi'u socian mewn *aniseed* drwy'r dre. Yn lle dilyn y llwybr penodedig lawr Great Darkgate Street collwyd rheolaeth ar y cŵn wrth iddynt fynd i gyfeiriadau gwahanol gan ddilyn aroglau'r *aniseed*. Mae rhyw gof gyda fi i rai ohonynt droi i mewn i siop Woolworth.

Ni weithiais yn galed iawn yn ystod fy mlwyddyn gyntaf ac fel yn yr ysgol tueddwn i gywasgu'r cyfan i ryw fis cyn yr arholiadau, ond gwnes ddigon i basio. Rywfodd neu'i gilydd yn ystod yr ail flwyddyn mi enillais Wobr Bunford yn y Gymraeg a chael arian i brynu llyfrau. Roedd tair sinema yn Aber ar y pryd, Y Pier, Y Celtic a'r Coliseum, a byddwn yn eu mynychu'n gyson iawn. Ar nos Sadwrn awn i'r Lion Royal neu'r Skinners ar dop Great Darkgate Street am beint, cyn mynd ymlaen i'r hop yn y Parish Hall. Dyna fyddai'r patrwm am y tair blynedd nes i mi raddio gydag anrhydedd yn y Gymraeg a dilyn cwrs hyfforddi fel athro am flwyddyn arall.

Fe brynais ddryll .22 yn Aberystwyth, ac fe awn lawr i draeth Tanybwlch i saethu tuniau a daflwyd i'r môr. Roedd y .22 yn eithaf pwerus, ond ni fu gen i erioed awydd i hela. Roeddwn wedi cael fy nhrwydded i gario gwn yn Sir Aberteifi, ond pan oeddwn yn y fyddin bu'n rhaid gwerthu'r dryll am bris bychan ar orchymyn yr heddlu, am nad oedd Sir Forgannwg yn barod i roddi trwydded arall imi. Ymhen ychydig flynyddoedd cawn ddefnyddio *Rifle, Sten Gun* a *Bren Gun* drwy garedigrwydd y frenhines! Un profiad amheuthun a gefais yn ystod fy nghyfnod yn Aber oedd gwrando ar Dylan Thomas yn adrodd ei farddoniaeth yn Neuadd yr Arholiadau. Mae gen i gof ohono'n ymddangos ar y llwyfan yn edrych braidd yn anniben a belt ledr am ei ganol. Ei ddisgrifiad ef ohono'i hun oedd 'looking like an unmade bed', a'r gwir a ddywedodd. Nid oeddwn yn deall ei gerddi ond eto roedd gwrando ar ei lais a llif ei eiriau yn brofiad hudolus.

Byddwn ar adegau yn mynd i gyfarfodydd y Blaid ond fe'n syfrdanwyd unwaith pan ddaeth y Gwyddel, David Green, i'n hannerch a mynnu na fyddai gobaith inni ennill ein rhyddid heb saethu ambell blisman. Roedd sôn am weithred o'r fath ymhell y tu hwnt i orwelion aelodau parchus Plaid Cymru. Byddai bri mawr hefyd ar y Gymdeithas Ddadlau yn Neuadd yr Arholiadau lle ceid areithiau safonol iawn. Nid oedd gen i'r hyder i gyfrannu, ond y sêr ar y pryd oedd John Morris ar ran y Rhyddfrydwyr ac Elystan Morgan ar ran Plaid Cymru. Wedi gyrfaoedd disglair mae'r ddau'n aelodau o Dŷ'r Arglwyddi erbyn hyn. Roedd y Gymdeithas Geltaidd yn fan cyfarfod poblogaidd i'r Cymry Cymraeg ac yn rhoi llwyfan i amryw o fyfyrwyr talentog.

Yn ystod gwyliau'r coleg byddwn yn gweithio fel labrwr gyda'r cwmni codi tai Cornish Houses ym Mrynaman a Chwmllynfell. Câi'r tai hyn eu hadeiladu o ddarnau concrit gan ddod mewn lorïau. Roeddent yn drwm iawn, a byddai'r rhai fyddai'n gyfrifol am eu dadlwytho yn perthyn i'r *heavy gang*. Am gyfnod bûm yn gwneud y gwaith hwnnw ac yn cael y tâl anrhydeddus o geiniog yr awr yn ychwanegol. Bûm hefyd yn ystod un gwyliau yn gweithio i Gyngor Llandeilo mewn ffosydd pymtheg troedfedd o ddyfnder, yn gosod pibellau carthffosiaeth yng Nghefnbrynbrain. Un o'r myfyrwyr eraill yno oedd Alan Watkins, mab i brifathro Ysgol Tycroes, Rhydaman. Roedd yng Nghaergrawnt ar y pryd, a daeth yn ohebydd amlwg iawn ar bapurau mawr Llundain fel *The Independent*. Bu farw yn 2010 ac ymhlith y llu o deyrngedau cyfeiriwyd ato fel *the master political columnist of Fleet Street* a *the doyen of political journalists*. Ef oedd yr unig un ohonom na fedrai siarad Cymraeg.

Roedd gwaith labrwr yn drwm a chaled ac ambell noson byddai'n ymdrech i lusgo gartref. Ond roedd yna gryn sbort hefyd yng nghwmni fy nghydweithwyr a llawer ohonynt, fel finnau, ar wyliau o'r colegau. Cofiaf i mi ennill cyflog o tua £7 yr wythnos a oedd yn dipyn o help. Yn ystod gwyliau'r Nadolig fe fyddwn yn gweithio am dair wythnos fel postman. Golygai hynny dipyn o gerdded, a thasg go anodd yn aml fyddai gwthio'r cardiau drwy ambell flwch llythyron ar foreau rhewllyd heb wneud niwed i'm bysedd. Byddai ambell gi ffyrnig hefyd yn ychwanegu at y peryglon, ond roedd yr arian eto'n ddefnyddiol.

Wedi graddio euthum ati i wneud ymarfer dysgu gan

dreulio rhai wythnosau yn Ysgol Ramadeg y Bechgyn, Llanelli ac Ysgol Ramadeg Dyffryn Aman. Yna, penderfynais fynd ati i wneud gradd MA gan ddewis gwneud ymchwil ar fywyd a gwaith Watcyn Wyn. Bu'r deunaw mis a dreuliais yn y Llyfrgell Genedlaethol yn rhai hapus a diddorol. Roedd pori drwy bapurau a chyfnodolion y bedwaredd ganrif ar bymtheg yn nhawelwch yr ystafell ddarllen yn dipyn o brofiad. Gwenallt oedd yn arolygu'r gwaith, ond ni chefais fawr o gymorth ganddo. Un o'm cyd ymchwilwyr oedd Hywel Teifi, a oedd yn perthyn i Gwenallt drwy briodas. Yn ddiweddarach bu Hywel yn gynghorydd gyda mi yn Nyfed am rai blynyddoedd. Cefais wobr am englynion a luniais iddo pan oedd yn llywydd Eisteddfod Sain Ffagan, er prin i mi gael diolch ganddo!

Hywel Teifi
Athro hael ei athrylith, – dewisol
 Dywysog y ddarlith,
 'Mhen fawr dro yn llunio llith,
 A'i hadrodd â dawn ledrith.

Gŵr llawn trydan yn taranu – o raid
 Am ddifrawder Cymru,
 A nod ei holl genhadu,
 Adfer hen falchder a fu.

Yn ystod y flwyddyn honno y cwrddais â Bethan. Roedd hi ar ei blwyddyn gyntaf yn astudio Saesneg, Lladin a Groeg, a minnau ar fy mhumed, fel myfyriwr ymchwil. Un nos Sadwrn, wedi bod am noson yn y Lion Royal, penderfynais drwy hap fynd i'r 'hop' yn y Parish Hall. Mae'n debyg mai ar y funud olaf y penderfynodd hithau a'i ffrindiau fynd i'r ddawns hefyd. Efallai fod tynged wedi chwarae rhan! Nid oeddwn yn gallu dawnsio rhyw lawer, ond roeddwn yn gallu dilyn rhai o stepiau'r waltz. Pan ddaeth y waltz olaf gofynnais i'r ferch fach, gwallt tywyll oedd wrth fy ymyl am ddawns. Yn ffodus, fe gytunodd. Hebryngais hi yn ôl i Alexandra Hall ar waelod y Prom, a threfnu cwrdd â hi'r noson ganlynol. Yn y dyddiau hynny nid oedd hawl gan y bechgyn ymweld â stafelloedd y merched, roedd yn rhaid aros amdanynt yn y cyntedd. Felly, fe fyddai'r parau'n ffarwelio ar nos Sadwrn fel haid o frain wrth y wal gefn y tu ôl i'r neuadd, o olwg Miss Powys Roberts y Warden.

Roedd hi'n ddiwedd tymor a minnau wedi trefnu mynd allan i Baris gyda thîm rygbi Cwm-gors i weld Cymru'n chwarae yn erbyn Ffrainc. Fe fuom yn cwrdd am rai diwrnodau cyn mynd adref, ond addewais gyfarfod â hi ar ddechrau'r tymor wedyn, sef tymor yr haf. Cawsom amser da ym Mharis er i Gymru golli'r gêm. Wedi dychwelyd ar ôl y gwyliau mi ffoniais Neuadd Alex, a dyna ddechrau go iawn ar y garwriaeth. Buom yn cyfarfod yn gyson yn ystod y tymor ac fe aethom unwaith ar drip a drefnwyd gan yr Adran Saesneg i Stratford. Cofiaf inni hefyd ddal bws ar ddiwrnod hyfryd o haf a mynd i Bontarfynach, a Bethan yn casglu coelied o flodau a'u gosod ar sil ffenestr ei hystafell. Roedd rhywun arall yn canlyn Bethan ar y pryd, a minnau'n ysgrifennu at ferch yn yr Alban. Ond wrth i berthynas Bethan a minnau ddechrau blodeuo, daeth y cysylltiadau hynny i ben. Llwyddodd cyfran sylweddol iawn o fyfyrwyr Aber ddod o hyd i wraig yn y coleg, a dyna ddigwyddodd i bob un o ffrindiau Bethan. Mae rhai'n mynnu mai lleoliad anghysbell y dre sy'n gyfrifol am hynny, ond myn eraill mai prydferthwch y merched yw'r ffactor bwysicaf. Nid yw'n bosib i mi fynegi barn ddiduedd ar y mater.

Colli 'Nhad

YN YSTOD FY mlwyddyn gyntaf yn y coleg roedd cwmwl yn dal drosof wrth i iechyd fy nhad ddirywio'n arw. Yn wir, erbyn y diwedd, prin y byddai'n fy adnabod. Heddiw mae'n debyg mai alzheimers fyddai'r enw ar ei gyflwr. Ym mis Ionawr 1952, bu farw ac fe'i claddwyd ym mynwent yr Hen Garmel, a theimlwn yn falch fod aelodau Band y Waun wedi cofio amdano a rhoddi torch o flodau ar ei fedd. Er iddo ddioddef ers blynyddoedd, ac er nad oedd ei iechyd yn caniatáu iddo wneud llawer o'r pethau byddai tad a mab yn gallu eu gwneud gyda'i gilydd, bu'n fawr ei ofal ohonof a bu ei golli yn ergyd drom. Cofiaf am ei gyngor wrth i mi adael y tŷ i ddal y bws am y tro cyntaf i Aberystwyth. 'Cofia ofalu am dy iechyd.' Fe fûm yn ffodus iawn i gael rhieni a fu mor barod i'm cefnogi yn yr ysgol a'r coleg, ond y tristwch oedd bod fy nhad wedi marw cyn i mi wneud unrhyw fath o farc yn y byd.

Brwydrodd yn ddewr yn erbyn afiechyd, a cheisiodd barhau i weithio dan ddaear hyd yr eithaf. Er mai bychan oedd o ran corffolaeth, gweithiodd ar y ffas lo am flynyddoedd a phan ddirywiodd ei iechyd, gofalodd am un o'r pympiau dŵr a gadwai'r gwaith rhag boddi. Byddai'n gorfod gweithio shifftiau nos gan adael am tua deg o'r gloch a dychwelyd am saith y bore. Soniai lawer am y ddaear yn dihuno am dri neu bedwar o'r gloch y bore pan fyddai'r pyst yn gwegian. Bara a chaws neu gig moch mewn bocs tun a photel o de oer i'w yfed fyddai'r bwyd a âi gydag e. Drwy'r nos, ei unig gwmni fyddai'r llygod a drigai dan ddaear, a byddai ganddo stori am lygoden wen yn arwain y lleill pan fyddai unrhyw berygl dan ddaear. Roedd hon yn stori gyffredin ymhlith y glowyr.

Fel llawer iawn o gyn-lowyr dioddefai'n enbyd o ddiffyg anadl, ond er iddo weithio dan ddaear am bedwar deg wyth o flynyddoedd gan ddechrau'n grwtyn deuddeng mlwydd oed, ni chawsom unrhyw iawndal oherwydd iddo fethu pasio'r prawf am silicosis, sef llwch silicon yn yr ysgyfaint, na chwaith yr un am pneumoconiosis, sef effaith llwch glo. Peth rhyfedd ac yntau wedi gweithio dan ddaear am yr holl flynyddoedd, yn enwedig gan fod llawer iawn o silicon yng nglo carreg y Waun. Heddiw byddai dŵr yn cael ei ddefnyddio yn y ffas lo i leihau'r llwch, ond nid felly fyddai hi pan oedd fy nhad yn löwr.

Pe byddai unrhyw fodd osgoi talu iawndal fe fyddai'r rheolwyr yn sicr o wneud hynny. Felly, penderfynwyd mai clefyd y galon oedd yn gyfrifol am gyflwr fy nhad ac nad oedd felly'n teilyngu iawndal. Cofiaf gael fy nihuno yn y nos pan oedd yn peswch ac yn methu cael ei anadl. Byddai hynny ar ei waethaf ar nosweithiau oer a rhewllyd ac yn y diwedd bu'n rhaid iddo gael gwely yn y parlwr gan nad oedd ganddo ddigon o anadl i allu dringo i'r llofft. Yr unig feddyginiaeth a fyddai o help oedd jam cwrens duon a mêl mewn dŵr poeth a gorfu i mi godi'n amal gyda'r nos i baratoi hwnnw pan fyddai'r peswch yn mynd yn ormod iddo. Hyn yw cefndir y sonedau hyn:

Cof Plentyn

Cofio'r nosweithiau pan oedd cwsg yn brin,
A'r cloc yn taro'n gyson gyda'r awr;
Goleuni'r lleuad oer yn sleifio'n wyn,
Dan odre'r llenni fel pe'n ffugio'r wawr.
Y llwytrew'n garthen ddisglair dros y ffridd,
A'r awel fain ag oerfel ar ei min;
Minnau'n dyheu am sicrwydd mwyn y dydd
Wrth geisio dianc rhag y peswch blin.
Ac ambell dro pan mewn anhunedd llwyr,
O gilfach y gorffennol pell y daw
Cysgodion sy'n ymgasglu gyda'r hwyr,

Gan ailgyfodi'r hunllef pell a'i fraw.
A deil euogrwydd plentyn eto i gnoi.
Wrth gofio iddo gynt chwenychu ffoi.

Noson Rewllyd ar y Waun

Delwi mae'r lloer uwch ael Pentre'r Fedwen,
A llonydd y brwyn ar Gomin y Waun,
Mae adar y nos yng Nghwmdrysïen
A thlysau'r llwytrew ar y llwyni drain.
Ym Mhwllywrach mae tincial rhaeadrau,
A llifa Garnant yn afon o sêr,
Mae'r Garreg Lwyd yn gadernid oesau,
Ond muriau'r Hen Garmel yn adfail blêr.
Draw o gyfeiriad y 'Steer' a'r 'East',*
Ceir sŵn peiriannau'n trachwantu am lo,
Mae sgrech yr hwteri'n merwino'r glust
A'r tipiau rhyfygus yn llenwi'r fro.
Ond rhywle mae peswch a megin dynn,
Gwely'n y parlwr a'r golau ynghyn.

*pyllau glo

Trist yw nodi bod yr Hen Garmel wedi'i ddifrodi gan fandaliaid.

Teulu Bethan

GANED MARGARET BETHAN Richards yn Llambed. Ar y pryd nid oedd yr enw, Bethan, yn gyffredin iawn. Roedd gan ei theulu siop gelfi a busnes angladdau llewyrchus, Morgan Richards and Son, yn y dref. Sefydlwyd y busnes gan ei thad-cu, Morgan Richards, crefftwr a fyddai'n cyflogi nifer o weithwyr a llawer o'i waith i'w weld o hyd yng Ngheredigion. Bu Morgan Richards farw yn ei bumdegau cynnar ac fe gymerodd ei fab, D D Richards, sef tad Bethan, y busnes. Ymhen tipyn ymunodd Haydn, brawd Bethan, yn y busnes hefyd cyn iddo droi at y weinidogaeth.

Hanai teulu'r Richards o Lanycrwys a Ffaldybrenin, ac o fferm Llaingoch, Llanfair Clydogau y daeth y Davies's, sef teulu mam-gu neu 'nain' Bethan. Roedd ei hen dad-cu, Daniel Richards, a'i wraig Jemimah, yn cadw melin Rhosybedw, Llanycrwys, a chyn hynny buont yn ffermio Bryndu yn yr un plwyf. Mae beddau'r teulu ym mynwent Ffaldybrenin. Roedd Bethan yn cofio Mam-gu Felin, a'r darlun sydd ganddi yw o fenyw fach iawn yn eistedd yn ymyl y tân yn cyfrif ei sofrins. Gan fod ei hen fam-gu yn dal yn fyw galwyd ei mam-gu yn Nain gan Bethan a'r teulu. O deulu'r Trevenas yr hanai Phyllis, mam Bethan. Roedd y Trevenas â'u gwreiddiau yng Nghernyw a daw'r enw o'r Gernyweg 'Trev ar fynydh' (tref ar fynydd), sef yr hen enw ar Tintagel. Yn 1825, symudodd hen, hen dad-cu Bethan o Plymouth i Ddoc Penfro i weithio yn y Royal Dockyard a oedd newydd ei sefydlu, a bu'r teulu'n gysylltiedig â'r sefydliad hwnnw am flynyddoedd.

Penderfynodd William P Trevena, ei thad-cu, neu Grandpa i Bethan, symud i Dde Affrica yn 1898 i weithio ar y rheilffyrdd. Yn ystod Rhyfel y Boer ymunodd â'r Southern Rhodesian Volunteers. Ef oedd yn gyfrifol am yr *armoured train* a gododd y gwarchae ar dref Mafeking, a chafodd ei anrhydeddu am hynny gan Baden Powell. Pan ddychwelodd i Ddoc Penfro ar wyliau roedd miloedd wedi ymgasglu yn y stesion i groesawu 'the Hero of Mafeking'. Cyflwynwyd tystysgrif iddo ar ran y dref ac arno'r geiriau:

We heard with pride of your patriotic action in volunteering for service at the beginning of the campaign, and we followed with great interest the active part which you took in the operations of our army in South Africa and especially your share in the relief of MAFEKING after its heroic siege.

Yn Johannesburg y ganwyd ac y magwyd mam Bethan a phan oedd hi'n dair ar hugain ail briododd ei thad ag athrawes o Dal-y-bont a gyfarfu ar wyliau yn Llandrindod. Felly, daeth hi i fyw yng Nghymru a dechreuodd weithio fel ysgrifenyddes i'r meddygon yn Llambed lle cyfarfu a phriodi tad Bethan. Yn naturiol nid oedd hi'n siarad dim Cymraeg. Bu'n rhaid i D D Richards dreulio cyfnod y rhyfel yn yr Awyrlu, felly Saesneg oedd iaith yr aelwyd, ac yn yr iaith honno y siaradai Bethan â'i brawd Haydn a'i chwaer Trevena.

Beth bynnag, yn y cyfnod hwnnw roedd tueddiad ymhlith plant gŵyr busnes Llambed i siarad Saesneg â'i gilydd. Efallai fod tref Llambed yn fwy Cymreig heddiw er, yn anffodus, mae'r pentrefi gwledig o gwmpas dipyn yn fwy Seisnig. Bu Bethan yn ffodus fod ganddi berthnasau yn y wlad oedd yn Gymry Cymraeg, a threuliai gryn dipyn o'i hamser ar aelwydydd ffermydd Castell a Llaingoch. Hefyd, er mai eglwyswraig oedd ei mam, cafodd y plant fynd i Ysgol Sul Shiloh, sef capel y teulu. Ond y dylanwad pennaf ar Bethan o safbwynt y Gymraeg oedd Sali Davies, Sali Welsh, athrawes Gymraeg Ysgol Gyfun Llambed. Roedd Sali Davies yn Gymraes ddi-ildio, ac fe wrthododd gymryd ei phensiwn am rai blynyddoedd am nad oedd y ffurflenni i'w cael yn y Gymraeg. Fe fynnodd hi fod Bethan yn sefyll y papur Cymraeg iaith gyntaf a hynny pan oedd llawer o blant o gartrefi Cymraeg Llambed yn mynnu gwneud 'Easy Welsh'.

Yn anffodus, collodd Bethan ei mam pan oedd hi'n un ar ddeg mlwydd oed, a bu'r golled yn graith ar ei bywyd yn ystod ei harddegau. Roedd yna gryn allu yn nheulu'r Trevenas, a bu Dr David Trevena, hanner brawd i'w mam, yn Ddarllenydd mewn Ffiseg yn Aberystwyth am flynyddoedd. Aeth brawd i'w thad-cu, Fred Trevena, am fordaith ar long hwylio y 'Lady Cairns' o Gaerdydd, gyda'r bwriad o fynd o gwmpas y byd. Cadwodd ddyddiadur manwl a diddorol a bwriad Bethan oedd ei gyhoeddi ond nid felly y bu. Gobeithio y medraf gwblhau'r gwaith. Felly, er bod Bethan yn dod o gefndir cymysg o ran iaith, roedd yn awr yn caru crwtyn o'r Waun.

Y Fyddin

YN DILYN FY nghyfnod yn y coleg, bu'n rhaid imi dreulio dwy flynedd yn y fyddin yn gwneud fy ngwasanaeth milwrol. Yn arferol, byddai'n rhaid ymuno wedi cyrraedd y deunaw oed, ond roedd modd gohirio hynny nes gorffen yn y coleg. Bu hyn o gryn fantais i mi gan fod Rhyfel Corea yn ei anterth ar ddechrau'r pumdegau a chafodd llawer o filwyr ifanc eu hanfon yno. Cefais yr alwad ym mis Tachwedd, 1955, ac fe'm hanfonwyd i Devizes i wneud yr hyn a alwyd yn *square bashing* gyda'r Wiltshire Regiment (Duke of Edinburgh's Own). Roeddwn wedi gwneud cais i fynd i'r llynges gan fod gennyf ddiddordeb yn y môr, ond hefyd am y byddai modd dysgu Rwsieg yno. Ond nid felly y bu. Efallai petawn wedi gofyn am gael mynd i'r Wiltshires fe fyddwn wedi cael fy anfon i'r llynges!

Yn awr roeddwn yn 23263570, Private Phillips – prin y bydd neb byth yn anghofio'i rif. I un a dreuliodd y flwyddyn gynt yn nhawelwch y Llyfrgell Genedlaethol yn astudio llawysgrifau Watcyn Wyn, roedd hyn oll yn newid mawr. Cysgu mewn baracs gyda rhyw ddeg ar hugain o fechgyn, y mwyafrif yn dod o Swindon a Bryste a rhai ohonynt yn anllythrennog. Yna, martsio'n ddi-ben-draw, a gwisgo'r iwnifform khaki. Cefais lythyr yn rhoi cyfarwyddiadau cyn dod i'r gwersyll, ac fe'm cynghorwyd i dorri 'ngwallt cyn cyrraedd. Felly, dyma fynd at Dai Barbwr am *short back and sides*. Ond gwae fi, nid oedd hynny'n ddigon, ac ymhen diwrnod neu ddau bu'n rhaid cael toriad arall. Yr ymadrodd arferol gan y Corporals oedd, 'I'm standing on your bleeding hair, get it cut'.

Yn ystod yr wythnosau cyntaf byddem yn gwneud dril, dysgu sut i drafod gwn, a sut i ddatgymalu *Bren Gun* a *Sten Gun*. Nid saethu tuniau ar draeth Tanybwlch oedd hi mwyach, ond anelu at dargedau go iawn. Yna byddai'n rhaid dysgu defnyddio bidog, nid bod hynny'n gofyn am ryw ddawn arbennig – sgrechian yn fyddarol fel gwallgofddyn, gan redeg a gwthio'r bidog i mewn i sachaid o wellt. Byddai pawb yn gweiddi a rhegi arnom yn ddi-stop, ac roedd gan y corporals stôr o regfeydd na chlywais mohonynt cynt nac wedyn! Treuliwyd y nosweithiau'n rhoi sglein ar y sgidiau nes bod modd imi weld fy llun ynddynt. Y dechneg oedd polish, poeri yna rhwbio mewn cylchoedd, hefyd defnyddio blanco a brasso i lanhau'r belt a'r *webbing*. Byddai'n rhaid glanhau'r dryll drwy ddefnyddio *pull through* ac os byddai swyddog yn syllu lawr y baril a chanfod defnyn o lwch yno, gwae'r milwr. Byddai'n rhaid codi ar foreau rhewllyd o aeaf am chwech o'r gloch y bore, ac ar ôl gosod y dillad gwely mewn pecyn teidi, mynd allan i wneud *rifle drill* am awr cyn brecwast. Caem arolygon di-ben-draw yn y barics ac os na fyddai popeth yn sgleinio ac yn ei le, caem ein cosbi drwy orfod glanhau toiledau neu bilio tato yn y gegin. Ni fu'n rhaid i mi baentio'r glo'n wyn na thorri'r glaswellt â siswrn fel a ddigwyddai, yn ôl yr hanes, mewn rhai gwersylloedd. Mae'n debyg mai pwrpas hyn oll oedd sicrhau y byddai milwyr yn derbyn cyfarwyddiadau'n reddfol, heb ystyried pa mor resymol oeddent.

Unwaith bu'n rhaid i ni fynd ar manoeuvres ar y Salisbury Plain er mwyn ymosod ar bentref gwag o'r enw Imber village. Câi'r Wiltshires eu hyfforddi ar y pryd i fynd allan i Gyprus. Gwelwyd llawer o ymladd yno am fod EOKA, dan arweiniad Makarios, yn mynnu cael annibyniaeth i'r ynys. Yn ystod y brwydro yno, lladdwyd yn agos at bedwar cant o filwyr Prydain gan gynnwys rhai o aelodau'r Wiltshires. Felly, roedd yn rhaid ein hyfforddi sut i ymosod ar bentref drwy daflu *hand grenades* drwy ffenestri'r tai gwag. Pan ddaeth fy nhro i, bwriodd y *grenade* silff y ffenestr a disgyn yn ôl wrth fy nhraed. Diolch byth nad ffrwydryn go iawn oedd hi, neu ni fyddwn yma heddiw i ddweud yr hanes. Byddai'n rhaid inni dreulio nosweithiau'n cysgu allan mewn *bivouacs*, sef pebyll bach yn dal dau filwr. Un o'm cas bethau yw clywed rhywun yn chwyrnu, ac yn anffodus roedd y milwr wrth fy ochr yn chwyrnwr di-baid. Diolch byth nad oedd bwledi yn y dryll!

Yn ystod y cyfnod hwn byddwn yn derbyn llythyrau oddi wrth Bethan a buont o gryn help i mi gadw'n gall. Roedd hi'n llythyrwraig heb ei hail ac yn fy helpu i beidio â chymryd y digwyddiadau yno ormod o ddifrif. Roeddent yn llawn hiwmor ac yn cynnwys dyfyniadau o feirdd Lladin, er mai go elfennol oedd fy ngwybodaeth i o'r iaith honno. Cofiaf un o'r dyfyniadau a ddewisai amlaf hyd heddiw, geiriau gan y bardd Catullus, 'da mihi basia mille'. Mi adawaf i chi ddod o hyd i'w ystyr. Ei hoff ddarn o farddoniaeth ar y pryd oedd soned Elizabeth Barrett Browning yn dechrau â'r llinell, 'How do I love thee? Let me count the ways...' Ar ymweliad â mynwent Hen Bethel, Glanaman, y dydd o'r blaen, gwelais fod rhai llinellau o'r soned hon ar fedd Ryan.

Fe lwyddais rywfodd i ddod drwy'r *square bashing* ond yn ffodus, yn lle mynd i Gyprus gyda'r lleill, fe gefais fy anfon i Beaconsfield a dilyn cwrs i ddod yn Sarjant. Bu'n rhaid imi gael prawf seicolegol cyn hynny a chofiaf y sylwadau o hyd, 'a short stocky Welshman of good intelligence'. Canmoliaeth yn wir. Hefyd, bu'n rhaid cymryd rhan mewn gwahanol brofion i fesur fy ngallu i arwain. Mewn un prawf, tynnwyd dwy linell ychydig droedfeddi ar wahân ar y llawr a rhyngddynt roedd gagendor. Yna rhoddwyd planciau a chasgenni i ni, a'r prawf oedd croesi'r bwlch drwy ddefnyddio'r rhain. Ond gwae fi, yn ddiarwybod fe gamais dros y llinell a syrthio i mewn i'r gagendor. Ar fy adroddiad cafwyd y sylwadau, 'disqualified, and played a rather negative role after falling into the chasm.' Ond mae'n debyg imi gael maddeuant, oblegid yn y diwedd fe gefais dair streipen ar fy mraich a £5 yr wythnos o gyflog. Roeddwn yn awr yn gallu byw yn y Sergeant's Mess a chael ystafell i mi fy hunan. A dyna lle bues i am weddill y ddwy flynedd. Cefais waith o'r diwedd gyda'r Royal Artillery a'm swydd oedd dysgu milwyr sut i ddarllen mapiau, er mwyn sicrhau bod *shells* y 25 Pounders yn syrthio ar y gelyn. Roedd maes tanio ar Fynydd Epynt a pheth trist i mi, fel Cymro, oedd gweld adfeilion y tai a'r capel a feddiannwyd gan y Swyddfa Ryfel yn 1940.

Epynt
Yn dalog daeth fandaliaid – i faeddu
    Etifeddiaeth euraid,
Yn ei lle difrod a llaid
A stŵr anwar estroniaid.

Roeddwn yn dal yn y fyddin pan fu'r ymosodiad ar Suez yn 1956, wrth i Brydain geisio adennill y Suez Canal oddi wrth Nasser. Drwy ymyrraeth America gorfodwyd Anthony Eden i dynnu'r milwyr yn ôl. Felly, diolch byth, ni fu'n rhaid i mi danio gwn mewn dicter at unrhyw un. Nid oedd gennyf ddaliadau digon cryf i fod yn heddychwr a gwrthod gwisgo lifrau milwr fel y gwnaeth fy ewythr ac fel y gwnaeth ambell un o'm cyfoedion. Erbyn heddiw, mae nifer y rhai a wnaeth eu gwasanaeth milwrol yn dechrau prinhau a dim ond tri ohonom sydd ar ôl yn y capel.

O bryd i'w gilydd bu'n rhaid imi fod yn *Guard Commander* a'r cyfrifoldeb am warchod y gwersyll drwy'r nos. Byddai gennyf chwech o filwyr yn y *guard* ac fe fyddwn yn eu hanfon allan yn ystod y nos i weld bod popeth yn iawn. Byddent yn cario drylliau oherwydd ychydig cyn hynny fe dorrodd yr IRA i mewn i wersyll yn Lloegr a dwyn gynnau. O flaen y *guard room* lle treuliwn y nosweithiau roedd yna flodau prydferth a byddai'r Sarjant Major yn meddwl cryn dipyn ohonynt. Ond gwae fi, pan euthum allan gyda'r bore roedd pob blodyn wedi diflannu. Mascot y *regiment* oedd gafr, ac yn ystod y nos roedd honno wedi dod yn rhydd ac wedi bwyta'r blodau i gyd heb i neb ohonom yn y *guard room* sylwi. Yn naturiol bu tipyn o ffws, a chefais fy ngheryddu gan y Regimental Sergeant Major am fy esgeulustod, ond yn ffodus ni chollais fy *stripes*. Ond, beth petai'r IRA wedi penderfynu ymosod y noson honno yn lle'r afr!

Byddwn yn taro yn ôl i Aberystwyth mor aml â phosib i weld Bethan, a oedd ar ei hail flwyddyn yn Alexandra Hall. Teithiwn yno ar nos Wener, gan aros dwy noson, a theithio 'nôl nos Sul i gyrraedd y gwersyll am chwech o'r gloch y bore. Byddai hynny'n golygu fy mod yn gorfod cysgu am rai oriau ar stesion Amwythig, a hynny yn ystod y gaeaf. Diolch byth bod cot fawr milwr gen i i'm cadw'n gynnes. Ond roedd cael treulio penwythnos yng nghwmni Bethan yn werth yr ymdrech. Pan ddaeth fy nghyfnod i ben cefais gynnig parhau yn y fyddin fel swyddog addysg ond byddai hynny'n golygu bod yno am dair blynedd arall. Roeddwn wedi dyweddïo, ac nid oeddwn yn sicr y byddai bod yn wraig i filwr wrth fodd Bethan. Felly, gadewais ym mis Tachwedd, 1957, a phenderfynu dod yn ôl i Aberystwyth am rai misoedd i ail gydio yn yr ymchwil. Gan fy mod yn ddi-waith, gallwn dynnu'r dôl a chael ychydig bunnoedd yn fy mhoced. Roedd hwn yn gyfnod hapus iawn gan y gallwn gyfarfod Bethan bob dydd a chael arian i dalu am lety. Treuliai Bethan a minnau lawer o'n hamser yn y Llyfrgell Genedlaethol lle roedd myfyrwyr fel Hywel Teifi ac eraill yn dal i ymchwilio. Cafwyd tipyn o sbort a thynnu coes yn eu cwmni, er cyn bo hir fe fyddai'n rhaid i mi chwilio am waith fel athro, gan fod Bethan a minnau'n bwriadu priodi ym mis Awst 1958.

Nid oedd fawr o swyddi ar gael yng Nghymru, ond fe wnes gais am swydd yn Sir Aberteifi. Cefais ateb swta yn Saesneg o Swyddfa'r Sir yn enw'r Cyfarwyddwr Addysg, Dr John Henry Jones, 'All posts in this Authority are advertised'. Ymhen saith mlynedd, serch hynny, roeddwn yn Ddirprwy Gyfarwyddwr Addysg y Sir ac yn cyfweld athrawon newydd. Felly, ym mis Ebrill 1958, bu'n rhaid i mi dderbyn swydd fel athro hanes yn y Cornwell Boys Secondary Modern, yn East Ham, Llundain, tra oedd Bethan wrthi'n gorffen ei chwrs yn Aberystwyth.

Sylweddolais na fyddai dysgu mewn Ysgol Fodern yn yr East End yn ddechreuad hawdd iawn i'm gyrfa fel athro. Roedd yr ysgol wedi'i henwi ar ôl Jackie Cornwell, cyn-ddisgybl un ar bymtheg oed a enillodd y VC ym mrwydr Jutland ac yntau wedi aros wrth ei wn hyd y diwedd. Ar y pryd roedd yr East End yn fagwrfa i amryw o *gangsters* enwog fel y brodyr Kray. Mewn fflat yn Barking Road, East Ham, y cuddiwyd Frank Mitchell (y *Mad Axeman*) wedi iddo ddianc o'r carchar, a chyn iddynt drefnu i'w ladd. Felly, nid oeddwn yn sicr beth oedd i'w ddisgwyl ar ôl symud yno.

Llundain

ROEDD LLUNDAIN YN y pumdegau a'r chwedegau'n lle cyffrous iawn er i mi fod yn lwcus bod y smog afiach a achosai broblemau iechyd, ac oedd yn gyfrifol am lawer o farwolaethau, wedi cilio. Cawn dipyn o foddhad yn crwydro o gwmpas ar y penwythnosau a mynd i'r sinemâu ac i'r theatrau i weld y ffilmiau a'r dramâu newydd. Ar yr un pryd roedd yn rhaid cynefino â gwaith athro, wrth fyw ar fy mhen fy hun mewn fflat. Cefais lety dymunol mewn tŷ yn Forest Gate, ac roedd modd cerdded i'r ysgol yn Manor Park nid nepell o Ilford. Roedd hi braidd yn anodd ar y dechrau, oblegid er fy mod wedi cael profiad fel sarjant yn y fyddin, fe fyddai rhai o'r bechgyn yn ceisio cymryd mantais o athro ifanc dibrofiad. Felly, roedd yn rhaid ymdrechu i gadw disgyblaeth ac ar y cyfan fe lwyddais i wneud hynny. Euthum ati i hyfforddi'r tîm pêl-droed ac i ddyfarnu gemau ar fore Sadwrn, a phan ddaeth y tymor criced llwyddais i droi'r bachgen mwyaf lletchwith yn fowliwr cyflym. Ni chefais ragor o drwbwl ganddo wedi hynny.

Roedd rhai pethau ynglŷn â dysgu mewn Ysgol Fodern yn fy ngwneud yn anhapus. Gan fod y plant mwyaf galluog wedi mynd i Ysgol Ramadeg East Ham, prin bod unrhyw uchelgais ymhlith y bechgyn. Byddai'r mwyafrif ohonynt am ddilyn eu tadau a gweithio yn y dociau ac eraill am weithio fel *barrow boys*. Er mwyn cadw disgyblaeth gwnaed defnydd cyson o'r gansen yn yr ysgol ac nid oeddwn yn hoffi'r agwedd honno o gwbl. Fe fyddai ambell athro'n cael amser caled a chofiaf glywed twrw wrth fynd heibio i ddosbarth Gruff Jones, athro o Dalybont ar Wysg. Wedi mynd i mewn gwelais fod Gruff druan ar y llawr ac un o'r plant yn ymosod arno, a bu'n rhaid i mi eu gwahanu. Byddai un plentyn arall yn dwyn unrhyw beth o fewn ei gyrraedd, a daeth y Seicolegydd Plant i'w weld. Wedi iddi adael yr ystafell gwelodd ei fod wedi dwyn ei bag llaw!

Ar ddechrau'r flwyddyn roeddwn yn lletya'n weddol agos at yr ysgol, a sylweddolais un prynhawn fod rhai o'r plant yn fy nilyn er mwyn gweld lle roeddwn yn byw. Diolch byth, llwyddais i'w colli. Ond ar y cyfan deuwn ymlaen yn iawn gyda'r bechgyn. Un tro ar ddiwedd y tymor fe ofynnodd rhai ohonynt ble roeddwn yn mynd dros y gwyliau ac fel jôc dywedais nad oedd gennyf ddigon o arian i fynd i unman. Y bore canlynol roedd yna bapur deg swllt o fewn y gofrestr wedi'i gyfrannu gan y plant. Hanai teulu'r prifathro o Dreffynnon, ac er nad oedd yn gallu siarad Gymraeg ef oedd cadeirydd Cymdeithas Gymraeg Romford. Hoffai gael Cymry ar y staff a byddai'n fy holi weithiau am ystyron rhai geiriau Cymraeg. Cafodd ei siomi pan benderfynais, ar ôl tair blynedd, adael a dychwelyd i Gymru.

Sylweddolais na fu nifer o'r plant erioed yng nghanol Llundain ac felly trefnais ymweliad â'r senedd i gwrdd â Reg Prentice, yr Aelod Seneddol Llafur dros East Ham, a drodd at y Torïaid wedyn. Y gamp gyntaf oedd mynd â dros ugain o blant ar y tiwb, a sicrhau eu bod yn cyrraedd Westminster yn ddiogel. Llwyddais i wneud hynny, ac yna treuliwyd ychydig oriau yn y senedd. Penderfynais wedyn groesi'r hewl er mwyn iddynt gael gweld Westminster Abbey, ond yna sylweddolais bod priodas grand yno. Felly, bu'n rhaid imi arwain crocodeil o blant o'r East End rhwng y cyfoethogion yn eu top hats a'r menywod yn eu gwisgoedd drudfawr. Edrychai rhai o'r plant yn gegrwth wrth weld sefyllfa oedd mor wahanol i'w bywydau hwy. Ond yn y diwedd llwyddais i ddod â phob disgybl yn ôl i East Ham. Dro arall euthum â grŵp o'r plant i un o theatrau'r West End i weld y *Mousetrap* gan Agatha Christie. Yn rhyfeddol, mae hon yn dal i gael ei llwyfannu, felly gwell imi beidio datgelu enw'r llofrudd.

Pan oeddwn yn East Ham enw'r Cyfarwyddwr Addysg oedd Tysul Davies. Fel athro bach cyffredin ni chwrddais ag ef erioed, er bûm yn dyfalu droeon a oedd ganddo gysylltiad â Llandysul. Rai blynyddoedd wedi i mi adael Llundain fe aeth Catrin, y ferch, a minnau i ymweld â 1st Avenue, Manor Park, lle bues i'n byw. Erbyn hyn mae hon yn ardal amlddiwylliannol a mwyafrif helaeth ei thrigolion yn hanu o gyfandir Asia.

Graddiodd Bethan ym mis Mehefin 1958 a chafodd hithau swydd yn y Deanery Grammar School, West Ham, yn dysgu Lladin. Roedd hon yn ysgol ramadeg dda iawn. Priodasom yn Shiloh, Llambed ym mis Awst 1958 ac Alun Eurig Davies yn was priodas. Treuliasom ein mis mêl yn Iwerddon, gan ymweld â Galway ac Ynysoedd Aran. Mor hyfryd oedd clywed y Wyddeleg yn brif iaith yr ynysoedd. Roeddwn wedi llwyddo erbyn hyn i gael fflat yn Manor Park, hanner ffordd rhwng y ddwy ysgol, ac felly dyma ni'n dechrau ar ein bywyd priodasol yn Llundain. Gwnaeth Bethan lawer o ffrindiau ymhlith staff yr ysgol a bu'n athrawes dda a phoblogaidd. Gan fod perchnogion y tŷ yn byw yn y fflat uwch ein pennau, nid oeddem yn gwbl gysurus, felly ar ddiwedd ein blwyddyn gyntaf penderfynasom symud.

Treuliasom lawer o wyliau hir yr haf ar y Waun, ac ychydig yn Llambed, ond wrth ddychwelyd i Lundain ym mis Medi roedd y dasg o ddod o hyd i fflat newydd yn ein hwynebu. Profiad go ddiflas fu hynny, wrth i ni chwilio yn y papurau ac yna canfod bod y fflat wedi'i gosod. Am rai wythnosau buom yn byw gyda Dai Rhys Daniel a'i chwaer Bessie, ewythr a modryb i Bethan a gadwai siop a rownd laeth yn Pimlico. Hefyd, bu'n rhaid inni dreulio peth amser mewn gwesty yn Ilford. O'r diwedd cawsom fflat yn South Woodford. Roedd y fflat yn dderbyniol, ar wahân i'r ffaith mai rhyw estyniad a tho sinc iddo oedd y stafell molchi, a allai fod yn ddifrifol o oer yn y gaeaf. Byddem yn mynd i'r West End yn gyson ar y Sadwrn i weld ffilmiau fel y *Seventh Seal, Wild Strawberries, Kanal, Battleship Potemkin,* ac *Ivan the Terrible* yn sinema'r Academy. Byddem hefyd yn mynychu Studio 1 a 2 yn Oxford Circus a oedd yn eiddo i Syr David James, Pantyfedwen. Yn ddiweddarach bûm yn ymddiriedolwr ar y gronfa a sefydlwyd ganddo i helpu eglwysi a chapeli. Aem hefyd i'r Theatre Royal, Stratford East i weld perfformiadau fel *The Hostage, Fings Aint What They Used To Be*, a *Oh What a Lovely War*, wedi'u cyfarwyddo gan yr enwog Joan Littlewood.

Yn y cyfnod hwn byddai Cymry ifanc yn anelu at y capeli ar y Sul er mwyn ceisio cadw cysylltiad â gartre. Roedd digon ohonynt yn Llundain gan roi dewis eang. Felly, aethom gyntaf i gapel Methodistaidd Falmouth Road, lle roedd ewythr Bethan yn flaenor. Roedd y capel hwn yn boblogaidd gan bobol o Sir Aberteifi a fyddai'n ymwneud â busnesau llaeth. Weithiau, aem i Westminster Chapel i wrando ar Dr Martin Lloyd Jones yn pregethu yn Saesneg. Roedd hwnnw'n gapel enfawr, ond ar y Sul byddai'n llawn, wrth i gannoedd dyrru i wrando ar yr efengylydd o Langeitho. Yn y diwedd, roeddem yn mynd i gapel newydd Leytonstone, lle roedd Meic Parry'n weinidog. Erbyn heddiw mae nifer fawr o'r capeli wedi'u cau a'u gwerthu. Cofiaf fynd heibio capel Charing Cross beth amser yn ôl a gweld hysbyseb arno am 'Gay Tea Dance' ar brynhawn Sul. Heddiw, mae Caerdydd yn fwy o atyniad o lawer i'n pobol ifanc, a'r nifer sy'n mynd i ddinasoedd Lloegr wedi lleihau. Efallai fod hynny dipyn yn well yn y pen draw.

Caiff y pumdegau a'r chwedegau eu hystyried yn oes aur Cymry Llundain. Byddem yn ymgynnull ar nos Sul yn Hyde Park er mwyn canu emynau a Tawe Griffiths yn arwain. Yna, byddem yn croesi'r hewl a mynd i Lyons Corner House, Marble Arch am rywbeth i'w fwyta. Byddai Clwb y Cymry yn Grays Inn Road yn fwrlwm o fywyd, a Ryan a Rhydderch Jones, athrawon yn Croydon, yn hogi eu doniau yno. Roedd marchnad Petticoat Lane yn gyrchfan boblogaidd i ni ar fore Sul am nad oeddem yn byw yn rhy bell oddi yno. Dyma ble cefais fy mhrofiad cyntaf o fwyta *jellied eels*. Ni chefais flas anghyffredin arnynt wrth gofio am y llyswennod fu'n glynu gynt wrth y rhaeadrau ym Mhwllywrach.

Byddwn yn teithio o gwmpas Llundain yn aml gan y byddai aelodau o'r teulu'n ymweld yn gyson, mor aml fel y gallaswn fod wedi cynnig am swydd fel tywysydd yn y ddinas. Mae map y tiwb yn dal i fod ar fy nghof ynghyd â daearyddiaeth y ddinas. Yn ystod ein cyfnod yn South Woodford bu etholiad cyffredinol a'r aelod seneddol dros Wanstead and Woodford oedd Winston Churchill. Roedd yn ei wythdegau ar y pryd ond yn mynnu sefyll unwaith eto am y sedd. Cofiaf ei weld yn cael ei yrru o gwmpas yr etholaeth mewn car agored a chot ffwr fawr amdano yn rhoi'r 'V Sign' enwog ac yn smocio'i sigâr. Bu Bethan yn helpu rhai o'i chydathrawon i lenwi amlenni yn swyddfa'r Blaid Lafur, ond ofer fu eu hymdrech, gan mai Churchill enillodd. Roeddwn yn rhy barchus erbyn hynny i weiddi 'Bw' fel y gwnaethom fel plant yn Neuadd y Waun adeg y rhyfel.

Dychwelyd i Gymru

ER BOD YNA swyn arbennig yn perthyn i Lundain, dyheu am ddychwelyd i Gymru wnâi Bethan, a chafodd swydd yn Ysgol Ramadeg Rhymni, Sir Fynwy i ddysgu Saesneg. Yn y cyfamser roeddwn i, drwy anogaeth yr Athro Thomas Jones, wedi mynd ati i gwblhau fy nhraethawd MA. Bûm yn ei ysgrifennu gyda'r nos ac yn ystod gwyliau'r haf ac o'r diwedd llwyddais i'w gwblhau. Awgrymodd yr Athro fy mod yn ei anfon ato ef. Ymhen mis roedd wedi'i gywiro, a hyd yn oed wedi sicrhau bod yr atalnodi'n gywir, un o'm gwendidau, gan ddychwelyd y cyfan i mi. Er nad oedd Gwenallt wedi bod fawr o help a heb ddangos unrhyw ddiddordeb, fe bwdodd am i mi anfon y traethawd at Tom Jones. Roedd yn dal yn flin am mai ef gafodd y Gadair Gymraeg wedi ymddeoliad T H Parry-Williams. Pan ofynnais iddo am dystlythyr ymhen tipyn, cefais nodyn byr yn dweud, 'Gofynnwch i Tom Jones'. Efallai fod hynny'n ddealladwy dan yr amgylchiadau.

Fe gynigiais am swydd ym Merthyr Tydfil, i ddysgu Cymraeg fel ail iaith yn Ysgol Fodern Georgetown. Clywais wedyn y byddai honno wedi bod yn dasg anodd a digalon. Ond yn ystod y cyfweliad, fe gynigiodd Y Cyfarwyddwr Addysg, Andrew Davies, swydd i mi oedd newydd ymddangos yn Ysgol Ramadeg Sirol Merthyr Tydfil. Roedd hon yn ysgol ag enw da iawn, gan mai hi oedd yr *Intermediate School* gyntaf yn y dref. Derbyniais y swydd yn ddiolchgar i ddysgu Cymraeg a Hanes. Felly, byddai'r ddau ohonom yn dechrau yn ein swyddi newydd ym mis Medi, ond unwaith eto roedd yn rhaid cael lle i fyw. Ar

Llun o 'nhad a mam

Pentre'r Waun yn 1950
(edrych tua'r cross)

Neuadd Les Gwauncaegurwen (Hall y Waun)

Y Cadfridog Bernard Montgomery yn y steer pit yn 1947 i ddiolch i'r glowyr am eu gwaith yn ystod y rhyfel

Pwll-y-wrach (y *falls*)

Hen lun o Garreg Ffilfan a'r comin yn y cefndir

Capel Carmel

Band y Waun yn y
Wembley exhibition, 1925
(a 'nhad ar ben y rhes gefn)

Tîm rygbi Ysgol Ramadeg Pontardawe, 1950 (yn y rhes gefn, trydydd o'r chwith, a'r Archdderwydd
yn edrych dros fy ysgwydd)

Bethan ar y traeth tu allan i Alexandra Hall, 1955

Minnau'n ceisio edrych yn soffistigedig, Aberystwyth, 1955

Y llun cyntaf ohonom ni'n dau ar drip i Stratford

23263570 Sergeant Phillips

Pencampwyr rygbi saith bob ochr. Fi yw'r 'Cymro bach' yn y tîm

Priodi yng Nghapel Shiloh Llambed, Awst 1958

Teulu bach Pen-y-graig, Aberystwyth, 1967

Geraint yn Rhydychen

Catrin ym Mhrifysgol Sacramento

Noel Davies, Maer Llambed, yn cyflwyno arfbais y dref i Bethan wedi cyhoeddi ei chyfrol *Peterwell*

Capel Shiloh, Llanbed, yn anrhydeddu dau o'i awduron, y Dr Islwyn Ffowc Elis a Bethan

Bethan yn derbyn gwobr
Sianel 4 (Prydain) am ei
ffilm ar y Celtiaid drwy law
Lady Plowden yn 1994

John "No Cash" Phillips
DIRECTOR OF EDUCATION

Dyma sut y gwelwyd y
cyfarwyddwr addysg gan yr
athrawon ar adeg o gwtogi

Catrin, Dave, a Ffion yn faban. Fe'i ganwyd yn Seattle

Geraint, Manon a'r bechgyn ar eu gwyliau

Yr wyrion: Iestyn, Mabon, Siôn, Ffion ac Owain

Siôn Curwen yn eisteddfod fwdlyd Abergwaun

Crwydro'r maes yn eisteddfod Aberystwyth, 1992

Cynnal sgwrs â'r
cyn-gynghorydd
Hywel Teifi Edwards

Ym mhabell Cyngor Sir Dyfed.
Pwy yw hwnna?

Cymrawd o brifysgol Aberystwyth (fy hen goleg)

Yn agoriad Y Drwm. Cyfarfod â Sian Phillips, cyd-ddisgybl yn Ysgol Ramadeg Pontardawe

Ar un o deithiau
Twynog Davies
yng nghwmni
Islwyn Ffowc Elis

Brigad Dân Dyfed
yn gorymdeithio
drwy Ypres, 1995

Cynrychiolaeth o'r cyngor sir wrth fedd Hedd Wyn

Cael y profiad o eistedd yn sedd y peilot ar Concorde

Cadeirydd olaf Cyngor Sir Dyfed, Gethin Bennett yn cyflwyno llun o Eglwys y Mwnt gan Aneurin Jones i mi ar ran ei gyd-gynghorwyr

Y cynghorydd Howard Jones, arweinydd y grŵp Llafur, yn cyflwyno plât i mi yn nodi'r pyllau glo a gaewyd yng Nghymru wedi'r streic

Cyfarfod olaf Cyngor Sir Dyfed ym mis Mawrth 1996. Yr aelodau wedi ymgynnull y tu allan i Neuadd y Sir, Caerfyrddin

Llun a gyflwynwyd i mi yn 1974 gan aelodau'r Adran Addysg, Aberystwyth, o'r olygfa drwy ffenestr f'ystafell yn swyddfa'r sir: gan G Lawton

Skipper of Dyfed's £254m ship

HAIL TO THE CHIEF: County chairman Myrddin Evans congratulates John Phillips.

New man takes charge of 14,000

Education chief to run county

Penawdau o'r papurau newydd

ôl rhai wythnosau mewn fflat ddigysur yn Aberdâr yn drewi o rentokil, fe brynasom fwthyn bach yn Rhymni am £750. Mewn gwirionedd, dau dŷ teras wedi'u bwrw ynghyd oedd 1, Harvard's Row, a'r drws ffrynt yn arwain i'r stryd fawr. Pan fyddai lorïau'n pasio fe fyddai'r tŷ'n crynu. Ond eto roedd yn glyd ac fe fuom yn hapus iawn yno. Bu Brin, fy mrawd yng nghyfraith, yn fy helpu i godi garej, a phan oeddem wrthi'n palu'r ardd daeth carreg fedd Gymraeg i'r golwg. Hyd heddiw, nid oes gennyf syniad o ble y daeth.

Roedd olion o'r hen gymdeithas Gymraeg yn dal mewn bodolaeth yn Rhymni, er bod y dref o fewn Sir Fynwy, a chapeli a hyd yn oed eglwys Gymraeg yno. Yn ddiweddarach sefydlwyd yr ysgol Gymraeg gyntaf yn y sir yno. Gwnaeth Bethan ffrindiau da ymhlith rhai o staff ei hysgol a daethom yn gyfeillgar iawn â Doris Short, yr athrawes Gymraeg, a Trefor a Nesta Bell a gadwai'r Swyddfa Bost. Yn rhyfedd, y teuluoedd â'r cyfenwau Saesneg fel y Shorts, Moseleys a'r Worthingtons a ddaliai i siarad Cymraeg tra bod y Jones a'r Evans wedi'i cholli. Oes yna esboniad am hyn?

Byddai'n rhaid i mi yrru bob bore a nos dros Dowlais Top i Ferthyr, ac roedd hynny'n dipyn o siwrnai pan fyddai'r tywydd yn ddrwg. Dyma Siberia Cymru! Yn ystod yr haf roeddem wedi prynu Mini Minor bach gwyn, LEJ 636, ac yn ffodus fe basiodd y ddau ohonom y prawf gyrru ar yr un diwrnod yn Llambed. Ym mis Awst aethom yn syth ar daith i'r Alban gan gysgu'r noson gyntaf yn y mini ar ochr rhyw fynydd yn Ardal y Llynnoedd a'r ail mewn coedwig yn Ucheldir yr Alban. Braidd yn anghyfforddus fu hynny. Ond y noson ganlynol cawsom ein dychryn ganol nos gan sŵn anifeiliaid o bob math. Am bedwar o'r gloch y bore penderfynwyd gyrru'r holl ffordd i Gaeredin er mwyn aros mewn gwesty, ac yno y buom am rai diwrnodau. Felly, ni chawsom gyfle i ymweld â'r ynysoedd ac ni chefais gyfle i glywed yr Aeleg yn cael ei siarad.

Ar y cyfan roeddwn yn hapus iawn ym Merthyr am fod mwyafrif y staff yn siarad Cymraeg a'r plant yn alluog. Roedd awyrgylch yr Ysgol Ramadeg dipyn yn wahanol i'r Sec Mod yn Llundain ac yn ffodus nid oedd disgyblaeth yn dibynnu ar y gansen. Pleser hefyd oedd cymryd dosbarthiadau o blant a'r rheini'n awyddus i ddysgu. Prifathro braidd yn ecsentrig oedd yn yr ysgol. Athro ymarfer corff oedd Dr Lewis a lwyddodd i ennill ei gymwysterau fel myfyriwr allanol o Brifysgol Llundain. Siaradai ag acen a geirfa Merthyr Tydfil. Byddai'r ysgol yn gorffen am ddeuddeng munud wedi pedwar, am fod hynny'n rhoi digon o amser iddo ddal y trên gartref i Fynwent y Crynwyr. Yn ei ystafell roedd ganddo sêff enfawr a phan fyddai angen arian i fynd â'r tîm rygbi i chwarae, byddai'n mynd ati a throi'r clo'n drafferthus o araf. Ond wedi agor y drws roedd modd gweld y wal tu ôl, am nad oedd cefn i'r sêff. Eto roedd yn rhaid iddo fynd drwy'r holl rigmarol hyn bob tro. Fe gymerais ofal o'r ail dîm rygbi, ac yna pasiais arholiadau dyfarnwr Undeb Rygbi Cymru yn Rodney Parade fel y gallwn ddyfarnu'r gemau ysgolion ar ddydd Sadwrn.

Athro cerddoriaeth yr ysgol oedd yr anghymharol Glyn Jones a ddaeth yn enwog fel arweinydd Côr Pendyrys. Ar y pryd roedd Glyn yn byw gyda'i fam yn Nowlais ac wedi'i eni a'i fagu yno. Roedd ganddo farn bendant iawn ynglŷn â chanu corawl yng Nghymru ac nid oedd yn ffrind mawr i'r Eisteddfod Genedlaethol. O bryd i'w gilydd byddai ei syniadau'n taro'n groes i'r farn gonfensiynol, a gallai fod yn ddirmygus iawn o unrhyw un fyddai'n anghytuno ag ef. Bob blwyddyn byddai'n trefnu cyngerdd yr ysgol, ac er nad wyf yn meddu ar lais da byddwn yn cael fy ngorfodi i fod yn aelod o'r côr. Llwyddwn rywfodd i guddio ymhlith y tenoriaid. Byddai'r perfformiadau hyn yn y capeli lleol o safon uchel iawn a chenais mewn perfformiadau o'r *Greadigaeth*, y *Messiah* a'r *Requiem* gan Fauré, a daliaf i gofio rhai o'r geiriau o hyd. Yr unawdydd mewn un cyngerdd oedd athro ifanc o Gilfynydd, Stuart Burrows, a ddaeth wedyn yn denor byd enwog. Roedd Glyn yn dipyn o *showman* ac yn berchen ar Jaguar, ond gan amlaf ei *chauffer*, Eddie, fyddai'n gyrru hwnnw. Pan fyddai pawb yn eu seddau a'r côr yn ei le yn y capel, byddai Glyn yn gwneud ei ymddangosiad yn gwisgo clogyn du â leinin coch. Yn ei ddilyn byddai Eddie, i dderbyn y clogyn a'i blygu gan adael i Glyn ddringo i'w le ar y rostrwm. Cafodd Glyn yn ddiweddarach ei apwyntio'n Drefnydd Cerdd Cyngor Sir Gwent.

Er bod gennyf atgofion melys o Ferthyr, rhywfodd neu'i gilydd nid oeddwn am dreulio fy ngyrfa yn y dosbarth er i mi gynnig am rai swyddi pennaeth adran. Er fy mod erbyn hyn wedi ennill gradd MA, ni fûm yn llwyddiannus yn sicrhau swydd. Diolch am hynny, oblegid ym mhen ychydig amser daeth cyfle i adael y dosbarth a dilyn gyrfa fel gweinyddwr. Ym mis Ionawr 1963 cefais gyfweliad yn Neuadd Sir Morgannwg i fod yn Swyddog Addysg Bellach Aberdâr a Phontypridd. Yn y gadair roedd yr Henadur, wedyn yr Arglwydd, Llewelyn Heycock. Fe'm cyfarchodd â'r geiriau 'the ball is now in your court, Mr Phillips, you may kick off'. Er mawr syndod cefais gynnig y swydd i ddechrau ar y cyntaf o Ionawr yn gweithio fel swyddog addysg yn y cymoedd a'm swyddfa yn Aberdâr. Ymestynnai fy nhiriogaeth o Hirwaun i Gilfach Goch gan gynnwys Aberdâr, Aberpennar, Pontypridd, Ynysybwl, Beddau a Thonyrefail, trefi cwbl ddieithr imi ar y pryd.

Aberdâr

Roedd gaeaf 1963 yn un ofnadwy o oer a chafwyd eira trwchus iawn. Am tua chwech wythnos buom heb ddŵr yn y tŷ gan fod y pibau wedi rhewi. Cafodd nyrs ei dal gan eira yn ei char ar Dowlais Top a bu farw. Byddai'n rhaid i ni fynd bob penwythnos i'r Waun i gael bath a Bethan yn cario dŵr yfed o'r ysgol. Gan fy mod yn gyfrifol yn awr am ddosbarthiadau nos ac am y gwasanaeth ieuenctid byddai'n rhaid i mi weithio cryn dipyn gyda'r hwyr, felly roedd aros yn barhaol yn Rhymni yn amhosib. Erbyn hyn roedd Bethan yn disgwyl Geraint, ac fe benderfynwyd prynu byngalo newydd yn Llangors Road, Cwm-bach, Aberdâr. Roedd yna beth damprwydd yn y bwthyn yn Rhymni, a bu'n rhaid i ni ei werthu o'r diwedd i'r dyn a'i gwerthodd inni yn y lle cyntaf. Cawsom £650 amdano sef colled o gan punt. Cafodd Bethan amser go galed wrth iddi ddisgwyl Geraint a byddwn yn gorfod gyrru'n aml i Bontlotyn i mofyn cyw iâr a chips iddi. Mae dewis menyw feichiog o fwyd yn gallu bod yn hynod. Nid oedd y ffaith 'mod i'n gorfod bod allan gyda'r nos, ac yn treulio wythnos bob hyn a hyn ar gyrsiau yn Dyffryn House, o help wedi i ni symud i Aberdâr.

Ar un achlysur euthum â pharti o ieuenctid Sir Forgannwg allan i Prague ar adeg pan oedd y comiwnyddion yn rheoli Czechoslovakia. Ymwelwyd â Lidice, y pentre a ddifrodwyd gan yr Almaenwyr wedi i Heydrich gael ei ladd. Saethwyd y dynion i gyd ac anfonwyd y gwragedd a'r plant i wersylloedd. Yn ystod y rhyfel gwnaed y ffilm, *The Silent Village*, i gofio am Lidice, ym mhentref Cwmgïedd yng Ngwm Tawe, a'r pentrefwyr wnaeth chwarae llawer o'r prif rannau. Byddai partïon o Prague yn ymweld â Sir Forgannwg gan aros yn Dyffryn House, ond daeth yr ymweliadau i ben pan wrthododd rhai o'r bobol ifanc ddychwelyd.

Yng nghlwb ieuenctid Trefforest byddent yn dal i siarad am Tommy Woodward, sef Tom Jones y canwr, a fu'n aelod yno. Cofiaf hefyd weld Iris Williams yn aelod o glwb Cwmlai yn Nhonyrefail a'i chlywed yn canu yn Eisteddfod Ieuenctid Morgannwg. Mae hithau erbyn hyn yn Efrog Newydd a'i fersiwn o 'Pererin wyf' yn dal i'n swyno. Treuliwn gryn dipyn o amser yn Dyffryn House ac ar un cwrs bu'n rhaid imi fynd â Jack Jones, y nofelydd o Ferthyr, am beint amser cinio. Roedd gwrando arno'n traethu yn nhafodiaith Merthyr ac yn sôn am ei fywyd yn brofiad arbennig.

Bu'n rhaid i Bethan roi'r gorau i ddysgu ar ôl geni Geraint yn ysbyty Aberdâr. Roeddwn yn ffodus iawn ar ôl symud o Rymni ein bod yn gallu taro am benwythnosau i'r Waun. Bu Mam, Bryn a Jennice yn gefn mawr i Bethan a minnau, a bu'r Waun fel ail gartref i Geraint a Catrin yn ystod eu plentyndod. Er bod Aberdâr ar y cyfan yn dref ddigon pleserus ac yn cael yr enw 'Sweet Berdare' nid oedd Bethan yn rhy hapus â'r ffaith 'mod i'n gweithio cymaint gyda'r nos ac ar y penwythnosau. Ar ôl dwy flynedd dechreuais geisio am swyddi gweinyddol eraill. Roedd yna gryn ganfasio ym Morgannwg, a theyrngarwch at blaid arbennig yn dipyn o fantais. Nid oeddwn yn gyfforddus â hynny. Nid yn gymaint o safbwynt egwyddor, ond roedd meddwl am gnocio drws cynghorydd dieithr a gofyn am ei bleidlais yn dasg anodd imi. Deuthum ar y rhestr fer am ddwy swydd yn Neuadd y Sir, Caerdydd, ond aeth un i brifathro oedd yn ysgrifennydd y Blaid Lafur leol a'r llall i fab un o'r cynghorwyr. Ond yn aml, gall rhywun fod yn lwcus am na chawsai swydd arbennig, ac felly y bu yn fy achos i.

Roeddem ein dau yn dal i hiraethu am Aberystwyth ac fe ymgeisiais am swydd yn y coleg fel trefnydd apêl am arian. Cefais gyfweliad gan y Prifathro Thomas Parry, ond fe welodd yn go fuan nad oedd deunydd casglwr arian ynof ac ni chefais gynnig y swydd. Er ei fod yn edrych braidd yn swrth ar adegau, bu'n hynod o bleserus yn ystod y cyfweliad. Sylweddolodd nad oedd y gŵr o'i flaen yn mynd i gyfoethogi'r coleg, a threuliwyd yr amser yn trafod erthygl ar 'y Ddiwinyddiaeth Newydd' yr oeddwn wed'i chyhoeddi ychydig ynghynt. Mae fy niolch iddo am beidio â fy apwyntio'n dal hyd heddiw, oherwydd yn fuan wedyn hysbysebwyd swydd Dirprwy Gyfarwyddwr Addysg Sir Aberteifi.

Ceisiais amdani ac ar ddiwrnod crasboeth ym mis Mehefin 1965, ymddangosais gerbron holl aelodau'r Pwyllgor Addysg, y 66 ohonynt, yn Aberaeron. Yn Saesneg y cynhaliwyd y cyfweliad! Rwy'n siŵr bod cysylltiadau Bethan â'r sir wedi bod o help ac er mawr lawenydd i ni'n dau cefais gynnig y swydd. Bûm yn lwcus nad oedd yna ymgeisydd mewnol. Mae'n debyg bod dau o'r prifathrawon amlycaf lleol, sef John Morris, Penparcau, a Ceiriog Evans, Alexandra Road, Aberystwyth, wedi ystyried cynnig amdani. Ond roedd y ddau dan y camargraff bod y llall yn mynd i gynnig ac yn y diwedd ni wnaeth yr un ohonynt gyflwyno cais. Petaent wedi cynnig fe fyddai un ohonynt yn sicr wedi cael y swydd. Felly, cawsom gyfle i ddychwelyd i Aberystwyth ac i ni'n dau roedd hynny fel petaem yn dychwelyd i baradwys.

Roedd Dr John Henry Jones, y Cyfarwyddwr Addysg, yn ysgolhaig clasurol galluog iawn â graddau dosbarth cyntaf mewn Lladin a Groeg. Yn ystod fy mlwyddyn anrhydedd, roedd Gwenallt wedi dewis astudio cyfieithiadau ganddo o waith Rilke, y bardd o'r Almaen, fel rhan o'r cwrs. Yn ystod y rhyfel bu'n un o'r bobol a weithiai yn Bletchley Park yn torri codau cyfrinachol yr Almaenwyr. Un o'r rhain oedd yr 'Enigma Code', a alluogodd Prydain i ddiddymu perygl yr *U Boats*. Ond ni chlywais ef erioed yn sôn am hynny gan ei fod wedi arwyddo'r *Official Secrets Act*.

Gan fod disgwyl i mi ddechrau ar fy ngwaith ym mis Medi, roedd yn rhaid gwerthu'r byngalo yn Aberdâr a phrynu tŷ newydd. Felly, am ryw naw mis bu'n rhaid i mi letya yn Aber a dychwelyd i Aberdâr bob penwythnos. Bu Bethan a Geraint yn byw mewn fflat yn y Borth am rai wythnosau, ond nid yw'r Borth yn lle delfrydol iawn ym misoedd y gaeaf ac aethant yn ôl i Aberdâr. Roedd gennym gymdoges dda yno, a fu'n barod iawn i roi help llaw gyda Geraint. O'r diwedd penderfynwyd prynu tŷ newydd ym Mhenygraig, Aberystwyth. Roedd hwn uwchben y dref, a golygfeydd hyfryd o'r arfordir o Ynys Enlli i Sir Benfro. Roedd ein cwpan yn llawn.

Yn ôl i Aberystwyth

YM MIS MAI 1966, symudon ni o Aberdâr i Aberystwyth gan ddechrau ar gyfnod o ddeng mlynedd hapus iawn. Roedd ein cymdogion ar y cyfan yn gyplau ifanc a chanddynt blant, llawer yn gweithio yn y coleg. Pan symudodd Mared Kirkman, ffrind ysgol i Bethan, a'i gŵr Dafydd, i fyw yno, ychwanegwyd at ein pleser. Roedd Dafydd yn ddarlithydd yn Adran Addysg y coleg, a gwnaeth gyfraniad mawr i ddysgu Mathemateg drwy gyfrwng y Gymraeg. Roedd Bethan yn disgwyl Catrin erbyn hyn a chafodd hi ei geni yn ysbyty Bronglais Aberystwyth ar y 30 o Orffennaf, 1966. Cofiaf mai cyfnod Cwpan y Byd oedd hi, er nad oedd gennyf gymaint â hynny o ddiddordeb mewn pêl-droed ar y pryd.

Ar ôl gadael Bethan yn yr ysbyty euthum adref, ac erbyn i mi ffonio'r bore canlynol roedd Catrin wedi cyrraedd. Ar y pryd doedd fawr o groeso i dadau yn ystod genedigaethau. Bwrais ati'n syth yn fy ngwaith yn Sir Aberteifi, gan fwynhau'r profiad o fynychu cyfarfodydd yn Nhregaron, Aberaeron, Llandysul, Llambed ac Aberteifi. Roedd yn rhyfeddol cael cyfrifoldeb am gymaint o ysgolion bach y wlad, a phleserus hefyd gweld mai ysgolion Cymraeg oedd llawer iawn ohonynt. Cadwyd ystadegau manwl o'r sefyllfa ieithyddol ym mhob ysgol gynradd yn Sir Aberteifi wedi 1945, ac fe geisiais innau barhau hynny wedyn yn Nyfed. Yn 1961 yn yr ardaloedd gwledig fel Llandysul, Llambed a Thregaron roedd dros 90% o blant ysgolion cynradd yn gallu'r Gymraeg a'r mwyafrif helaeth yn dod o gartrefi â'r ddau riant yn ei siarad. Ond yn ystod y blynyddoedd dilynol cafwyd erydiad cyson wrth i fewnfudo gael effaith. Fe ddywedais unwaith mewn erthygl:

Os yw Cyfarwyddwr Addysg am gael bywyd esmwyth peidied â gwneud tri pheth:

1) peidied â chau ysgol wledig.
2) peidied â sefydlu polisi iaith.
3) peidied â sefydlu ysgol Gymraeg newydd.

Yn ystod y pymtheg mlynedd a dreuliais fel Cyfarwyddwr Addysg methais ag osgoi yr un o'r rhain.

Roedd gan bob ardal bwyllgor addysg lleol, a gofynnodd y cyfarwyddwr imi fynd i bwyllgor Tregaron i ofyn am ganiatâd i gau ysgol Castell Fflemish. Ar y pryd pump plentyn yn unig oedd ar y gofrestr. Yn fy naïfrwydd credwn na fyddai fawr o wrthwynebiad cau ysgol mor fach â hynny, ond nid felly y bu. Ar y pwyllgor roedd y Cynghorydd Mari James, Llangeitho, Miss Cassie Davies a'r bonheddwr gwerinol Dafydd Edwardes. Bu'n rhaid i mi ddychwelyd i Aberystwyth heb gael unrhyw fath o gytundeb. Cafwyd yr un dadleuon a glywais droeon wedyn, bod yna nifer yn disgwyl plant o fewn y dalgylch, neu bod yna dai newydd ar fin cael eu codi. Felly, nid oedd cau'r ysgol i'w ystyried, hyd yn oed un mor fach â hynny, ac yn y diwedd y rhieni fynnodd symud eu plant i ysgol arall cyn cau'r ysgol.

Mae'n rhaid cydnabod ei bod yn drist gweld ysgol fu'n gwasanaethu pentref am flynyddoedd yn gorfod cau. Y ddadl fynychaf yw bod gweithred o'r fath yn lladd calon y pentref, ond y gwir dristwch yw bod y dirywiad cymdeithasol eisoes wedi digwydd ac nad yw'r pentref mwyach yn gallu cynnal ysgol. Er bod cost cynnal nifer o ysgolion bach iawn yn gallu bod yn dreth ar yr awdurdod addysg, ni fyddai Dyfed 'mhen blynyddoedd yn ystyried eu cau nes iddynt fynd yn ysgolion un athro. Yn fynych iawn fe fyddem yn cael ein beirniadu'n llym gan y Swyddfa Gymreig am fod gormod o leoedd gwag yn ein hysgolion. Pan oedd Hywel Teifi yn aelod o'r Pwyllgor Addysg bu'n rhaid iddo dderbyn bod ysgol Aberarth yn cau ar ôl i nifer y plant syrthio i wyth. Ond roedd y profiad yn un chwerw iawn iddo. O safbwynt economaidd roedd cynnal pob ysgol fach yn ddrud, a mynnai rhai y byddai'n rhatach anfon y plant i Eton. Ar y llaw arall, roedd yn anodd dadlau nad oedd yr ysgolion gwledig hyn yn cynnig addysg dderbyniol. Er y nifer o ysgolion bach, roedd Sir Aberteifi ar un adeg yn cystadlu â siroedd fel Surrey am y canran o'r plant fyddai'n mynd i brifysgolion.

Yn Gymraeg y cynhaliwyd cyfarfodydd Llywodraethwyr Ysgol Tregaron fel y disgwylid gyda Mari James a Cassie Davies yn aelodau, ond yna daeth tro ar fyd. Etholwyd Major Rhidian Llewellyn i gynrychioli Pontrhydfendigaid ac nid oedd ganddo air o'r iaith. Roedd yn briod â Lady Honor o deulu Lisburne, Trawscoed, ac yn frawd i Syr David Llewellyn, perchennog y ceffyl Foxhunter a thad Roddy, ffrind y Dywysoges Margaret. Felly bu'n rhaid i mi baratoi cyfieithiad o'r cofnodion yn Saesneg er ei fwyn e. Hefyd bu'n rhaid cynnal y cyfarfodydd mwy neu lai yn yr iaith honno, er bod hynny'n groes i'r graen i lawer o'r llywodraethwyr. Ar y pryd, roedd diboblogi yn dechrau dod yn broblem yn y sir, yn enwedig o fewn ardal Tregaron. Cafwyd trafodaeth ar hyn yn y cyngor sir a chyflwynodd Major Llewellyn gynnig yn awgrymu y dylid gwahodd mewnfudwyr o India a Phacistan i symud i'r ardal. Ar y pryd roedd mewnfudo yn bwnc llosg, yn enwedig yn dilyn araith Enoch Powell yn rhybuddio y byddai agor y drysau yn arwain at ganlyniadau gwaedlyd. Felly, talwyd cryn sylw i gynnig y Major yn y papurau, hyd yn oed y tu hwnt i Glawdd Offa.

Nid oedd croeso i'r cynnig yn ardal y Bont a throdd pethau'n gas. Un noson torrwyd ffenestri Brynreithin, cartref y Major, ond ni ddaliwyd y rhai fu'n gyfrifol. Gan fod y cynnig wedi'i gyflwyno bu'n rhaid cynnal cyfarfod o'r cyngor sir yn Aberaeron i'w drafod. Fe ddaeth gohebwyr o bapurau cenedlaethol fel y *Daily Express* i'r cyfarfod. Ond fel y disgwyliwyd roedd y cynnig gam yn rhy bell i gynrychiolwyr y Cardis ac yn naturiol fe gafodd ei wrthod. Yr unig ddwy bleidlais o blaid oedd un y Major a'i eilydd. Trafodwyd y mater hefyd gan Gyngor Dosbarth Tregaron a daethpwyd i'r casgliad y byddai'r cynnig, wrth geisio ateb problem y diboblogi, yn creu hyd yn oed fwy o broblemau yn y pen draw.

Er hynny, parhau roedd y broblem, a gwelwyd nifer y disgyblion yn Ysgol Uwchradd Tregaron yn gostwng o dan y tri chant. Mae'n dal yn broblem heddiw, a bu'n rhaid uno'r ysgolion cynradd a'r uwchradd i greu Ysgol Henry Richard a diddymu'r chweched dosbarth. Daeth y prifathro Glyn Ifans ag awgrym gerbron y llywodraethwyr. Gan fod yr ysgol yn y Fro Gymraeg tybed a fyddai siroedd fel Morgannwg yn barod i anfon dysgwyr yno petai'r ysgol yn cynnal uned breswyl. Roedd y syniad wrth fodd Cassie Davies a Mari James. Felly, gofynnwyd i mi gysylltu â'r Cyd-Bwyllgor Addysg er mwyn rhoi'r cynllun gerbron aelodau'r corff hwnnw. Trefnwyd i anfon dirprwyaeth yn cynnwys Mari James, Cassie Davies, Glyn Ifans a minnau i Gaerdydd. Cadeirydd y Cyd-Bwyllgor oedd Llewelyn Heycock a chawsom gyfle ganddo i sôn am y cynllun. Yn anffodus, ni dderbyniwyd y syniad gan y siroedd eraill a gwrthodwyd y cais.

Roedd newidiadau mawr eraill ar ddigwydd yn y Fro Gymraeg yn ystod y saithdegau a'r wythdegau. Daeth yn ffasiynol i rai o drigolion dinasoedd Lloegr chwilio am fywyd amgen a throi eu golygon at ardaloedd fel Tregaron. Yno, roedd modd prynu tai a ffermydd bach yn weddol rhad a chyfle iddynt geisio bod yn hunangynhaliol. Cyhoeddodd gŵr o'r enw John Seymore lyfr yn annog ei ddilynwyr i symud i ardaloedd gwledig fel gorllewin Cymru i fyw bywydau o'r fath. Yn dilyn hynny cafodd mewnfudo gryn ddylanwad ar sefyllfa ieithyddol yr ysgolion cynradd ac uwchradd.

Ar draws Sir Aberteifi 44% o blant cynradd oedd â'r Gymraeg yn iaith gyntaf iddynt yn 1960. Roedd Aberystwyth yn gostwng y canran hwn gryn dipyn. Ond yn yr ardaloedd gwledig fel Tregaron roedd y sefyllfa'n galonogol iawn fel y dengys yr enghreifftiau hyn. Ond erbyn 1979 roedd y sefyllfa wedi newid yn llwyr:

Plant cynradd oedd â'r Gymraeg yn iaith gyntaf iddynt yn 1960		Plant cynradd oedd â'r Gymraeg yn iaith gyntaf iddynt yn niwedd y 70au Arolwg Pwyllgor Addysg Dyfed
Bwlchllan	100%	54%
Llanddewibrefi	100%	49%
Pontrhydfendigaid	95%	75%
Ysbyty Ystwyth	91%	52%
Penuwch	80%	48%
Swyddffynnon	100%	39%
Lledrod	100%	56%

Felly, dros gyfnod o ugain mlynedd roedd y darlun yn edrych yn hollol wahanol. Mae ysgol Penuwch yn enghraifft ddiddorol oblegid symudodd nifer o 'hipis' o Loegr i'r ardal yn ystod y cyfnod hwn. A chymryd dalgylch Tregaron yn gyfan gwbl, yn 1960 roedd cyfanswm o 85% o'r plant yn dod o gartrefi â'r Gymraeg yn iaith yr aelwyd. Ymhen ugain mlynedd roedd hwn wedi syrthio i 58%. Bu yma gyfuniad rhyfedd o fewnfudo ar y naill law a diboblogi ar y llaw arall. Yn nalgylchoedd yr ysgolion uwchradd eraill gwelwyd yr un math o ostyngiad, ac yn yr ardaloedd glan y môr roedd y ffigwr dipyn yn is. Yn ysgolion cynradd dalgylch Aberteifi y ffigwr oedd 38% ac yn Aberaeron 54%. Erbyn hyn go debyg oedd y sefyllfa mewn ardaloedd gwledig fel Llandysul a Llambed. Roedd yn amlwg bod y sefyllfa'n anodd iawn i brifathrawon yr ysgolion bach, a bod angen cymorth arnynt a pholisi iaith newydd.

Oherwydd y sefyllfa penderfynwyd apwyntio Trefnydd Iaith, a Dave Williams gafodd y swydd. Nid oedd gan y Pwyllgor Addysg bolisi iaith fel y cyfryw ac mewn gwirionedd nid oedd angen un oblegid ar un adeg y Gymraeg oedd iaith naturiol mwyafrif helaeth yr ysgolion gwledig. Yn mis Mai daeth Dave Williams â'i adroddiad cyntaf i'r Pwyllgor Addysg. Dangosodd bod mil yn llai o blant yn ysgolion cynradd y sir â'r Gymraeg yn iaith gyntaf iddynt o'u cymharu â deng mlynedd cyn hynny. Bu hynny'n sioc aruthrol i'r aelodau. Gan nad oedd offer cyfieithu ar gael y pryd hwnnw Saesneg oedd iaith y cyngor ond roedd mwyafrif y cynghorwyr yn Gymry Cymraeg da. Ar y Pwyllgor Addysg roedd carfan o selogion yr iaith gan gynnwys cynghorwyr fel y Parch Tegryn Davies, y Parch Edwin Pryce Jones, y Parch Idris Evans ac wrth gwrs, Mari James. Hefyd wedi'u cyfethol roedd Cassie Davies, y cyn-Arolygydd Ysgolion, A D Lewis, prifathro Ysgol Ardwyn a T Llew Jones, prifathro Coed-y-bryn. Yn dilyn yr adroddiad cafwyd y pennawd hwn mewn llythrennau bras ar dudalen flaen y *Cambrian News* yr wythnos wedyn.

1000 FEWER PUPILS WITH WELSH AS THEIR FIRST
LANGUAGE IN CARDIGANSHIRE SURVEY REPORTS

Galwyd am gyfarfod brys o'r Pwyllgor Addysg i drafod y sefyllfa. Roedd Undeb Cymru Fydd eisoes wedi mynegi pryder ynglŷn â'r mewnlifiad i'r ysgolion gwledig. Galwodd y trefnydd, Gwilym Tudur, am ganolfannau i ddysgu'r iaith i blant y newydd ddyfodiaid. Cafodd ei syniad ei grybwyll hefyd yn y *Cambrian News* dan y pennawd,

Crash Course For English Immigrants
English will overwhelm the Welsh language in the most Welsh areas.

Bu trafodaeth frwd ar y sefyllfa mewn cyfarfod arbennig o'r Pwyllgor Addysg. Cofnodwyd rhai o'r cyfraniadau yn y papur newydd. Yn ôl Cassie Davies, 'It is a perilous situation, but it was not so hopeless that they could do nothing. It was a challenge to them.' Dangosai'r ystadegau bod llawer o blant o gartrefi â'r ddau riant yn siarad Cymraeg, eto Saesneg oedd eu hiaith gyntaf. Cythruddodd hynny A D Lewis. 'Why are children with two Welsh speaking parents not Welsh-speaking? Unless the parents do not wish to keep what they themselves have got.' Cyfeiriodd T Llew Jones at y sefyllfa yn Ysgol Rhydlewis, 'Rhydlewis School has become an English-speaking school in a matter of five years.'

Nid oedd pawb yn gefnogol, serch hynny, fel y gwelir yn y sylw hwn gan y meddyg teulu, Ambrose Lloyd, y cynghorydd newydd o Lambed:

> There is a political element regarding the Welsh language. In fact we should be more concerned about English. I know a child who could write a letter in Welsh but not in English.

Mynnodd y Parch Pryce Jones, 'The teaching of Welsh should not depend on the goodwill of teachers' ac fe gynigiodd, 'that a policy be drawn up for the whole of the county.' Dyma gytunwyd, ac fe ofynnwyd i'r Cyfarwyddwr Addysg ddod â pholisi sirol i'r pwyllgor addysg nesaf. Wrth ei gyflwyno dywedodd y Cyfarwyddwr y geiriau proffwydol hyn, 'a stronghold like Cardiganshire could easily become a frontline of the language battle'. Felly, penderfynodd y pwyllgor fabwysiadu'r polisi hwn ar gyfer y Sir.

> Declaration Of Policy On Language
> The County Education Authority has declared firmly in favour of a bilingual policy in its schools. This aims at producing pupils who have a reasonable facility in both English and Welsh by the time they leave the primary school.

Roedd hyn yn gydnaws ag argymhellion Pwyllgor Gittins a oedd newydd ymddangos. Mynnodd hwnnw mai dwyieithrwydd oedd y nod o fewn ysgolion Cymru, 'since it is the Welsh language in large measure which gives Wales its own peculiar identity'.

Cafwyd adroddiad llawn ar y drafodaeth yn y Pwyllgor Addysg yn y *Cambrian News* ar yr 8fed o Dachwedd, 1968.

Mewn llythrennau bras cafwyd y geiriau hyn ar y dudalen flaen:

County Decides on Bilingualism for all its Schools

Darllenwyd llythyrau yn y pwyllgor oddi wrth y Cardiganshire Association of Teachers and Parents ac Undeb Cymru Fydd yn cefnogi, ond yn rhifyn nesaf y *Cambrian News* dechreuodd y llythyrau o brotest ymddangos. Yn ystod yr wythnosau nesaf cynyddodd y rhain. Yn ôl Gwilym Tudur roedd Sir Aberteifi yn rhoi arweiniad i'r siroedd eraill ond i amryw o'r gwrthwynebwyr roedd polisi gorfodol o'r fath yn torri ar draws hawliau rhieni. Ymddangosodd llythyr wedi'i arwyddo gan ddwsin o famau yn mynnu nad oedd y llythyr uchod ar ran y rhieni ac athrawon yn cyd-fynd â'u safbwynt hwy.

We regard the claim to be speaking on behalf of the parents of Cardiganshire children to be completely bogus.

Ymhlith yr enwau roedd enw un o'n cymdogion agosaf ni. Y pryder mwyaf ymhlith rhai oedd y gorchymyn bod y Gymraeg i'w chyflwyno yn y dosbarthiadau meithrin a babanod. Cadeirydd cymdeithas Athrawon a Rhieni'r Sir oedd Cynog Dafis ac mewn llythyr credai ef fod hynny'n gam pwysig ymlaen:

One thing is certain; a new life for the Welsh language lies in the infant and nursery schools of the Principality.

Mynnodd Millicent Gregory, un o gefnogwyr dysgu'r iaith yn Aberystwyth ac athrawes Gymraeg ar un adeg yn Ysgol Padarn Sant:

It is amusing and at the same time a little sad to think of parents spending so much time and energy deprecating the County's Bilingual Policy while their children are learning Welsh with enthusiasm and enjoyment.

Ond fel y proffwydodd Dr Jones, y Cyfarwyddwr, arweiniodd y polisi at brotestio ffyrnig ymhlith rhai rhieni yn enwedig o blith carfan yng Ngholeg y Brifysgol yn Aberystwyth. Teimlent fod y Gymraeg yn cael ei gwthio ar eu plant. Dyma flas o sylwadau gan aelodau o staff y coleg:

A language should survive by enjoyment and by the infectious enthusiasm of those who speak and love it. Compulsion is the kiss of death.

Dyma farn un o'r prif wrthwynebwyr:

Sentimental considerations apart, the choice before us is clear; to create an inward looking isolationism and largely peasant society as the price of a compulsory language policy, or to share in the benefits of twentieth century standards of living.

Gofynnodd un llythyrwr dienw a arwyddodd y llythyr fel 'Primary Teacher and Parent':

Is the Cardiganshire Education Committee for or against education? It is difficult to tell, but it is abundantly clear, however, that their policy is 'Suffer little children to come to us'... but Welsh speakers only.

Siom i lawer oedd deall mai Dr John Hughes, meddyg teulu uchel ei barch yn Aberystwyth, a siaradwr Cymraeg, oedd un o brif arweinwyr y Language Freedom Movement a ffurfiwyd i wrthwynebu'r polisi. Bu yn feddyg i fyfyrwyr y Coleg ac fe aeth benben â Syr Thomas Parry pan wrthododd ddatgelu enwau merched beichiog yn y coleg. Fe gafodd ei ddiswyddo am hynny. Ond yn awr y Gymraeg oedd yn ei boeni. Mynnodd fod gwthio'r Gymraeg ar blant bach yn gallu bod yn andwyol i'w hiechyd.

Roedd Elystan Morgan eisoes wedi cymeradwyo argymhellion Gittins ynglŷn â'r iaith yn y senedd ond mewn cyfarfod yn Llambed gofynnwyd am ei farn ynglŷn â pholisi iaith y sir, a chafwyd y pennawd hwn yn y *Cambrian News*.

M.P. SUPPORTS COUNTY'S LANGUAGE POLICY

Mr. Morgan stated that he supported it and went on to say, 'For the Welsh Language to die it is only necessary for us to take a less than active part to revive it'.

Yn y sefyllfa anodd hon o fewn ei etholaeth roedd ei gefnogaeth ef i'w chroesawu. Yn seremoni agor ysgol newydd y Borth pwysleisiodd bwysigrwydd y Gymraeg ac yn ôl y *Cambrian News*:

In emphasising the deep importance of the Welsh language, Mr Morgan said that if it was not for this leading force Wales would become a mere playground for trippers from the industrial conurbations.

Roedd rhain yn eiriau go fentrus mewn pentref â chyfran helaeth o'r trigolion â'u gwreiddiau yng nghanolbarth Lloegr a dim ond chwech o blant yn yr ysgol â'r ddau riant yn siarad Cymraeg.

Yn ystod y cyfnod hwn rhoddodd George Thomas, Ysgrifennydd Cymru, anerchiad yn Aberystwyth ac fe'i cyflwynwyd i'r gynulleidfa fel un oedd yn dysgu Cymraeg. Roedd yn hysbys ers tro nad oedd ganddo fawr o amynedd at yr iaith a'i ateb ef i gwestiwn am y polisi oedd, 'It would be a tragedy if it divided people.' Collodd ei dymer, serch hynny, pan gododd rhywun gan awgrymu mai peth rhyfedd oedd ei fod ef ddim wedi dysgu Cymraeg tra bod y Tori, Enoch Powell, yn gallu ei siarad.

Roedd pethau'n anodd i minnau ar lefel bersonol oblegid roedd amryw o'n cymdogion ym Mhenygraig yn erbyn y polisi. Dioddefodd Bethan hefyd gan fod rhai o'i ffrindiau yn cwyno wrthi am effaith posibl y Gymraeg ar eu plant. Yn y cyfnod hwn roedd Aberystwyth yn ganolbwynt i frwydr y Gymraeg ers y brotest ar Bont Trefechan ac ymgyrchoedd Cymdeithas yr Iaith. Gan fod llys yr ynadon yn Swyddfa'r Sir gwelwyd y gwrthdaro'n aml rhwng yr heddlu a'r protestwyr. Cofnodwyd un achos diddorol yn y *Cambrian News* yn ymwneud â'r Free Wales Army. Y pennawd oedd *Police Deny Beating Up Free Wales Army Man.* Gerbron y Llys roedd Julian Caeo Evans, un o arweinwyr y mudiad. Cafodd ei gyhuddo o ddifrodi un o geir yr heddlu drwy arllwys tywod i'r tanc petrol. Gwadodd y cyhuddiad. Ond fe ddaeth ef ag achwyniad yn erbyn yr heddlu. Mynnodd fod un ohonynt wedi'i daro ar ei wyneb a'i ddwrn wrth ei arestio. Cafwyd Caeo'n euog o'r drosedd ond yn ôl yr ynadon nid oedd digon o dystiolaeth yn erbyn yr heddlu. Cafodd ddirwy go drom.

Ond fel gyda'r rhan fwyaf o brotestiadau tawelodd pethau mewn amser pan sylweddolwyd nad oedd y pwyllgor addysg am ildio, neu nes bod materion eraill ynghlwm â'r iaith yn ymddangos. Fe dderbyniwyd y polisi iaith hwn heb fawr o wrthwynebiad gan Gyngor Sir Dyfed yn 1974 ar gyfer yr ysgolion ar wahân i'r rhai yn 'Little England beyond Wales'.

Datblygiadau Newydd

CEFAIS GRYN DIPYN o gyfrifoldeb gan y Cyfarwyddwr Addysg ac roeddwn yn gwerthfawrogi hynny. Croesawais y cyfle i fod yn gyfrifol am ddatblygiad y campws yn Llanbadarn ar gyfer Coleg Llyfrgellwyr Cymru, y Coleg Amaethyddol Cenedlaethol a'r Coleg Addysg Bellach. Roedd yn dipyn o her i sir fach fel Sir Aberteifi ddatblygu sefydliadau cenedlaethol o'r fath, ond fe lwyddwyd i wneud hynny. Syniad Alun R Edwards, Llyfrgellydd arloesol y sir, oedd Coleg y Llyfrgellwyr. Ei fwriad ef oedd cael coleg i hyfforddi llyfrgellwyr ar gyfer Cymru. Ond yn Frank Hogg, y prifathro cyntaf, cafwyd pennaeth â gorwelion dipyn yn ehangach. Llwyddodd ef i greu coleg rhyngwladol â chysylltiadau â gwledydd tramor megis Indonesia ac India'r Gorllewin. Felly, treuliai gryn dipyn o'i amser dramor. Pan ymwelodd Shirley Williams AS, yr Ysgrifennydd Addysg, â'r coleg roedd rhai o'r myfyrwyr wedi gosod llun o'r prifathro wrth y fynedfa er mwyn iddi gael ei chyfarch ganddo.

Gofynnwyd i Sir Aberteifi gan y Cyd-Bwyllgor Addysg i sefydlu Coleg Amaethyddol Cenedlaethol i Gymru a'r bwriad oedd i'r siroedd eraill ei ariannu. Ond wedi bwrw ymlaen gwelwyd nad oedd y Cyd-Bwyllgor wedi sicrhau cytundeb a bod rhai siroedd yn gyndyn i dalu. Felly, bu'n rhaid i mi a'r prifathro ymweld â rhai siroedd fel Sir Fflint oedd yn gwrthod talu, a bu honno'n dasg anodd. Yn ffodus, roedd Morgannwg a'i harweinydd, yr Arglwydd Llewelyn Heycock, yn bleidiol i'r fenter ac yn barod i dalu, ac fel y sir fwyaf roedd eu cyfraniad yn sylweddol. Apwyntiwyd Dr David Morris, brawd yr Arglwydd John Morris, yn brifathro cyntaf Coleg Amaethyddol Cymru ac yn y diwedd cafodd y sefydliad gryn groeso gan y diwydiant amaeth. Ymhen rhai blynyddoedd mynnodd y llywodraeth bod Coleg y Llyfrgellwyr a'r Coleg Amaethyddol yn cael eu trosglwyddo i'r brifysgol gan Gyngor Dyfed. Mae amaethyddiaeth yn dal yn adran bwysig, ond gwan ar y cyfan yw llyfrgelldiaeth erbyn heddiw.

Roedd y llyfrgellydd, Alun R Edwards, yn byrlymu o syniadau a gwnaeth gyfraniad mawr drwy gefnogi'r syniad o gael llyfrgelloedd teithiol i wasanaethu ardaloedd gwledig gwasgaredig. Hefyd, bu'n gefnogol iawn i'r syniad o sefydlu'r Cyngor Llyfrau i hybu'r fasnach lyfrau yng Nghymru. Wedi i mi ddod yn Gyfarwyddwr Addysg daeth ataf a gofyn a fyddwn yn barod i ryddhau T Llew Jones, prifathro Ysgol Coed-y-bryn, am flwyddyn, er mwyn iddo allu ysgrifennu llyfrau plant. Cytunais, ac yn ystod y flwyddyn honno ymddangosodd trysorfa o lyfrau. Felly, fe elwodd cenhedlaeth o blant Cymru, gan gynnwys fy mhlant innau. Ond i Alun nid oedd blwyddyn yn ddigon ac fe ddaeth ataf yn 1974 i ofyn am flwyddyn arall. Erbyn hynny roedd Sir Aberteifi ar ddod i ben, a mater i Ddyfed fyddai cytuno. Ar y pryd nid oeddwn yn sicr beth fyddai agwedd y sir newydd, o gofio mai cymysg iawn oedd y sefyllfa ieithyddol, o ystyried cynghorwyr y 'down belows' o waelod Sir Benfro, ac eraill yn perthyn i blaid lafur Sir Gâr. Ond yn ffodus, roedd yna gynghorwyr megis Heulyn Roberts, D G E Davies (Defi Fet), a Mari James ar y cyngor newydd yn gwybod am gyfraniad T Llew Jones, ac fe gytunwyd rhoddi blwyddyn ychwanegol iddo ysgrifennu. Bu'r symudiad i Ddyfed yn agoriad llygaid i Alun Edwards ac i minnau. Byddai'n arferiad gan Alun, yn Llyfrgell Aberystwyth, gynnal gwasanaeth boreol i'r staff am hanner awr wedi wyth a cheisiodd ddilyn hynny yng Nghaerfyrddin. Ond aethpwyd â chwyn yn ei erbyn i'r undeb NALGO a bu'n rhaid iddo ddod â'r arfer i ben. Am y tro cyntaf sylweddolodd fod gan yr undebau le cryfach yn y gyfundrefn newydd.

Roedd nifer yr ysgolion bach gwledig yn dal i fod yn broblem yn Sir Aberteifi ac mewn ardaloedd gwledig eraill. Penderfynodd y llywodraeth sefydlu pwyllgor dan yr Athro Gittins o Abertawe i edrych ar y sefyllfa ac i wneud argymhellion. Apwyntiwyd y Dr John Henry Jones yn aelod o'r pwyllgor hwnnw. Casgliad y pwyllgor oedd mai ysgolion â thri a mwy o athrawon oedd y nod ar gyfer ardaloedd gwledig. Petai'r adroddiad yn cael ei weithredu yn Sir Aberteifi byddai cyfran sylweddol o'r ysgolion cynradd yn cau. Yn 1971, roedd nifer y plant wedi gostwng i un ar hugain yn ysgol Swyddffynnon a thrafodaethau i'w chau. Roedd Elystan Morgan yn gwrthwynebu syniad Gittins am faint ysgolion gwledig ac fe gynigiodd ei gefnogaeth i rieni Ysgol Swyddffynnon. Aeth gam ymhellach mewn datganiad yn y *Cambrian News:*

> If this proposal is allowed to stand, the door will be open in the near future to implement the Gittins Report in full in this county. What hope will there be for our rural schools if this should ever happen?

Llwyddodd i achub ysgol Swyddffynnon a bu ar agor tan yn gymharol ddiweddar. Roedd problem arbennig, serch hynny, yn ardal Llambed. Dim ond cant o blant oedd yn ysgolion Llangybi, Llanfair Clydogau, Cellan, Silian a Betws Bledrws, a'r mwyafrif ohonynt mewn hen adeiladau. Roedd ysgol Betws Bledrws, er enghraifft, mewn hen dŷ o'r oes Fictoraidd. Dechreuwyd ystyried y posibilrwydd o uno'r ysgolion a chodi un ysgol newydd amlbwrpas yn y pentref mwyaf canolog, sef Llangybi. Yn ôl y disgwyl cafodd y cynllun groeso yn Llangybi, ond nid felly yn y pentrefi eraill. Cafwyd y dadleuon arferol am ladd calon pedair cymuned, a chwynwyd y byddai'r plant yn gorfod teithio y tu allan i'w pentrefi. Pan glywodd yr adran addysg yn Llundain am y cynllun mynegwyd diddordeb. Roedd y Swyddfa Gymreig hefyd yn gefnogol am ei bod hwythau yn awyddus i leihau nifer y lleoedd gwag yn yr ysgolion gwledig. Hefyd, fe fyddai'n bosib gwireddu un o argymhellion sylfaenol adroddiad Gittins. Er mwyn hybu'r cynllun, penderfynwyd bod arian yn cael ei roi i godi ysgol newydd fodern yn Llangybi a fyddai'n cynnwys cyfleusterau ar gyfer y gymuned gyfan.

Erbyn hyn roedd nifer y plant â'r Gymraeg yn iaith gyntaf wedi syrthio i 60% yn ardal Llambed ac yn ysgol Llanfair allan o 21 o blant 7 oedd â'r Gymraeg yn iaith gyntaf. Felly, penderfynwyd cynnwys labordy iaith o fewn yr ysgol newydd er mwyn trwytho'r newydd ddyfodiaid yn yr iaith Gymraeg. Anfonwyd penseiri o Lundain i'w chynllunio, oblegid hon fyddai'n prototeip ar gyfer ysgolion tebyg mewn siroedd eraill. Dyna sut y daeth Ysgol y Dderi i fodolaeth, a dyna sut y perswadiwyd y rhieni, er nad pawb, i dderbyn bod eu hysgolion hwy yn cau. Cyhoeddwyd *Building Bulletin* yn disgrifio'r ysgol newydd, a gwnaethpwyd ffilm yn olrhain yr hanes.

Yn ddiweddar dathlwyd deugain mlynedd ers agor yr ysgol, a dangoswyd y ffilm unwaith eto. Roedd gweld fy hunan arni fel 'crwt ifanc' yn brofiad rhyfeddol! Erbyn hyn mae llawer o awdurdodau wedi agor ysgolion ardal tebyg, gan gynnwys Pwyllgor Addysg Ceredigion. Un ffaith arall, y prifathro cyntaf oedd Tom Davies Jones, prifathro ysgol Llangadog ar y pryd, a'r brifathrawes heddiw yw ei ferch, Heini. Olynwyd ef gan Huw Jenkins ac Ann Davies ac yn go fuan derbyniwyd yr ysgol o fewn y gymuned. Gyda llaw, mae enw'r ysgol yn deillio o enw plasty Derry Ormond a chofgolofn Tŵr y Dderi sydd gerllaw. Agorwyd yr ysgol yn swyddogol gan John Morris AS, un o feibion Sir Aberteifi ac Ysgrifennydd Cymru yn 1975.

Rhai o Gynghorwyr Hen Gyngor Sir Aberteifi

Yr Henadur Gwarnant Williams

Y cynghorydd mwyaf ei ddylanwad ar gyngor Sir Aberteifi oedd yr Henadur Meredith Gwarnant Williams o Alltyblaca, gŵr craff a galluog. Er nad oedd swydd arweinydd y cyngor yn bodoli'n swyddogol fel heddiw, i bob pwrpas fe fyddai'n llenwi'r swydd honno. Roedd ganddo nifer sylweddol o ddilynwyr a fyddai'n arfer gofyn am ei arweiniad cyn pleidleisio. Sefydlodd fusnes llewyrchus yn prynu a gwerthu gwartheg, ac yn ôl yr hanes roedd yn rhagorol am daro bargen. Wedi gadael yr ysgol yn ddeuddeng mlwydd oed bu'n helpu ei dad i gasglu gwartheg a chan nad oedd lorïau ar gael bryd hynny byddai'n rhaid eu cerdded o'r ffermydd i Lanybydder. Etholwyd ef yn gynghorydd dros y Rhyddfrydwyr yn 1919 pan oedd tuag ugain oed. Cafodd fwyafrif o ddwy bleidlais yn unig dros Herbert Davies Evans o deulu bonedd Highmead.

Roedd cryn gystadlu am swyddi prifathrawon ysgolion cynradd o fewn y sir, a byddai'n rhaid i ymgeiswyr ymddangos gerbron y Pwyllgor Addysg llawn yn Aberaeron. Er bod y frawddeg *Canvassing Will Disqualify* yn cael lle amlwg ar waelod yr hysbysebion, prin bod neb yn cymryd gormod o sylw ohoni. Mae stori am ymgeisydd yn holi cynghorwr a fyddai'n ddoeth iddo ganfasio, a chael yr ateb, 'Wel, os byddwch yn canfasio fe allech gael *disqualification*, ond os na wnewch chi chewch chi byth mo'r swydd.' Felly, byddai ymgeiswyr yn 'cyflwyno'u hunain' i'r cynghorwyr ac yn enwedig i'r rhai mwyaf dylanwadol fel Gwarnant Williams. Byddai ymweliad ag Alltyblaca yn daith ofynnol i lawer a byddai cefnogaeth yr Henadur yn allweddol. Y ddadl gan y cynghorwyr oedd bod canfasio'n rhoi cyfle i bwyso a mesur ymgeisydd mewn sefyllfa answyddogol. Ar ddiwedd pob cyfweliad yn y siambr yn Aberaeron, câi'r cwestiwn hwn ei ofyn i'r ymgeisydd llwyddiannus: 'Are you prepared to live in the catchment area of the school or in the school house provided?' Os na fyddai ymgeisydd yn addo gwneud hynny ni fyddai ef neu hi'n cael y swydd. Daeth ambell brifathro i drybini oherwydd iddo addo ond yna methu cadw'i air. Un o'r rheini oedd Morgan John 'Moc' Morgan, wedi iddo gael ei apwyntio'n brifathro Ysgol Gynradd Ffynnonbedr, Llambed. Roedd ei wraig yn cadw swyddfa bost ym Mhontrhydfendigaid, ac roedd Moc yn gyndyn iawn i symud. Roedd hynny wedi ffyrnigo Gwarnant Williams a mynnodd ei fod yn cael ei ddiswyddo os na fyddai'n cadw at ei addewid. Yn y diwedd bu'n rhaid iddo fyw mewn 'lodgings' yn Llambed yn ystod yr wythnos, nes i'r rheol gael ei diddymu gan Gyngor Sir Dyfed.

Roedd gan Gwarnant Williams ragfarnau eraill ac un o'r rheini oedd gwrthwynebu rhoi swyddi i athrawesau priod. Mynnai fod gan lawer o'r rhain wŷr ar gyflogau uchel a'u bod yn dwyn swyddi athrawon ifanc. Ceisiodd gael gwared ar rai athrawesau priod yn Ysgol Uwchradd Llambed. Cododd hynny storm, a bu'r NUT yn bygwth mynd â'r sir i gyfraith. Petai hynny'n digwydd fe fyddai'r gost yn uchel, ac er ei fod yn dal yn gyndyn, bu'n rhaid i Gwarnant Williams ildio yn y diwedd.

Roedd prifathro ysgol Llambed, John Lloyd Jones, hefyd yn dipyn o gymeriad. Cafodd y frwydr rhyngddo â'r Henadur ynglŷn â'r athrawesau priod dipyn o effaith arno, yn ôl nodyn a ganfuwyd yn yr ysgol wedi'i ymddeoliad. Roeddwn i'n bresennol yng nghyfarfod y llywodraethwyr pan gerddodd allan gan ddweud ei fod yn rhoi gorau i'w swydd ar unwaith. Bu'n rhaid i mi ei atgoffa bod angen iddo roi notis, a dyna wnaeth. Roeddwn eisoes wedi atgoffa'r llywodraethwyr y gallai fod goblygiadau cyfreithiol i benderfyniad o'r fath ond mynnai Gwarnant bod hwn yn fater o egwyddor. Dyma eiriau'r prifathro a roddwyd ar bapur ganddo wedi'r cyfarfod:

Having received the report of the legal department of the county Ald. Williams and others said that they were going to proceed with the dismissals... I rose and said that no mention had been made of the fact that they were excellent at their jobs. Ald Williams said that they had never accused them of not being efficient and that he was sure that the headmaster would stir up further mischief with the NUT. I replied that there was no need to consider that as I was resigning immediately and walked out... I returned later as I apparently had to give six months notice... Each governors meeting had the perennial question of married women in it and Ald Williams would say, 'Teachers earn a lot of money and can afford to keep their wives.' He would then add, 'These married women are filling jobs that could be filled by local girls who now have to go to England to teach.'

Er mai cymhelliad honedig Gwarnant Williams oedd buddiannau plant ei ardal, yn hyn o beth methai sylweddoli fod y cyfnod pan fyddai athrawesau'n gorfod ymddeol ar ôl priodi wedi hen ddiflannu. Clywais mai un o'r pethau a roddodd bleser arbennig iddo oedd gweld y cyngor sir yn prynu plasty Highmead a'i droi'n ysgol breswyl. Yn ôl yr hanes roedd rhai o gyndeidiau Gwarnant wedi cael cam gan deulu Highmead. Ef gynrychiolodd y cyngor sir yn y trafodaethau a theimlai ei fod o'r diwedd yn gallu talu'r pwyth yn ôl. Sefydlwyd ysgol breswyl i blant ag anghenion arbennig yno, ond ar ôl blynyddoedd o wasanaeth bu'n rhaid ei chau. Gwerthwyd yr adeilad i rai o ddilynwyr Islam.

Er ei rym o fewn y cyngor fe ddaeth rhai siomedigaethau i'w ran. Cawsai ei ddewis fel Uchel Siryf y Sir ac yn ôl yr hanes prynodd y wisg ddrudfawr. Ond tua'r cyfnod hwn bu ymchwiliad i Heddlu Sir Aberteifi, a chyhoeddwyd adroddiad gan y Barnwr Phillimore oedd yn feirniadol iawn. O ganlyniad, bu'n rhaid i Heddlu Aberteifi ymuno â Heddlu Sir Gâr. Gwarnant Willams oedd cadeirydd Heddlu Sir Aberteifi ar y pryd, a bu'n rhaid iddo ef ac Eric Carson, y clerc, ysgwyddo peth o'r feirniadaeth. O ganlyniad ymyrrodd yr Arglwydd Raglaw yn y mater a thynnwyd ei enw oddi ar restr yr Uchel Siryddion. Peth anarferol iawn. Cafodd siom arall pan wnaeth gais i ymuno â'r seiri rhyddion yn Llambed. Mae'n debyg iddo unwaith addo cefnogi Edward Lewis, Gwasg Gomer, am gadair y cyngor sir, ond iddo fethu yn y diwedd â gwneud hynny. Talwyd y pwyth yn ôl wrth i ddigon o'r seiri roi 'peli du' i'w rwystro.

Roedd Gwarnant Williams yn Undodwr i'r carn, ac roedd ei frawd, y Parch Oswald Williams, yn weinidog capel Undodaidd Brondeifi, Llambed a hefyd yn gynghorydd sir. Ar lywodraethwyr ysgol uwchradd Llambed ar un adeg roedd yr Henadur Gwarnant Williams, ei fab Donald oedd hefyd yn gynghorydd, ei frawd y Parch Oswald Williams, yn ogystal â gwraig Donald Williams. Y cadeirydd oedd y Parch Trefor Lloyd, gweinidog Shiloh, ond ni fyddai ef yn mentro anghytuno â'r henadur. Er syndod i bawb, trechwyd y Parch Oswald Williams mewn etholiad gan Dr Ambrose Lloyd, meddyg lleol. Bu hynny'n dipyn o ergyd i Gwarnant hefyd. Wedi hynny, ar gorff llywodraethol yr ysgol uwchradd roedd llais newydd nad oedd yn barod i gydymffurfio. Ar ôl hynny fe gurodd Roy Thomas, Llanwnnen, un arall o'r cynghorwyr pleidiol iddo ac felly cafwyd gwrthwynebydd arall.

Cofiaf y diwrnod y bu farw Gwarnant Williams. Roeddem wedi ymgynnull yn Neuadd y Sir, Aberaeron, ar gyfer rhyw bwyllgor, ond nid oedd sôn am yr henadur. Prin y byddai unrhyw bwyllgor yn dechrau cyn iddo gyrraedd. Yna, daeth neges iddo gael damwain ger Capel y Groes, Llanwnnen, yn dilyn gwrthdrawiad â bws a'i fod wedi'i gludo i Ysbyty Glangwili. Yn hwyrach yn y prynhawn daeth y newyddion ei fod wedi marw.

Heb amheuaeth roedd Gwarnant Williams yn gynghorydd craff a galluog, ac yn fawr ei ddylanwad o fewn y cyngor. Ar ei fedd yng Nghwmsychbant ceir y geiriau hyn 'cymwynaswr cymdeithasol'. Ychydig cyn ei farwolaeth fe gafodd OBE am ei lafur a'i gyfraniad i lywodraeth leol.

Penderfynodd y cyngor sir osod plac i gofio amdano o fewn y siambr a gofynnwyd i is bwyllgor lunio'r geiriau. Rhoddwyd y cynnig hwn gerbron y cynghorwyr.

Er cof am yr henadur
Meredydd Llewelyn Gwarnant Williams OBE YH
Bu farw Ionawr 11eg 1968
Am ŵr ffraeth mae'n hiraeth ni,
Tad y Tŷ wedi tewi.
T Llew Jones

Pan ddaeth gerbron y cyngor mynnai Major Rhidian Llewelyn bod fersiwn Saesneg yn cael ei roi hefyd a bu trafodaeth hir am hynny. Yn y diwedd cododd Isaac Jones, Frongoy, un o'r cynghorwyr mwyaf plaen ei dafod, gan weiddi, 'chwarae plant yw hyn i gyd'. Cafwyd adroddiad llawn ar y ddadl yn y *Cambrian News* dan y pennawd:

Language Row over Memorial Plaque

Yn y diwedd y Gymraeg a orfu a'r uchod a welwyd ar wal y siambr.

Yr Henadur Morgan Davies

Yr Henadur Morgan Davies oedd Cadeirydd y Pwyllgor Addysg, ond Moc Pontllanio ydoedd i bawb ar lawr gwlad. Fe fu yn y swydd honno am dros ugain mlynedd. Byddai'r sir yn apwyntio cyfran o athrawon ieuanc yn syth o'r colegau a byddai'r cyfarwyddwr a'i ddirprwy'n eu cyfweld. Yna, câi'r rhestr ei gosod o flaen y Pwyllgor Addysg. Ar un achlysur euthum â'r rhestr gerbron yr aelodau gan ddisgwyl iddi gael ei derbyn fel arfer. Ond y tro hwn dyma'r cynghorydd W Z Jones o Lanfarian ar ei draed gan ddweud, 'Allwch chi ddim apwyntio dwy ohonynt, maent yn y carchar'. Wedi'r cyfweliad cawsai dwy o'r myfyrwyr eu carcharu am gymryd rhan yn un o ymgyrchoedd Cymdeithas yr Iaith. Nid oeddwn yn ymwybodol o hynny ar y pryd, ond nid oeddwn am iddynt gael eu cosbi'r eilwaith drwy golli eu swyddi. Felly, llwyddais i gyflwyno'r mater yn ôl i'r Cadeirydd a'r cyfarwyddwr addysg, gan wybod na fyddai Morgan Davies byth am gymryd agwedd galon galed tuag atynt. Felly y bu, a phan gyflwynwyd yr enwau unwaith eto yn y cyfarfod nesaf ni fu unrhyw wrthwynebiad. Newydd ymddeol mae un, sef Enfys Llwyd, ar ôl bod yn athrawes lwyddiannus yn y sir am yn agos i ddeugain mlynedd, a throdd y ddiweddar Iola Gregory at fyd y ddrama. Roedd yr Henadur Morgan Davies yn gymeriad tawel a phwyllog a byddai angen daeargryn cyn iddo gael ei gythruddo. Gŵr busnes llwyddiannus ydoedd yn gwerthu glo a deunyddiau yn ymwneud â'r byd amaeth yn ardal Tregaron. Yn ddibriod, roedd yn byw yn ymyl y ffatri laeth ym Mhontllanio gyda'i chwaer, Nanna, a oedd fel petai wedi camu o'r ganrif gynt.

Yn ôl yr hanes, roedd gan Morgan Davies lawer o edmygwyr benywaidd, a chafwyd amryw o straeon am ei garwriaethau, ond ni lwyddodd neb ei ddal. Mae sôn amdano'n ymweld ag un ohonynt ac wedi hongian ei fowler hat ar y peg. Mwy na thebyg iddo fynychu angladd cyn hynny, gan na fyddai'n colli'r un angladd yn ardal Tregaron. Pan glywodd tad y ferch yn cyrraedd ar y clos rhuthrodd ef i ddianc, ond gan gydio yn yr het anghywir ar y ffordd allan. Ar ôl hynny mewn angladdau gwisgai un ohonynt het oedd yn rhy fawr iddo a'r llall un yn rhy fach. Dyna'r stori o leiaf ar lawr gwlad. Pan ymddangosais am gyfweliad ar gyfer swydd Cyfarwyddwr Addysg Dyfed, ni fedrai Morgan Davies fod yn bresennol yn y pwyllgor am fod ganddo angladd. Roedd yn ymwybodol o'i flaenoriaethau!

Gyrrai gar Humber mawr ond nid yn fawr o ran cyflymdra.

Gyrrai'n hamddenol o gwmpas y wlad ar gyflymder o dan dri deg milltir yr awr. Heddiw lorïau Mansel Davies sy'n arafu'r traffig ar hewlydd y wlad, ond ryw hanner can mlynedd yn ôl dilyn Morgan Davies oedd y bwgan. Clywais sôn na fyddai fawr o gynnal a chadw ar ei lorïau a byddent yn llosgi cryn dipyn o olew ar y ffordd. Byddai'n ofynnol, felly, i'r gyrwyr gario cyflenwad o olew er mwyn aros yn fynych i lenwi'r injan. Roedd Morgan Davies hefyd yn ynad heddwch ac yn gadeirydd mainc Tregaron. Daeth y fainc honno'n enwog am beidio â chosbi troseddwyr yn llym, yn enwedig pan ymddangosai potsiers gerbron am gymryd ambell samwn o afon Teifi. Mae'n debyg nad oedd y beili dŵr yn gweld fawr o werth dwyn troseddwyr o flaen mainc Tregaron pan fyddai Morgan Davies yn y gadair.

Adeiladodd Sir Aberteifi nifer o ysgolion cynradd newydd a châi seremonïau eu cynnal i'w hagor yn swyddogol. Fel cadeirydd y Pwyllgor Addysg byddai'n rhaid i Morgan Davies ddweud gair. Ychydig cyn y digwyddiad byddai'n dod i'r swyddfa a gofyn imi 'Phillips, wnewch chi ysgrifennu *speech* fach imi', gan fy siarsio ar yr un pryd i beidio â'i gwneud yn rhy hir. Ond pan ddeuai'r achlysur, defnyddio fy fersiwn i fel rhagymadrodd a wnâi ac yna byddai'n bwrw ati i siarad yn ddiddiwedd. Yn agoriad Ysgol Plascrug, Aberystwyth, dechreuodd rhai o rieni'r coleg golli eu hamynedd gan weiddi 'sit down', yn enwedig pan aeth ati i siarad am Goleg y Llyfrgellwyr. Nid bod eu protest wedi mennu llawer ar Morgan Davies. Gan ei fod yn gadeirydd y Pwyllgor Addysg byddai galwad ym Mhontllanio ar y daith ganfasio yn fater o reidrwydd i ddarpar brifathrawon. Câi pawb groeso gydag ef a'i chwaer, a chwpaned o de. Byddai pob un ohonynt yn gadael ag addewid pendant y byddent yn cael ei gefnogaeth a'i bleidlais yn y cyfweliad. Ni allai Morgan Davies ddweud na wrth yr un ohonynt.

Ar ddiwedd y chwedegau byddai cwmni British India yn trefnu mordeithiau ar gyfer plant ysgol. Gofynnwyd i mi drefnu un ar gyfer disgyblion uwchradd Sir Aberteifi. Cafwyd enwau dros chwe chant o blant ac euthum ati i drefnu mordaith o

Abertawe ar y Devonia i Vigo, Lisbon, Gibraltar a Tangier. Cafodd Morgan Davies, fel cadeirydd y pwyllgor addysg, wahoddiad i ymuno â ni. Roedd un peth yn fy mhryderu, serch hynny. Ni welswn ef erioed yn gwisgo dim byd ond siwt frethyn ddu, gwasgod, a chrys gwyn, hyd yn oed ganol haf. Roedd arnaf ofn y byddai'n dod i Ddoc Abertawe yn y siwt honno. Felly, ceisiais esbonio'n ddiplomataidd pa mor dwym fyddai, yn enwedig yn Tangier. Diflannodd fy ngofidiau pan welais ef yn nesáu at y llong yn gwisgo un o'r cotiau ysgafn, hufen iâ, a choler agored. Ond hyd yn oed ar ôl inni ddychwelyd daliai i wisgo'r got honno nes i'r gaeaf nesáu.

Nid oedd wedi bod dramor erioed cyn hynny ac ehangwyd ei orwelion gryn dipyn pan gawsom wahoddiad i'r Casino yn Gibraltar. Fel gwir Gardi a diacon ffyddlon ni wariodd fawr ddim. Ar y doc yn Tangier roedd llu o'r brodorion yn aros amdanom i werthu pob math o bethau, gan gynnwys carpedi. Rhybuddiwyd ni i beidio â derbyn y cynnig cyntaf, oblegid y drefn ymhlith yr Arabiaid yw dal i ddadlau nes i'r pris ostwng. Cafodd Morgan Davies ei amgylchynu ganddynt, ond ymhen ychydig gwelais ef yn dychwelyd i'r llong a charped dros ei ysgwydd. Roedd taro bargen ym mart Tregaron yn haws na chael bargen gan y gwerthwyr yn Tangier. Trefnwyd mordaith arall ar y Nevasa yn 1970 i'r Canaries, ond er ei fod yn dal yn gadeirydd, nid oedd am ddod yr eilwaith. Bu unwaith yn ddigon iddo fentro o'i filltir sgwâr i'r gwledydd pellennig.

Cafodd Morgan Davies ei ethol yn gynghorydd ar Gyngor Sir Dyfed yn 1974, ond ni fedrai ddygymod â'r brwydro gwleidyddol yng Nghaerfyrddin gan ei fod yn ormod o gymeriad cefn gwlad i hynny. Cofiaf gwrdd ag ef yn crwydro coridorau Neuadd y Sir yn edrych ar goll. Ei eiriau cyntaf imi oedd, 'Phillips bach, 'ma le yw hwn.' Ni chafodd ei ethol i unrhyw swydd o bwys ac ni roddwyd ef hyd yn oed ar lywodraethwyr Highmead, corff y bu'n aelod ohono am ugain mlynedd. Bu farw ychydig wedi hynny.

Yr Henadur R J Ellis

Cynghorydd a geisiai fod yn bwerus oedd yr Henadur R J Ellis (Dic Ellis) o Aberystwyth. Ef oedd plymer y Brifysgol ac yn ôl yr hanes roedd ganddo gryn ddylanwad o fewn y sefydliad hwnnw. Yn ôl ei farn ef, beth bynnag! Cyfeiriai rhai ato fel y 'Professor of Plumbing' oblegid roedd yn hoff o ddechrau ei sgyrsiau drwy ddweud 'The Principal and I think this...' Mae'n debyg fod ganddo gryn ddylanwad ar y Prifathro Ifor L Evans. Iddo ef y priodolir yr ymadrodd, 'The council is like an octopus with its testicles everywhere.'

Gan fod llawer o'r prifathrawon cynradd yn byw yn nhai'r ysgol roedd yn rhaid adolygu pob rhent o bryd i'w gilydd. Felly, byddai'r Schoolhouse Rents Committe yn ymweld â'r tai. Nid oes gwirionedd yn yr honiad y byddai arwyddion o ddamprwydd yn ymddangos yn sydyn cyn yr ymweliadau hyn! Roedd Dic Ellis yn aelod amlwg o'r pwyllgor hwnnw ac wrth ei fodd yn mynd o gwmpas y tai. Byddai'n hoff o wthio'i gyllell boced yn y *skirtings* i chwilio am yr hyn a alwai'n 'fungus'. Cofiaf i Eric Elias, prifathro Capel Cynon, gael ei gythruddo ganddo, a bu'n ddigon dewr i ofyn iddo ymadael â'r tŷ. Edmygais ef yn fawr iawn am wneud hyn ac ni chodwyd ei rent o ganlyniad. Pan fyddai unrhyw gŵyn am gyflwr y tŷ ateb Dic Ellis i'r prifathro fyddai, 'you're lucky to be living in a palace.'

Roedd Dic Ellis yn aelod hefyd o lywodraethwyr Ysgol Ramadeg Ardwyn. Ymhlith yr aelodau eraill roedd y Llyfrgellydd Cenedlaethol, David Jenkins, yr arbenigwr ar addysg A R Pinsent, a'r Athro Llewelfryn Davies, pennaeth Adran y Gyfraith yn y coleg. Hefyd roedd Gaynor Hall, yr athrawes gerdd, a'r ddwy gynghorwraig bwerus o Aberystwyth, Mrs I C Jones a Mrs G C Evans, a fyddai'n mynychu pob cyfarfod mewn hetiau mawr urddasol. A D Lewis oedd y prifathro ac yn gymeriad cadarn a phendant. Ni fyddai ef a mi'n cytuno bob tro, ond bûm yn lwcus iawn ohono pan ddaeth yn gadeirydd Pwyllgor Addysg Dyfed yn ystod ymgyrch Education First. Felly, er bod yr holl bwysigion hyn ar y pwyllgor, pan fyddai angen barn gyfreithiol ar unrhyw fater, Dic Ellis fyddai'n traethu. Yna, wedi mynegi ei farn a rhoi ei gyngor, byddai'n troi at yr Athro Llewelfryn Davies gan ofyn, 'Do you agree, Professor?' Ni chofiaf i'r Athro anghytuno ag ef unwaith.

Bu'n faer Aberystwyth droeon ac ef gafodd y fraint o gyflwyno rhyddfraint y dref i Churchill yng ngardd Downing Street. Cafwyd ei lun yn y *Cambrian News* ochr yn ochr â'r gwleidydd mawr ac edrychai yr un mor bwysig â hwnnw. Byddai'n hoff iawn o gyfeirio at yr achlysur. Ond fe gafodd siom fawr pan fu'n ymgeisydd yn yr etholiad cyntaf ar gyfer Cyngor Dyfed yn 1974. Ac yntau'n wyth deg a phedwar fe gollodd. Ef oedd cadeirydd llywodraethwyr Penglais a glynodd at y swydd honno tan oriau olaf bodolaeth Sir Aberteifi.

Dyddiau Hapus

ER YR HOLL broblemau yn y gwaith roedd y blynyddoedd yn gweithio i Gyngor Sir Aberteifi yn rhai delfrydol. Roeddwn yn byw mewn man hyfryd a Geraint a Catrin yn mynd i'r Ysgol Gymraeg. Roedd Bethan yn awr yn fodlon ei byd, yn enwedig wedi iddi gael swydd ran amser yn dysgu Saesneg yn y Coleg Addysg Bellach. Yna aeth ati i wneud cwrs hyfforddi athrawon yn y brifysgol, er ei bod yn athrawes brofiadol eisoes. Wedi gorffen hwnnw cafodd gyfnod fel ymchwilydd yn yr Adran Addysg yn teithio o gwmpas ysgolion uwchradd Cymru. Byddem yn mynd fel teulu ar wyliau bob blwyddyn gan gyfnewid tŷ â ffrindiau coleg yn ardal Windsor, ac yna llogi un o fflatiau'r brifysgol yn ymyl y Post Office Tower yn Llundain.

Fe brynwyd carafán Europa, ac fe aethom ar daith hunllefus yn syth yng nghwmni fy chwaer a'm brawd yng nghyfraith i weld y goleuadau yn Blackpool. Nid oeddwn wedi tynnu carafán erioed o'r blaen, ac ar y ffordd torrodd y cebl rhwng y car a'r garafán a bu'n rhaid i ni stopio am oriau y tu allan i Groesoswallt i'w drwsio. O'r diwedd cyrhaeddwyd y maes carafannau gyda'r nos. Roedd yn noson rewllyd ym mis Hydref a dim gwres yn y garafán. Pan euthum i siafio yn y bore roedd y cyfan wedi rhewi'n gorn. Rhywfodd neu'i gilydd fe lwyddodd y chwech ohonom i gysgu dwy noson yno. Er y profiad diflas hwnnw, byddem yn dal i fynd i'r maes carafannau ym mhob Eisteddfod Genedlaethol. Treuliasom wythnos yng nghanol y mwd yn Abergwaun a Llangefni, yn y llwch yn Aberteifi a Rhymni, a hefyd ar faes y glo mân yn Nyffryn Lliw. Ar y ffordd i

Abergwaun fe gafodd y garafán bunctyr y tu allan i Hwlffordd, ond yn ffodus llwyddais i dynnu i mewn i gulfan cyfagos. Fe ddaeth yr AA a llwytho'r garafán ar y trailer a dyna sut, yn ddiseremoni, y cyrhaeddwyd y maes mwdlyd hwnnw. Er hyn i gyd roedd y gwmnïaeth ar y maes bob blwyddyn yn ardderchog, a phawb yn cyfarfod am baned yng ngharafán Mared a Dafydd Kirkman. Hon oedd y garafán leiaf a'r hynaf o blith yr holl garafannau, ac ni wn hyd heddiw sut y medrai ddal cynifer o bobol ar yr un pryd. Mynnai Dafydd ddod â'i waith gydag ef, ac yng nghanol y clebran byddai'n bwrw ati'n ddiwyd yng nghornel y garafán a thomenni o bapur o'i flaen.

Euthum â'r garafán hefyd i ogledd yr Alban gan ymweld â Mur Hadrian ar y ffordd. Yna, ymlaen i Aviemore a mynyddoedd y Cairngorms gan ymweld â maes brwydr Culloden. Ni fentrais i'r cyfandir erioed fel y gwnâi aelodau Clwb Carafanwyr Cymru, byddai hynny wedi bod gam yn rhy bell i mi. Ond roeddwn yn awyddus i fynd â'r plant i weld y byd, ac er eu bod braidd yn fach fe aethom fel teulu ar fordaith ym Môr y Canoldir gan ymweld â Pompeii, Sisili, Elba, Pisa, Sardinia a Tiwnis. Y tu allan i Napoli fe gawsom storm ofnadwy a bu'n rhaid canslo noson wrth fwrdd y Capten. Aethom hefyd allan i Israel yng nghwmni Haydn, brawd Bethan, a'i deulu a threulio amser yn Jerusalem gan ymweld â Nazareth, Galilea a Jericho. Llwyddwyd i gyrraedd y Môr Marw a hefyd yr ogofâu lle canfuwyd y sgroliau.

Sefydlu Penweddig

YN 1965 ANFONODD y llywodraeth Lafur gylchlythyr at bob awdurdod addysg yn eu hannog i ddiddymu arholiad yr 11+ ac i gyflwyno ysgolion cyfun. O fewn Sir Aberteifi mewn dwy ardal yn unig y bodolai'r arholiad hwn, sef yn Llandysul ac yn Aberystwyth. Yn Aberystwyth rhannwyd y plant rhwng Ysgol Ramadeg Ardwyn ac Ysgol Fodern Dinas. Oddi ar ddechrau'r ganrif, y Blaid Ryddfrydol fu'n cynrychioli'r sir a'r Capten Roderick Bowen oedd yr aelod seneddol ers blynyddoedd. Yn 1966 galwyd Etholiad Cyffredinol a mabwysiadwyd Elystan Morgan i gynrychioli Llafur i ymladd y sedd yn y sir. Roedd yn gyfreithiwr ifanc ac yn areithiwr pwerus. Yn y cyfamser roedd Roderick Bowen wedi derbyn swydd Dirprwy Lefarydd yn Nhŷ'r Cyffredin ac nid oedd hynny'n dderbyniol i lawer o'r pleidleiswyr. Credent na fyddai mwyach yn medru rhoi'r sylw dyladwy i holl anghenion y sir. Bûm yn un o gyfarfodydd Elystan yn Neuadd y Brenin a gwnaeth argraff fawr fel areithiwr ar y gynulleidfa.

Fel aelod o staff y cyngor sir bûm wrthi'n cyfrif y pleidleisiau ar noson yr etholiad yn Aberaeron a daeth yn amlwg yn ystod y noson bod newid politicaidd ar ddigwydd yn yr etholaeth. Profodd yr ymgeisydd Llafur yn ystod yr ymgyrch yn gystadleuydd egnïol iawn ac am y tro cyntaf o fewn cof fe gollwyd y sedd gan y Rhyddfrydwyr ac roedd gan Lafur lais newydd yn San Steffan. Yn ogystal â gwneud ei farc ar lefel genedlaethol dangosodd Elystan Morgan ddiddordeb mewn amryw o bynciau llosg yn y gymuned leol. Daeth allan yn gryf o blaid polisi iaith newydd y cyngor sir a greodd gryn dipyn o wrthwynebiad yn enwedig ymhlith amryw o staff y coleg yn Aberystwyth. Hefyd bu'n flaenllaw yn y frwydr i achub ysgolion gwledig. Ond yn awr roedd yn rhaid ymgymryd â'r dasg o addrefnu'r ysgolion uwchradd ar gais y llywodraeth. Roedd ef yn un o gyn-ddisgyblion disglair Ysgol Ramadeg Ardwyn yn Aberystwyth ac yn fawr ei ddyled iddi, ond sylweddolodd hefyd pa mor annheg y gallai'r arholiad 11+ fod wrth benderfynu tynged addysgol plentyn. Cafodd ei frawd, Deulwyn, a weithiai gyda mi fel cyfreithiwr yn swyddfa'r sir, brofiad o annhegwch y system hon pan oedd yn blentyn. Felly, cefais wahoddiad gan Elystan i gwrdd yn ei gartref ar fore Sul i drafod y sefyllfa yng ngogledd y sir. Yr ateb symlaf fyddai uno'r ddwy ysgol uwchradd i greu un ysgol gyfun ar gyfer y dalgylch. Gan fod adeiladau Ardwyn yn hen a'r safle'n gyfyng byddai'n rhaid adeiladu estyniad i ysgol Dinas ar gyfer tua phymtheg cant o blant yn yr ysgol gyfun newydd. Byddai angen swm o arian sylweddol i fwrw mlaen â'r gwaith ac fe addawodd geisio cael y swm oddi wrth y llywodraeth yn Llundain.

Yn y cyfamser derbyniodd y Pwyllgor Addysg ddirprwyaeth gan rieni'r dalgylch, ac yn eu plith roedd Bobi Jones a Derec Llwyd Morgan, yn gofyn am sefydlu ysgol ddwyieithog annibynnol fel rhan o'r cynllun ad-drefnu. Hyd yn hyn, mewn siroedd mwy Seisnigaidd yng Nghymru fel Sir Fflint a Sir Forgannwg y sefydlwyd ysgolion dwyieithog. Hon fyddai'r un gyntaf yn y Fro Gymraeg. Rhoddwyd gwahoddiad gan y rhieni i Gwilym Humphreys, prifathro Ysgol Ddwyieithog Rhydfelen ym Mhontypridd, i gyfarfod yn Aberystwyth er mwyn esbonio natur ysgol o'r fath. Yn dilyn y cyfarfod hwnnw cynyddodd y galw am ysgol debyg yn sir Aberteifi a rhoddwyd mwy o bwysau ar y pwyllgor. Erbyn hyn roedd Elystan Morgan wedi cadw at ei air ac wedi llwyddo i gael addewid am arian gan y llywodraeth i fwrw mlaen â'r cynllun o godi un ysgol gyfun ar safle Dinas. Penderfynodd y pwyllgor addysg wneud arolwg o fewn y dalgylch i fesur y galw ymhlith rhieni am sefydlu ysgol ddwyieithog. Gwelwyd y byddai digon o blant i greu dau ddosbarth yn y tair blynedd cyntaf petai'r ysgol yn cael ei sefydlu. Felly, ar ôl peth dadlau penderfynodd y pwyllgor addysg newid y cynllun gwreiddiol er mwyn sefydlu dwy ysgol yn y dref, un cyfrwng Saesneg a'r llall yn ysgol ddwyieithog. Byddai hynny'n golygu y byddai'r ysgol gyfun Saesneg, sef Penglais, yn gorfod gweithredu ar ddau safle yn Ardwyn a Dinas am gyfnod tra byddai Ysgol Penweddig yn rhannu rhai o adeiladau Ysgol Ardwyn yn ystod y tair blynedd cyntaf.

Achosai hynny broblem i Elystan Morgan gan ei fod wedi perswadio'r llywodraeth i glustnodi swm o £415,000 ar gyfer sefydlu un ysgol gyfun yn y dref. Gwelsom eisoes pa mor anodd y gallai materion yn ymwneud â'r Gymraeg fod yn sir Aberteifi ac yn enwedig yn Aberystwyth. Yn y cyfamser, bu'n rhaid i'r llywodraeth gwtogi ar wariant a thynnwyd yr arian yn ôl, ond penderfynodd Elystan wneud ei orau i berswadio'r gweinidog addysg i ailfeddwl. Dyma'r pennawd yn y *Cambrian News*:

Waun School Setback
Mr Morgan promised that he would try to persuade the Minister
Mrs Shirley Williams to reinstate the go ahead for the £415,000
project and that he was prepared to lead a deputation to meet her.

Llwyddodd i sicrhau'r arian unwaith eto ond yn awr roedd y Pwyllgor Addysg wedi newid y cynllun gwreiddiol ac yn lle un ysgol y bwriad bellach oedd cael dwy. Yn waeth na hynny byddai'r cynllun newydd yn golygu bod yn rhaid i'r ysgol Saesneg weithredu ar ddau safle am gyfnod. Roedd ei sefyllfa ef yn un anodd dros ben. Felly, cafwyd y pennawd hwn mewn llythrennau bras ar dudalen flaen y *Cambrian News* ym mis Hydref 1972:

LABOUR CALLS FOR ENQUIRY ON NEW SCHOOLS SET-UP
INCREDULITY AND ANGER BY PARENTS – SAYS M.P.

Mynnodd y Blaid Lafur leol fod blaenoriaeth yn cael ei roddi i uno Ardwyn a Dinas a bod yr arian oedd ar gael yn cael ei ddefnyddio at y pwrpas hwnnw. Mynnodd Elystan Morgan nad sefydlu ysgol Gymraeg annibynnol oedd y flaenoriaeth ar y pryd ond cau'r bwlch rhwng y ddwy ran o'r ysgol gyfun.

The issue is not really whether an independent Welsh School should be established, but whether the closing of an intolerable gap between two parts of a comprehensive school should be given precedence over every other purpose.

Dylid pwysleisio nad oedd ef yn gwrthwynebu dysgu pynciau drwy gyfrwng y Gymraeg, ond gwell oedd ganddo weld hynny'n digwydd o fewn yr un ysgol yn y dref yn hytrach na rhannu'r plant rhwng dwy ysgol. Awgrymodd y dylid creu bloc cyfrwng Cymraeg o fewn adeilad Ardwyn a bloc cyfrwng Saesneg ar safle Dinas ond i weithredu fel un ysgol ac un prifathro'n gyfrifol am y ddwy ran. Hefyd byddai gweithgareddau'r ddwy ran yn cael eu cynnal ar y cyd. Un tîm fyddai ar gyfer chwaraeon ac un eisteddfod i'r ysgol gyfan. Nid oedd hynny'n dderbyniol i'r rhai oedd yn ymgyrchu am ysgol ddwyieithog annibynnol. Iddynt hwy ni fyddai trefniant o'r fath yn fwy na chreu un ysgol ac ynddi ffrydiau Saesneg a Chymraeg.

Gwelsom fod yna dipyn o wrthwynebiad pan gyflwynwyd polisi iaith dwyieithog ar gyfer ysgolion cynradd y sir. Ffurfiwyd y Language Freedom Movement y pryd hwnnw i wrthsefyll y pwyslais ar y Gymraeg. Roeddent yn awr yn cwyno bod y cynllun gwreiddiol yn cael ei aberthu er mwyn creu ysgol ddwyieithog. Unwaith eto roedd tudalennau'r *Cambrian News* yn frith o lythyrau'n ymosod ar y pwyllgor addysg, a bu Vincent Kane, prif sylwebydd BBC Cymru ar deledu, yn cadeirio cyfarfod tanllyd. Erbyn hyn roedd rhai'n mynnu bod dysgu drwy gyfrwng y Gymraeg yn andwyol i blant. Mynnai eraill y byddai'n sicr o greu anghydfod rhwng disgyblion y ddwy ysgol wrth iddynt gael eu cludo i'r ysgolion ar yr un bysiau, er na chlywais am un enghraifft o hynny'n digwydd dros y blynyddoedd.

Yn y cyfnod hwn roedd cryn drafferth rhwng y carfannau rhanedig yn Ulster a byddai rhai'n darogan y gallai sefyllfa debyg godi wrth wahanu'r plant yn Aberystwyth. Bu'n rhaid i mi fynychu nifer o gyfarfodydd rhieni i geisio esbonio'r cynllun ac yn aml roedd yr awyrgylch yn go anodd. Cafwyd sefyllfa o'r fath yn y cyfarfodydd a gynhaliwyd yn ysgolion Ardwyn a Phlascrug o fewn y dref. Mae'n drist bod sefyllfa'r iaith yn medru creu casineb ym myd addysg ond gwelais hynny'n digwydd yn aml yn ystod fy ngyrfa.

Yn ei atgofion mae Elystan Morgan yn sôn bod y sefyllfa wedi achosi 'cryn loes' iddo tra bu'n Aelod Seneddol a bod yna 'deimladau digon hallt' yn ei erbyn. Yn ei atgofion mae'n esbonio mai ei brif gymhelliad oedd cael un ysgol heb y rheidrwydd o rannu'r plant. Mae'n dal i gredu y byddai'r cynllun a gynigiodd wedi gweithio er nad oedd yn dderbyniol i'r 'puryddion ieithyddol'. Yn y pen draw glynodd y pwyllgor addysg at y bwriad o greu dwy ysgol yn Aberystwyth a dyna sut y daeth Ysgol Penglais ac Ysgol Penweddig i fodolaeth yn 1973. Gyda llaw, David Jenkins, y cyn-Lyfrgellydd Cenedlaethol ac un o'r llywodraethwyr cyntaf, a awgrymodd yr enw Penweddig ar ôl yr hen gantref Cymreig lle lleolwyd yr ysgol.

Gan fod llawer o'r gwrthwynebiad i sefydlu ysgol ddwyieithog wedi dod o gyfeiriad rhai unigolion yn y brifysgol roedd yn rhaid dod o hyd i brifathro ar gyfer Penweddig a fedrai ddal ei dir yn y byd academaidd. Fe gafwyd un yn Gerald Morgan a oedd â chymwysterau o Brifysgolion Caergrawnt a Rhydychen. Ar y pryd roedd yn brifathro yn un o ysgolion cyfun Sir Fôn, sef Llangefni. O dan ei arweiniad medrus ef llwyddodd yr ysgol. Charles Suff, a oedd fel finnau yn gyn-ddisgybl o ysgol Pontardawe, oedd prifathro Ardwyn, ac ef a apwyntiwyd yn brifathro ar gyfer Penglais. Gan fod yn rhaid i'r ddwy ysgol ddefnyddio adeiladau Ardwyn am dair blynedd roedd sicrhau cydweithrediad rhyngddynt hwy yn allweddol bwysig er mwyn i'r cynllun lwyddo a chafwyd hynny. Bu fy mab Geraint yn un o ddisgyblion cynnar Penweddig cyn i ni orfod symud o

Aberystwyth, ac mae dau o'r wyrion yno ar hyn o bryd gyda dau arall ar y ffordd. Mae dros ddeugain mlynedd wedi mynd heibio oddi ar ad-drefnu addysg yn Aberystwyth, ac nid wyf yn ymwybodol o unrhyw densiynau rhwng y ddwy ysgol yn ystod y cyfnod hwn. Mae hynny'n deyrnged i'r athrawon, y rhieni a phlant y ddwy ysgol.

Heb amheuaeth bu'r sefyllfa'n yn un anodd i Elystan Morgan. Roedd ef yn aelod seneddol galluog iawn a gwelwyd ei botensial yn gynnar gan y prif weinidog, Harold Wilson. Cynigiodd swydd iddo fel Is Ysgrifennydd Cartref yn gyfrifol am lywio Deddf Lladrata 1968 drwy'r Tŷ. Ymfalchïodd y *Cambrian News* yn yr apwyntiad gan ddisgrifio'r ddeddf fel 'The most complicated and difficult part of Criminal Law'. Gallaf dystio i hynny wrth imi orfod astudio'r ddeddf fy hunan yn ddiweddarach yn fy ngyrfa. Nodwyd hefyd ei fod wedi siarad am dri chwarter awr wrth gyflwyno'r ddeddf a bod un ar bymtheg colofn amdano yn Hansard. Mae'r papur yn cofnodi gyda balchder bod tri o gyn-ddisgyblion Ysgol Ardwyn yn weinidogion o fewn y llywodraeth yr un pryd, sef John Morris, Jeremy Bray ac Elystan.

Galwyd etholiad cyffredinol yn fuan ar ôl i Ysgol Penweddig agor ac enwebwyd Geraint Howells i ymladd dros y Rhyddfrydwyr. Roedd ef yn ffermwr llwyddiannus, yn arweinydd amlwg ymhlith amaethwyr y sir ac yn aelod parchus o'r cyngor sir. Daeth tymor y Blaid Lafur i ben ac ail-feddiannodd y Rhyddfrydwyr yr etholaeth a fu'n eiddo naturiol iddynt dros y blynyddoedd. Cafodd yntau gyfnod hir fel aelod ac oddi ar hynny Plaid Cymru a'r Rhyddfrydwyr sydd wedi ymgiprys am y sedd. Mae'n wir bod rhai aelodau blaenllaw o Blaid Lafur y sir wedi bod yn elyniaethus tuag at Benweddig, ond nid yw'r ystadegau'n dangos bod hynny wedi cael unrhyw effaith ar ganlyniad yr etholiad. Bu colli Elystan Morgan o'r senedd yn ergyd i Gymru oblegid roedd ar drothwy gyrfa ddisglair fel gwleidydd, ond mae'n dal i fod yn amddiffynnydd brwd o'n gwerthoedd a'n buddiannau.

Rhaid cofio mai ef a sicrhaodd yr arian gan y Llywodraeth Lafur i ad-drefnu ysgolion uwchradd Aberystwyth ac oni bai am hynny ni fyddai Penglais na Phenweddig mewn bodolaeth. Felly, sir Aberteifi sefydlodd yr ysgol uwchradd ddwyieithog gyntaf yn y Fro Gymraeg a sefydlwyd pump arall gan Gyngor Sir Dyfed. Mae pob un wedi llwyddo ac yn dal i ffynnu.

Yn ei hunangofiant mae Hywel Heulyn Roberts, cynghorydd amlwg a dylanwadol yn Sir Aberteifi ac wedyn Dyfed, yn sôn am y cyfarfod a gynhaliwyd yn Aberaeron i sefydlu Penweddig:

> Er bod llawer ohonom o blaid sefydlu ysgol ddwyieithog yn Ardwyn, fe'n gwrthwynebwyd gan garfan o'r Blaid Lafur a lechai yn y Brifysgol. Pan gynhaliwyd y cyfarfod terfynol roedd y neuadd yn orlawn. Dyna'r unig dro i mi weld meinciau wedi'u gosod yn rhesi yng nghefn y siambr a'r rheini'n llawn o wrthwynebwyr. Un frawddeg yn unig a lefarais, 'Mr Cadeirydd rwy'n cynnig ein bod yn cymryd y camau priodol i agor ysgol ddwyieithog... erbyn blwyddyn i fis Medi nesaf.' Cefais fy eilio gan hanner dwsin ac ni phleidleisiodd neb yn erbyn. Diflannodd y gwrthwynebwyr yn ebrwydd o'r siambr.

Bu mor garedig hefyd â thalu teyrnged i mi am wynebu 'rhai cynulleidfaoedd gwrthwynebus' wrth geisio egluro'r polisi.

Dyddiau Anodd

ER BOD Y cyfnod yn Aberystwyth yn un hapus iawn, roedd yna gymylau ar y gorwel. Bu Wncwl Wil, brawd Mam, farw'n sydyn iawn, ac fe gollwyd un oedd yn dipyn o gymeriad ac yn un a ymwelai â ni'n gyson yn Aberystwyth. Dyn y clwb oedd Wil, yn hoff o'i beint, ac yn nodweddiadol iawn o lowyr y De. Roedd ef a Bethan yn ffrindiau mawr, er mor wahanol eu cefndir. Ond fe ddaeth cwmwl arall i dorri ar draws ein hapusrwydd. Daeth y newyddion fod y llywodraeth am ad-drefnu llywodraeth leol ac am uno Sir Aberteifi â siroedd Caerfyrddin a Phenfro gan greu sir fawr newydd Dyfed. Byddai'r ganolfan yng Nghaerfyrddin, ac felly daeth bygythiad i'm swydd innau a'r posibilrwydd o orfod gadael Aberystwyth.

Dros ddeng mlynedd roeddwn wedi teimlo'n freintiedig i gael byw yno, a chael cartref yn edrych dros Fae Ceredigion. Byddwn yn edrych ymlaen yn y bore at gerdded lawr i swyddfa'r sir ac i'm hystafell a edrychai dros y tonnau. Byddai hyd yn oed y dyddiau stormus a'r môr yn hyrddio dros y Prom yn rhamantus. Hefyd, roedd yna gynhesrwydd mawr ymhlith staff y swyddfa a Chymraeg cefn gwlad Ceredigion yn iaith naturiol yno. Bu'r cyngor yn gefnogol iawn i'r gwasanaeth addysg, ac yn barod iawn i'w gefnogi. Codwyd nifer o ysgolion cynradd newydd ac er mai sir gymharol fach oedd hi, derbyniodd y cyfrifoldeb am sefydlu dau goleg cenedlaethol. Gallai hefyd ymffrostio yn y ffaith fod canran uwch o'i disgyblion nag un o siroedd eraill Cymru yn mynd i brifysgolion.

Yn groes i'r dybiaeth gyffredinol am y Cardi roedd y

cynghorwyr yn barod iawn i wario ar ddatblygiadau arloesol. Y sir hon oedd y gyntaf yng Nghymru i apwyntio trefnydd drama ac aeth Gwyn Hughes Jones ati i gorlannu'r doniau oedd eisoes yn bodoli mewn cwmnïoedd drama ym mhentrefi cefn gwlad. Ond roedd ei uchelgais ef a'i frawd, Alwyn Jones, y swyddog addysg cynorthwyol, yn uwch na hynny. Mynnent fod y sir yn adeiladu theatr a fyddai'n ganolfan addas i berfformiadau. Llwyddwyd i werthu'r syniad i'r pwyllgor addysg, a dyma sut y daeth Theatr Felinfach i fodolaeth yn 1972. Adeiladwyd y theatr ar safle hen sied beiriannau yng Ngholeg Amaethyddol Felinfach. Erbyn hynny roedd yn adfail a dymchwelwyd rhannau ohoni, ond cadwyd y ffrâm haearn o'i chwmpas. Ac ar ei safle hi y cynlluniodd penseiri'r sir y theatr newydd. Hefyd, roedd yn rhaid cael cyfarpar, a mynnodd Gwyn Hughes Jones ein bod yn cael rhai o'r safon uchaf, mor debyg â phosib i'r rhai yn theatrau'r West End. Fe gostiodd y llwyfan, y goleuadau a'r cyfarpar sain bron gymaint â'r adeilad ei hun. Gan mai fi oedd yn rheoli'r cyllid cofiaf mai'r swm oedd £65,000, tipyn o swm yn 1972. Dros y blynyddoedd bu'r theatr yn ganolfan bwysig i ganolbarth y sir. Aeth Alwyn Jones ati hefyd i ddarparu canolfan awyr agored drwy brynu a datblygu ffermdy Diffwys yng Nghwm Berwyn uwchben Tregaron. Erbyn hyn, roedd y sir fwy neu lai yn hunangynhaliol o safbwynt adnoddau addysgiadol, ac felly ni allwn ddeall y rheswm am yr adrefnu ac am uno Sir Aberteifi â'r ddwy sir arall.

Yn Aberystwyth, sylweddolais i mi wneud camgymeriad wrth beidio â dilyn gyrfa yn y gyfraith, ac euthum ati i wneud gradd LLB o Brifysgol Llundain. Bûm wrthi'n astudio ar fy mhen fy hun, yn dibynnu'n llwyr ar y nodiadau a gefais o Wolsey Hall, gan ddal i weithio'n llawn amser. Er nad oeddwn wedi gallu parhau â Lladin yn yr ysgol, roedd yn rhaid gwneud Roman Law ar gyfer gradd yn Llundain. Felly, bu'n rhaid i mi ddysgu talpau o Gyfraith Rhufain ac Egwyddorion Justinian ar fy nghof. Byddwn yn y swyddfa tan bump, ac yna byddai gen i'r cyfrifoldeb am y plant tra byddai Bethan yn gweithio gyda'r nos yn y Coleg Addysg Bellach. Cyn troi at fy llyfrau byddai'n rhaid adrodd storiâu Mig a Mog, dau fochyn bach o'm dychymyg fy hun, cyn iddynt fynd i gysgu. Efallai y byddai wedi bod yn fwy buddiol petawn wedi rhoi'r holl straeon mewn print a chyhoeddi llyfryn i blant. Yn yr Alexandra Palace yn Llundain y byddwn yn sefyll arholiadau'r gyfraith, ac ar ôl dod allan o'r un olaf cefais wybod bod fy mrawd, Edgar, wedi cael strôc. Ar ôl ffonio'r Waun clywais ei fod wedi marw a bu'n rhaid i mi fynd adref er mwyn mynd â Mam i Birmingham i'r angladd.

Rhywfodd neu'i gilydd llwyddais i raddio ymhen tair blynedd, fel y gwnâi myfyriwr amser llawn, a derbyniais fy ngradd LLB mewn seremoni fawreddog yn yr Albert Hall drwy law'r Fam Frenhines. O'i chymharu â'r seremoni raddio gynt yn y Kings Hall, Aberystwyth, ar brynhawn Sadwrn â'r bympers oddi tano, roedd hon dipyn yn fwy urddasol. Yna, ymunais â Gray's Inn gyda'r bwriad o fynd yn fargyfreithiwr. Roedd yn ofynnol cadw'r tymhorau drwy fynychu'r ciniawau yn y neuadd hynafol, ac mi lwyddais i wneud hynny. Byddai'n rhaid cynnig llwnc destunau yn ystod y cinio a byddai camgymeriad yn costio potelaid o bort. Oherwydd bod gen i radd yn y gyfraith roedd yn bosib hepgor llawer o'r arholiadau, felly dechreuais astudio ar gyfer y gweddill. Ond gwae fi, newidiwyd y rheolau'n llwyr. Byddai'n rhaid i bawb dreulio blwyddyn lawn yn Llundain cyn cael galwad i'r Bar. Byddai hynny wedi bod yn amhosib i un â chyfrifoldebau teuluol fel minnau. Gan fy mod yn wynebu colli fy swydd, awgrymodd Bethan y dylwn fwrw ymlaen, ond a minnau dros fy neugain oed a theulu gennym ni, byddai'n ormod o risg, ac rwy'n dal i fod yn hanner bargyfreithiwr. Wrth ail ystyried, byddai efallai wedi bod yn ddoethach petawn wedi troi at y gyfraith yn lle gwneud ymchwil ar gyfer MA ond nid felly y bu. Ond, bu cael peth gwybodaeth o'r gyfraith o gymorth drwy gydol fy ngyrfa.

Gan fod fy swydd fel cyfarwyddwr yn diflannu, fy mhenbleth yn awr oedd naill ai dewis bod yn swyddog rhanbarth ac aros yn Aberystwyth, neu fynd am un o'r prif swyddi yn yr awdurdod addysg newydd. Roedd y rhain wedi'u lleoli ym mhencadlys Dyfed yng Nghaerfyrddin. Nid oeddwn ond ychydig dros ddeugain oed ar y pryd, ac er mwyn cael unrhyw ddyrchafiad yn y dyfodol byddai'n ofynnol i mi fod yno. Petawn yn aros fel swyddog rhanbarth yn Aberystwyth, un o bobol yr ymylon fyddwn yn yr ymerodraeth newydd. O'r diwedd cynigiais am swydd Cyfarwyddwr Addysg Dyfed. Gan mai fi oedd yr ifancaf a chan mai gan Sir Gaerfyrddin roedd y rhan fwyaf o'r pleidleisiau, nid oedd yn syndod mai Henry Thomas o'r sir honno gafodd y swydd. Ar ôl cyfweliad pellach cefais gynnig swydd dirprwy gyfarwyddwr, ac fe'i derbyniais. Felly, roedd yn rhaid wynebu'r profiad poenus o symud i Gaerfyrddin. Byddai hynny'n anodd iawn, yn enwedig i Bethan a'r plant, gan eu bod mor hapus yn Aberystwyth. Felly, dyma ddechrau ar un o'r cyfnodau mwyaf anodd yn ein bywyd teuluol. Am ddwy flynedd teithiwn yn ôl a blaen i Gaerfyrddin gan dreulio rhai nosweithiau ar y Waun, neu mewn gwesty yng Nghaerfyrddin. Ond byddai hynny wedi bod yn amhosib am gyfnod amhenodol. O'r diwedd penderfynwyd codi tŷ yn Llambed yn hytrach na symud i Gaerfyrddin, a gwerthu'n cartref ym Mhenygraig. Felly, gadawyd Castellan, Aberystwyth am Gastellan, Llanbedr Pont Steffan.

Ceisiais fynd â'r teulu i wahanol lefydd ar wyliau fel iawn am y symud. Buom yn yr Eidal, Israel, a'r Aifft, ac ymweld yn ogystal ag Athen, Istanbul a Rhufain. Ymwelodd Bethan a Geraint hefyd â Washington ac Efrog Newydd. Teithiodd Geraint a minnau o Cairo i Luxor ac yna i Aswan a chredaf imi weld *mirage* yn yr anialwch. Cawsom y profiad hefyd o fynd i Ddyffryn y Brenhinoedd a sefyll ym medd Tutankhamun. Er bod hynny'n fythgofiadwy, fe'm trawyd gan 'felltith y Pharaoh' a chefais fy ngwenwyno ar y trên o Cairo i Aswan. Gan fod Geraint a minnau'n rhannu *compartment* bu'n noson ofidus iawn iddo ef, gan i mi lewygu a chwympo yn erbyn y drws. Roeddwn yn ffodus bod fy nghyfaill, Dr Huw Edwards,

Caerfyrddin a'r diweddar Dr Peter Edwards o Aberteifi gyda mi.

Teithiais gryn dipyn wedi hynny gan gynnwys taith i'r Wladfa gyda'r cyflwynydd radio, Sulwyn Thomas, i fwynhau'r eisteddfod yn Nhrelew. Cefais fy swyno gan yr acen a phurdeb y Gymraeg oedd yn dal ar wefusau rhai o'r trigolion. Yn Rawson cawsom sgwrs gydag Awena Huws a ofalai am y capel a hithau mewn gwth o oedran, ond heb erioed fod yn yr hen wlad. Roedd ei hacen a chyfoeth ei Chymraeg yn rhyfeddol ac fe wnaeth Sulwyn dâp o'r sgwrs. Ger Arfordir Valdes cawsom y profiad o weld morfilod mawr yn plymio i'r dyfnder ac yna'n dod i'r wyneb yn beryglus o agos at ein cwch bach ni.

Taith arall ddiddorol a wneuthum oedd y daith o Damascus i Acaba ar y Môr Coch drwy Syria a Gwlad yr Iorddonen. Roedd Damascus yn hollol heddychlon bryd hynny a'r cof am yr apostol Paul yn dal i gael ei barchu. Wrth deithio tu allan i'r ddinas daethom i bentref Cristnogol Malula, ac yn yr eglwys câi gwasanaeth ei gynnal yn yr Aramaeg, sef iaith yr Iesu. Llwyddais i gael tâp o'r gwasanaeth ac o Weddi'r Arglwydd yn yr iaith honno, fel y byddai'r Iesu wedi'i thraddodi. Byddaf yn ei chwarae weithie yn y capel. Ychydig dros flwyddyn yn ôl clywais y newyddion bod ISIS wedi ymosod ar y pentref ac wedi dinistrio'r eglwys a lladd rhai o'r Cristnogion. Yn Syria ac Irac roedd Cristnogaeth wedi gwreiddio'n gynnar a thros y canrifoedd câi eu dilynwyr y rhyddid i addoli. Oherwydd ymyrraeth pwerau mawr y gorllewin mae gwledydd fel Syria, Irac a Libya wedi'u dinistrio a llawer o'r Cristnogion wedi eu herlid.

Yn ystod y daith drwy Wlad yr Iorddonen cefais y profiad o ymdrochi yn y Môr Marw. I rywun na all nofio, roedd gorwedd yn y dyfroedd hallt heb suddo yn dipyn o brofiad. Felly hefyd yr ymweliad â Petra 'the rose red city half as old as time', a gerfiwyd allan o'r graig. I fynd ati roedd yn rhaid marchogaeth ar gefn ceffyl a mynd drwy agen gul yn y graig, cyn taro'n sydyn ar adeilad gorchestol y *Treasury*. I orffen y daith dilynwyd rhai o lwybrau T E Lawrence a theithio drwy Wadi Rum i gyfarfod â'r Bedouin. Dyma'r golygfeydd a geir yn ffilm Peter O'Toole, *Lawrence of Arabia*. Gwelais hefyd un o ryfeddodau'r anialwch. Ar ôl cawod fechan trodd y tywod yn garped o flodau ond ymhen ychydig roeddent wedi diflannu gan aros am y gawod nesaf. Taith ddiddorol arall oedd yr wythnosau a dreuliasom fel teulu yn Rwsia adeg y comiwnyddion gan ymweld yn arbennig â Moscow, Leningrad (St. Petersburg) ac Odesa. Ond fe gawsom daith hunllefus yn ôl yn un o awyrennau Aeroflot. Gan fod rhyw nam arni bu'n rhaid hedfan mewn cylchoedd o gwmpas Llundain am beth amser er mwyn llosgi'r tanwydd cyn inni lanio. Bu honno'n siwrnai bump awr ofidus. Ond mae gennyf deimladau cynnes tuag at un wlad yn arbennig. Dros rai blynyddoedd fe fyddwn i a Bethan yn treulio'n gwyliau haf yn crwydro ar hyd a lled Gweriniaeth Iwerddon ac fe fuom ym mhob rhan ohoni ar wahân i Donegal. Dotiwn at ei chaneuon ac yn enwedig at faledi'r gwrthryfel ac mae gen i gasgliad ohonynt. Felly, pleser yw gallu cymharu nodiadau â Lyn Ebenezer o bryd i'w gilydd.

Iwerddon

Mae hanes yn ei meini – a mirain
Ei llesmeiriol wyrddni,
Ceir angerdd yn ei cherddi,
Ond trist yw ei stori hi.

J P

143

Dyfed

ROEDD AWYRGYLCH A strwythur y cyngor newydd yn gwbl wahanol i'r hyn a fodolai yn Sir Aberteifi. Roedd pedwar ugain o gynghorwyr a phymtheg yn unig o'r rheini ddeuai o Geredigion, ac roedd gwleidyddiaeth yn chwarae rhan amlycach o lawer. Er mai'r grŵp annibynnol fyddai'n rheoli, roedd carfan gref o aelodau'r Blaid Lafur yn dod yn bennaf o Lanelli ac o'r ardaloedd glofaol fel y Gwendraeth a Dyffryn Aman. Hefyd roedd cynghorwyr o dde Seisnig Sir Benfro. Brwydron nhw i'r eithaf i gadw Sir Benfro'n annibynnol ond heb lwyddiant. Felly, gwrthblaid oeddynt yn ystod y blynyddoedd cynnar. Roedd mwy o gynghorwyr o Sir Gaerfyrddin nag o'r ddwy sir arall gyda'i gilydd a byddai hynny'n ffactor bwysig wrth apwyntio prif swyddogion.

Er mai Eric Carson, Clerc Cyngor Sir Aberteifi, oedd y mwyaf profiadol, aeth swydd y prif weithredwr i Gwilym Peregrine o Gaerfyrddin. Er mwyn ceisio cadw'r ddysgl yn wastad, etholwyd Heulyn Roberts o Sir Aberteifi yn gadeirydd dros dro. Gwasanaethodd am ddwy flynedd a gwnaeth dipyn i glosio'r gwahanol garfannau at ei gilydd. Yn y diwedd etholwyd D T Davies o Dryslwyn, un o aelodau Sir Gâr, yn arweinydd yr annibynwyr ac felly yn arweinydd y cyngor. Bu Dyfed yn ffodus iawn i gael un mor ddoeth a galluog i arwain. Cyhoeddwyd ei hanes yn ddiweddar lle soniwyd iddo ennill y *Military Medal* am ei wrhydri yn y rhyfel. Dihangodd deirgwaith o garchar rhyfel cyn ymuno â 'Partisans Tito' yn Yugoslavia. Yn 1977, bu Henry Thomas, y

Cyfarwyddwr Addysg, farw yn ddisymwth, a chynigiais am y swydd.

Dyfed oedd y sir fwyaf o ran maint daearyddol yng Nghymru a phoblogaeth o dros dri chan mil. Ni chynigiwyd y swydd imi, cafodd ei hysbysebu a bu'n rhaid imi gystadlu amdani. Tynnwyd rhestr fer, ac er fy mod wedi dod i adnabod pob un o'r cynghorwyr, bu'n rhaid ymddangos am gyfweliad gerbron yr wyth deg ohonynt. Yn eu plith roedd y Cynghorydd Hywel Teifi Edwards o Langennech. Yn ei ffordd gellwerus gwrthododd gadarnhau i mi dderbyn ei bleidlais, er gobeithio i mi ei chael, petai ond fel cydnabyddiaeth o'r dyddiau llawn cellwair a dreuliasom yn y Llyfrgell Genedlaethol.

Bu Hywel yn gynghorydd am ddeng mlynedd ac er ei fod ymhlith yr ychydig aelodau a berthynai i Blaid Cymru, roedd yn boblogaidd ymhlith aelodau'r pleidiau eraill hefyd. Roeddent wrth eu bodd yn gwrando ar ei huodledd, er anaml y derbynient ei arweiniad. Eto roedd Hywel yn cymryd ei ddyletswyddau fel aelod o ddifrif, a chyn pob pwyllgor addysg byddai'n fy ffonio i ofyn am gyfarwyddyd, yn enwedig pan fyddai'n rhaid wynebu toriadau yng nghyfnod Margaret Thatcher. Ambell waith byddem yn anghytuno yn y siambr, ac yna byddai'n troi at yr aelodau a mynnu na fuaswn byth wedi derbyn fy MA oni bai amdano ef. Celwydd wrth gwrs!

Oherwydd natur a maint y sir, roedd bod yn brif swyddog yn Nyfed yn dipyn o sialens a hithau'n ymestyn o Aberdaugleddau i Frynaman ac o Lanelli i lannau Dyfi. O ganlyniad, roedd yna wahaniaethau cymdeithasol a ieithyddol mawr o fewn ei ffiniau. O dan ein rheolaeth roedd 350 o ysgolion cynradd, 36 o ysgolion uwchradd a saith coleg. Ond y brif sialens oedd cwblhau'r gwaith o ad-drefnu ysgolion uwchradd. Roedd yr 11+ yn dal i fodoli mewn rhannau o Sir Gâr a Phenfro ac yn ardal Llandysul. Ar y pryd mynnai'r Llywodraeth Lafur fod y cynghorau sir yn creu ysgolion cyfun ac yn dileu'r 11+. Cefais y cyfrifoldeb o ad-drefnu'r ysgolion uwchradd ac euthum ati felly i newid y drefn yn Llanelli, Caerfyrddin, Hwlffordd,

Aberdaugleddau, Gwendraeth, Llandysul/Castellnewydd, a Hendy-gwyn/San Clêr. Gyda llaw, yn Nyfed cafwyd yr ysgol ramadeg olaf yng Nghymru, sef Ysgol Ramadeg Hendy-gwyn.

Er yr helynt yn Aberystwyth roedd cyngor Sir Aberteifi wedi bwriadu sefydlu ysgol ddwyieithog yng ngodre'r sir, ond beth fyddai agwedd Dyfed? Yn nhref Caerfyrddin roedd yna alw ers amser am gael ysgol uwchradd Gymraeg yn y dref, ond methwyd â pherswadio cyngor Llafur Sir Gâr i symud. Mae Clive Betts yn ei gyfrol ddadlennol *Culture in Crisis* a gyhoeddwyd yn 1976, yn feirniadol iawn o agwedd y sir honno.

> The first campaign for a Welsh secondary school in Carmarthen town started as long ago as 1967, following the Urdd Eisteddfod. It came to a climax at the National Eisteddfod in the town in 1974, but still no date had been fixed for the opening.

Flwyddyn ar ôl sefydlu Dyfed gofynnwyd am gyfarfod gan rai o gynrychiolwyr y rhieni i drafod y sefyllfa yng Nghaerfyrddin. Yn ôl Clive Betts eto,

> Labour controlled for so long, yet Carmarthenshire was one of the Welsh counties least advanced along the comprehensive road.

Erbyn hyn, nid oedd dewis, a syrthiodd y cyfrifoldeb ar Ddyfed i weithredu. Wrth fwrw ymlaen â'r ad-drefnu gwelais fod yma gyfle hefyd i sefydlu rhagor o ysgolion dwyieithog pe bai digon o alw amdanynt. Felly, gwthiais gofnod yn rhoi cyfle imi ystyried hynny yn sgil yr ad-drefnu. Synnais iddo gael ei dderbyn mor ddidrafferth o gofio am yr anghytuno yn Aberystwyth ac yng Nghaerfyrddin. Daeth dirprwyaeth o Gaerfyrddin i'r pencadlys ym Mhibwrlwyd i gwrdd â'r Cynghorydd D G E Davies (Defi Fet) o Landysul, a oedd yn gadeirydd y pwyllgor datblygu, a minnau. Roeddent yn amlwg wedi paratoi am gyfarfod tanllyd, ond rwy'n credu iddynt gael ei synnu pan ddeallwyd ein bod ni'n dau'n cydymdeimlo â'u safbwynt. Ymhen tair blynedd roedd Ysgol Bro Myrddin wedi ei hagor.

Ceisiai amryw o brifathrawon ysgolion uwchradd gynnal ffrydiau Cymraeg o fewn eu hysgolion, ond teimlwn ers tro nad oedd y patrwm hwn yn llwyddo. Byddai llawer ohonynt yn gwneud eu gorau glas i feithrin y ffrydiau, ond yn aml byddai'r dosbarthiadau Cymraeg yn llai na'r rhai Saesneg. Gallai hynny roi peth pwysau ar y staffio, a hefyd byddai rhai o rieni'r plant yn y ffrydiau Saesneg yn cwyno. Teimlwn fod ethos ysgol, gan gynnwys ei hiaith weinyddol a'i bywyd cymdeithasol, yr un mor bwysig â'r cyfrwng dysgu. Amhosib fyddai sicrhau hynny mewn ysgol gymysg ei hiaith. Felly, gwelwn fod cyfle i sefydlu ysgolion cyfun dwyieithog ochr yn ochr â'r ysgolion cyfun newydd.

Fel yn Aberystwyth, mynnai rhai y byddai hynny'n creu getos Cymraeg yn y sir, ac yn eu plith roedd y Dr Roger Thomas, Aelod Seneddol Llafur Caerfyrddin. Mynnai mai ysgolion i blant cefnogwyr Plaid Cymru fyddai'r rhain, ond eto, ychydig o aelodau'r grŵp Llafur ar y cyngor wnaeth wrthwynebu. Felly, cefais y rhyddid i fwrw ati. Yn Llanelli agorwyd Ysgol Gyfun Gymraeg Strade heb fawr o wrthwynebiad yn 1978. Dilynwyd hi gan Ysgol Bro Myrddin, Caerfyrddin, hefyd yn weddol ddidrafferth. Cafwyd peth gwrthwynebiad wrth sefydlu Maes-yr-yrfa yng Nghefneithin gan fod y Dr Roger Thomas yn dal yn ddrwgdybus. Cafwyd peth gwrthwynebiad hefyd yn Llandysul a hynny'n bennaf gan olygydd y *Cambrian News*. Roedd ganddo ferch yn Ysgol Ramadeg Llandysul ac nid oedd am weld ei haddysg hi'n cael ei effeithio. Felly, defnyddiodd golofnau ei bapur newydd i geisio lladd ar y cynllun. Ond gyda chefnogaeth lwyr y cynghorwyr lleol, D G E Davies a Hywel Heulyn Roberts, sefydlwyd Ysgol Dyffryn Teifi.

Yn ystod y cyfnod hwn bu'n rhaid i mi annerch llu o gyfarfodydd rhieni i geisio esbonio natur ysgol gyfun ddwyieithog. Roeddwn yn swyddog addysg yn Aberdâr a Phontypridd pan sefydlwyd Ysgol Rhydfelen, a chofiaf ymweld â Gwilym Humphreys, y prifathro, pan oedd yr ysgol mewn cabanau. Roeddwn am i'w ddisgyblion gystadlu yn eisteddfod ieuenctid Morgannwg, ac fe gytunodd. Ond ysgol oedd hon mewn ardal ddi-Gymraeg a llawer o'r plant yn dod o gartrefi uniaith Saesneg.

Yn Nyfed roedd y sefyllfa'n hollol wahanol, gan fod rhaid perswadio Cymry Cymraeg o werth ysgol o'r fath. Ambell waith gallai hynny fod yn anodd yn enwedig wrth geisio esbonio bod modd dysgu mathemateg a'r gwyddorau drwy'r Gymraeg. Byddent yn barod i dderbyn dysgu pob pwnc arall drwy'r iaith. Mae'r amharodrwydd hwn yn dal i raddau, ac efallai yn arwydd o ddiffyg hyder ymhlith y Cymry. Er bod ysgolion mewn ardaloedd Saesneg wedi gwneud hynny ers bron hanner can mlynedd deil peth drwgdybiaeth yn y Fro Gymraeg. Roedd eironi yn y sefyllfa fod plant o Forgannwg Seisnig yn symud i Ddyfed, ond yn methu parhau â'u hastudiaethau yn y pynciau hyn drwy'r Gymraeg. Ond i mi ar y pryd, roedd yr un mor bwysig sefydlu ysgolion â'r Gymraeg yn iaith swyddogol ym mhob agwedd ar fywyd a gweinyddiaeth yr ysgol. Ynddynt ni fyddai angen dilyn yr hen arferiad o ddefnyddio dwy iaith yn y cyfarfodydd boreol, gyda'r Saesneg yn gyntaf, fel arfer. Mewn sefyllfa o'r fath byddai hynny'n ddiwerth i'r Cymry Cymraeg gan iddynt ddeall y cyfan yn Saesneg ta beth. Mae'r chwech ysgol ddwyieithog newydd a sefydlwyd yn Nyfed wedi llwyddo a phob un yn dal i ffynnu. Nid oes un wedi'i sefydlu oddi ar hynny er bod camau yn cael eu hystyried yn Hwlffordd ar hyn o bryd.

Bu creu ysgolion Cymraeg newydd yn sgil adrefnu addysg dipyn yn haws am fod cymeriad pob ysgol yn gorfod newid beth bynnag. Yn ddiweddarach cefais drafferth aruthrol wrth geisio troi Ysgol Gyfun y Preselau yn ysgol gyfun Gymraeg. Bu tipyn o ffraeo o fewn y dalgylch pan wnaed arolwg ymhlith y rhieni yn 1977 i fesur y galw. Cafwyd mai nifer gymharol fechan o rieni fyddai'n gefnogol, ac na fyddai nifer y plant yn ddigon i sefydlu ysgol. Felly, bu'n rhaid gosod y cynllun o'r neilltu. Trefnwyd tri chyfarfod rhieni ac roeddent ymhlith y rhai mwyaf annymunol i mi eu mynychu yn ystod fy ngyrfa. Trefnydd Iaith Sir Benfro ar y pryd oedd W R Evans, a fagwyd ym Mynachlog-ddu, a bu'n eistedd gyda mi ar y llwyfan yn ystod y cyfarfodydd. Roedd W R yn Gymro i'r carn ac yn enwog am drefnu nosweithiau llawen a phantomeimiau ar hyd a lled Cymru ac ef oedd sefydlydd Bois y Frenni. Cafodd siom wrth glywed rhieni bro'r Preselau, ei bobol ef ei hun, yn mynnu bod eu plant yn cael gormod o Gymraeg yn barod. Ond mewn llai na deng mlynedd newidiodd y sefyllfa'n llwyr, a phan ailgyflwynwyd y cynllun cafwyd bod llawer mwy o gefnogaeth.

Mae'n rhaid i mi ganmol prifathrawon cynradd y dalgylch am eu brwdfrydedd yn darbwyllo cymaint o rieni. Hefyd roedd agweddau llawer o'r rhieni wedi newid oddi ar y saithdegau wrth weld llwyddiant ysgolion dwyieithog eraill o fewn Dyfed. Yn ogystal â hynny bu criw o rieni ifanc yn frwd iawn eu cefnogaeth yn ystod yr ymgyrch. Aethant ati i ddosbarthu pamffledi o fewn y dalgylch yn pwysleisio manteision ysgol o'r fath. Ond roedd yna beth gwrthwynebiad o hyd pan sefydlwyd y grŵp The Movement for Educational Integration a chafwyd tipyn o syndod pan fynegodd golygyddion y papur bro lleol eu hamheuon ynglŷn â'r bwriad. Ofnent hwy y byddai llawer o blant yn dewis mynd i ysgolion eraill. Cafwyd cyfarfodydd rhieni bywiog eto, a chafwyd llu o adroddiadau amdanynt yn y wasg. Yn un ohonynt dyfynnwyd y sylwadau hyn gan John Hughes, un o'r rhieni.

> We cannot stem the tide of immigration – that would be a racist thing to do. But our indigenous Welsh culture is under threat and having a bilingual school is the only way we can stem the influence of immigration and protect and maintain the use of the Welsh language for our children and our children's children.

Pan wnaethpwyd yr ail arolwg cafwyd bod y nifer yn cyfiawnhau newid natur yr ysgol. Erbyn heddiw mae Ysgol Ddwyieithog y Preselau yng Nghrymych yn llwyddiant mawr a bydd bron mil o blant yn derbyn addysg drwy gyfrwng y Gymraeg ynddi. Ymddangosodd unwaith yn rhestr y *Times* fel un o'r ysgolion da.

Erbyn 1990 un ardal ar wahân i Dde Penfro oedd heb ysgol uwchradd ddwyieithog, sef y rhan uchaf o Ddyffryn Teifi a Dyffryn Aeron. Yn 1989, aeth carfan o rieni yn nalgylch Tregaron ati i gasglu enwau er mwyn newid cymeriad yr ysgol, a phenderfynodd y llywodraethwyr gefnogi'r cais. Creodd hynny dipyn o bryder yn Llambed ac yn Aberaeron, dwy ysgol a oedd yn cynnig pynciau eisoes drwy'r Gymraeg. Yna daeth cais oddi wrth lywodraethwyr Llambed am leoli'r ysgol ddwyieithog yno. Felly, roedd dwy ysgol yn awr mewn cystadleuaeth. Yn y cyfamser dechreuodd rhieni ysgol Aberaeron ofidio am effaith y datblygiad ar y Gymraeg yn eu hysgol hwy. Mynegwyd natur y gofid mewn sylwadau yn y *Western Mail* gan un rhiant:

> My husband is a native Welsh speaker, my children are Welsh speakers. I have learned Welsh, and I want my children to be educated in Welsh. But if a bilingual school is set up in one of the other two towns Aberaeron will become the alternative English only school. The idea that our children may one day attend a school in Aberaeron where Welsh is taught solely as a foreign language is totally abhorrent.

Mae hyn yn dangos pa mor gymhleth y gall sefyllfa'r iaith fod. Roedd dwy ysgol yn ymladd i gael eu dynodi'n ysgolion dwyieithog a'r llall yn gofidio am effaith hynny ar ei Chymreictod hi. Sut oedd datrys sefyllfa o'r fath? Cyn iddi gael ei datrys roeddwn i wedi newid swydd. Yn y pen draw methwyd â dod i gytundeb, ond ers hynny mae'r tair ysgol wedi ymdrechu i gadw ethos Gymraeg, er bod hynny'n mynd yn anos yn sgil y mewnlifiad.

Roedd yna un ysgol nad oedd yn rhan o'm tiriogaeth yn Nyfed. Sefydlwyd cymuned o hipis yng Nghwm-du ar bwys Llandeilo. Roeddent yn byw mewn tipis tebyg i bebyll yr Indiaid Cochion. Tyfodd yn gymuned sylweddol a chanddynt nifer o gyfleusterau ar y safle gan gynnwys sawna. Nid yw'r Ddeddf Addysg yn mynnu bod rhieni'n addysgu eu plant o fewn ysgol, ond mae'n rhaid iddynt fedru profi eu bod yn cael addysg yn ôl 'age, ability, and aptitude at school or otherwise'. Felly, fe ellir addysgu plentyn gartref ond mae'n rhaid i'r Awdurdod Addysg fod yn fodlon ar y trefniadau. Gan fod tua deugain o blant yn y gymuned sefydlwyd ysgol yno a gŵr a alwyd yn 'Ric the Vic' yn athro arnynt. Roedd hwn yn gymeriad diddorol ac yn raddedig o Rydychen. Bu'n ficer yn Essex ond am ryw reswm roedd wedi gadael yr eglwys, ac felly dyma oedd wrth wraidd y llysenw. O bryd i'w gilydd byddai'n rhaid i rywun o'r Awdurdod Addysg ymweld â'r gymuned, a'r gŵr a gafodd y cyfrifoldeb hwnnw oedd y Dr Hedydd Davies, Swyddog Rhanbarth Caerfyrddin. Rwy'n sicr iddo gael agoriad llygad yno ar lawer achlysur. O fewn y gymuned roedd nifer o gefndir dosbarth canol os nad aristocrataidd. Cefais lythyr unwaith wrth Aelod Seneddol amlwg yn Lloegr yn chwilio am ei ferch a'i baban ac yn tybio ei bod yn y gwersyll. Methais â'i helpu am nad oedd gennyf i unrhyw awdurdod i chwilio amdani.

Gan mai fi oedd yr unig gyfarwyddwr addysg yn siroedd y de a fedrai'r Gymraeg, byddai'r cyfryngau yn gofyn am gyfweliadau yn aml ar radio a theledu. Gan fod trafferthion ynglŷn â'r iaith a chau ysgolion yn sicr o greu cythrwfl yn Nyfed roedd hynny'n fodd i fyw i rai o'r gohebwyr. Mae ffrae yn sicr o fod yn fêl ar ddannedd y cyfryngau. Gwneuthum nifer fawr o gyfweliadau gydag Alun Lenny ar ran y BBC a chofiaf hefyd i Glynog Davies ar ran y sianel arall ddod i holi am straeon. Un arall a ddibynnai arnaf yn aml oedd Sulwyn Thomas pan fyddai'r rhaglen foreol *Stondin Sulwyn* yn brin o ddeunydd. Yn ystod yr eira mawr yn 1983 bu Sulwyn yn fodd i gadw'r swyddfa addysg mewn cysylltiad ag ysgolion a rhieni. Y noson y dechreuodd yr eira roeddwn wedi bod yn Ninbych y Pysgod yn cwrdd â George Thomas AS, ond wrth droi am adref methais fynd ymhellach na Chaerfyrddin. Bu'n rhaid i mi aros yno am bron wythnos cyn i'r lluwchfeydd gael eu clirio. Felly, roeddwn i ac ychydig iawn o'r staff yn gaeth yn y swyddfa ym Mhibwrlwyd. Bu Sulwyn a'i raglen mewn cysylltiad cyson â mi a gallai gyhoeddi ar ein rhan pa ysgolion oedd ar agor neu yn dal ar gau.

Cymdeithasu a Pheth Gofid

YN YSTOD Y saithdegau a'r wythdegau gwneuthum gyfeillion da ymhlith y swyddogion yn Nyfed. Bûm yn ffodus iawn yn fy nirprwy, Dewi Davies, a ddaeth yn gyfaill mawr i mi. Byddem fel criw o alltudion o siroedd Aberteifi a Phenfro yn cwrdd bob amser cinio yn yr Ivy Bush, Caerfyrddin, ac yn cael tipyn o sbort. Fe gynhaliodd cawl a brechdanau'r gwesty hwnnw ni am dros ugain mlynedd gan barhau nes i mi ymddeol yn 1996. Yn ein plith ar un adeg roedd cyn-Esgob Tyddewi, Wyn Evans, a oedd yn ddarlithydd yn y Drindod ar y pryd. Pan apwyntiwyd ef yn Ddeon byddem yn trefnu ein cinio Nadolig yn y Deondy yn Nhyddewi.

Byddwn fel criw'r Llwyn Iorwg yn dal i gael aduniad unwaith y flwyddyn, ac yn 1978 aethom allan i Iwerddon i weld Cymru'n chwarae rygbi. Fe gawsom benwythnos difyr iawn a Chymru'n fuddugol gan ennill y Goron Driphlyg am y trydydd tro'n olynol. Ni fyddwn byth yn colli gêm ym Mharc yr Arfau ac fe brynais *debenture*. Roedd yn bleser mynd yno yng nghwmni Dewi Davies a phan fu ef farw collais ei gwmni'n fawr iawn. Roedd Dewi yn hanu o Gwm Tawe ac wedi bod yn WOP/AG (Wireless Operator Air Gunner) yn y Dwyrain Pell. Felly, roedd gyda ni'r un fath o hiwmor. Buodd Alun R Edwards, y Llyfrgellydd, yn un o griw'r Ivy Bush am gyfnod ac fel finnau teithiai'n gyson o Aberystwyth i Gaerfyrddin. Gofynnodd imi rannu fflat ag ef ac awgrymodd ein bod yn

153

mynd i'w gweld. Dilynais ef i fyny i Spilman Street ac yn sydyn dyma Alun yn troi i mewn i'r *Undertakers* gan ddangos y fflat oedd ganddo mewn golwg. Roedd hi uwchben y *Chapel of Rest*. Fe awgrymais wrtho'n garedig na fyddwn yn gyfforddus yn cysgu yno wrth feddwl am y cymdogion, ond nid wyf yn cofio a benderfynodd Alun letya yno ai peidio. Un amser cinio wrth dramwyo'r llwybr o Neuadd y Sir i'r Ivy Bush mi gwympais ar y palmant a daeth yn amlwg 'mod i wedi brifo fy asennau. Daeth gŵr ymlaen ataf ond nid oedd ei gyngor o fawr help, 'You should sue the County Council'. Cyfaddefais wrtho, 'I am the County Council and I would not wish to add to its money problems by suing it.'

Yn 1978, dechreuodd fy iechyd waethygu. Cefais fy mhoeni gan broblemau'r *gallbladder*. Aeth pethau o ddrwg i waeth gan fy mod yn gyndyn iawn o fynd am driniaeth. Yn y pen draw, cefais y clefyd melyn, ac fe'm rhybuddiwyd gan fy meddyg, Dr Ambrose Lloyd, bod yn rhaid i mi gael llawdriniaeth ar frys. Euthum i mewn i Ysbyty Bronglais, Aberystwyth, ond oherwydd imi adael pethau mor hir bu rhai cymhlethdodau go ddifrifol. Un noson wrth i mi geisio bwyta ychydig yn yr ysbyty, sylwodd Bethan nad oeddwn yn edrych yn dda iawn. Rhuthrodd i mofyn doctor, ac yn ystod y noson honno buont yn arllwys antibiotics i mewn i mi. Roeddwn wedi datblygu 'sub phrenic abcess a septicaemia'. Nid oedd y meddygon na'r nyrsys wedi sylwi. Nid wyf yn cofio llawer am y noson ar wahân i glywed rhywun yn gweiddi bod fy mhwysedd gwaed i lawr i 60 dros 40. Roeddwn yn ymwybodol bod pobol yn rhuthro o'm hamgylch, ond roeddwn fel petawn yn edrych i lawr arnynt i gyd. Wn i ddim pa arwydd oedd hynny, er i mi glywed wedyn i fi fod yn ddifrifol o dost.

Bu hwn yn gyfnod pryderus i Bethan a'r plant, ond rywfodd neu'i gilydd fe ddechreuais wella yn raddol. Bu'r Dr Ann a Dr Glyn Rhys o gymorth mawr i mi. Byddai Glyn, wrth ymweld â mi ym Mronglais, yn cuddio ei stethosgop dan ei got ac fe fyddai ef ac Ann yn cadw golwg manwl ar fy nodiadau meddygol.

Fe'm cadwyd yn yr ysbyty am chwech wythnos, collais ddwy stôn mewn pwysau, a bûm i ffwrdd o'r gwaith am chwe mis. Cefais glywed yn ddiweddarach gan Brif Feddyg y Swyddfa Gymreig i'r ysbyty wneud ymchwiliad wedi hynny. Byth oddi ar y profiad hwnnw rwyf wedi mwynhau iechyd gweddol tan yn ddiweddar iawn.

Er bod smocio'n ddrwg yn ôl yr hanes, bu'r bib o gymorth mawr i mi leddfu peth o'r straen a ddeuai ambell dro. Dechreuais ar y bib pan oeddwn yn byw yn Llundain, a bûm yn smocio tan i mi ymddeol. Wedi hynny rhoddais y bib o'r neilltu yn gyfan gwbl. Efallai fod y peth yn y genynnau gan fod fy nhad yn smociwr pib ac yn smocio baco *Ringer's Shag* go gryf. Yn ystod y rhyfel byddwn yn casglu dail troed yr ebol iddo ar y rheilffordd, ac yna, ar ôl eu gosod yn y ffwrn, byddai'n eu chwalu a'u cymysgu â'r baco er mwyn i hwnnw fynd ymhellach. Mae'n rhaid cyfaddef 'mod i'n dal i weld eisiau'r bibell ambell waith pan ddaw cyfnodau anodd. Ar adegau teimlaf fod y bib yn well na *valium*.

Dal i weld eisiau Aberystwyth oedd Bethan a byddai ambell gwmwl du'n dal i gronni. O'r diwedd llwyddodd i gael swydd dysgu rhan amser yn Aberaeron, a bu hynny o ryw gymorth iddi. Ceisiais hefyd ei chael i ymddiddori mewn pethau lleol, a dyna pryd y dechreuodd waith ymchwil ar Syr Herbert Lloyd, Ffynnonbedr. Roedd y straeon am sgweier mileinig Peterwell yn dal ar gof a chadw yn Llambed, yn enwedig y stori am yr 'hwrdd du'. Cyhuddwyd Siôn Philip ar gam gan Lloyd o ddwyn yr hwrdd ac yna fe'i crogwyd er mwyn dwyn ei dir. Erbyn heddiw dim ond ychydig feini sy'n nodi'r fan lle codwyd plasty moethus Peterwell ond mae'r rhodfa goediog sy'n arwain atynt yn dal i'n hatgoffa am yr hyn a fu. Mae un o'r caeau nid nepell o'r adfeilion yn dal i gael ei alw'n gae Siôn Philip.

Yn y diwedd cyflwynodd Bethan draethawd ar gyfer gradd MA a phenderfynodd gyhoeddi cyfrol yn dwyn y teitl *Peterwell*. Ni chafodd grant o unrhyw fath, ond fe aeth ati'n ddiwyd i gasglu enwau tanysgrifwyr a llwyddodd i gael dros fil ohonynt.

Cafodd y gyfrol dderbyniad da iawn ac erbyn hyn fe'i hystyrir yn gyfraniad gwerthfawr i hanes Llambed. Pan ymwelodd Tywysog Cymru â Llambed ar achlysur dathlu canmlwyddiant Siarter y Dref penderfynodd y cyngor gyflwyno copi o'r gyfrol wedi'i rhwymo mewn lledr yn rhodd iddo. Ni wn a gafodd gyfle i'w ddarllen ond mae'n debygol bod copi yn ei lyfrgell. Cofnodwyd yr achlysur yn y *Western Mail*:

ROYAL GIFT
Lampeter author Bethan Phillips is finding her recent book quite a hit... a copy of Peterwell was chosen by the Town Council to present to the Prince of Wales when he visited the town last week. A copy of the book was specially bound and embossed with the Council's crest in gold.
The book was chosen as the Prince had been studying Welsh History at Aberystwyth. Mrs. Phillips met the Prince when he visited the town: he told her he looked forward to reading the book.

Pan ddaeth yr Eisteddfod Genedlaethol i Lambed Bethan a wahoddwyd i agor y Babell Lên a rhoddodd ddarlith ar ddyddiadur Tom Davies, Castell, un o gymeriadau'r fro. Hefyd fe ddechreuodd Bethan ymddiddori yn y cyfryngau ac fe gyflwynodd sgriptiau i R Alun Evans ar gyfer Radio Cymru. Rwyf newydd ddod o hyd i dâp o raglen ar Hedd Wyn a wnaed ganddi yn 1986 ar ôl llawer o waith ymchwil. Mae'n cynnwys sgwrs a gafodd â nai'r bardd, Elis Williams, un o'r ddau frawd fu'n gofalu am Yr Ysgwrn dros y blynyddoedd. Mae ef wedi'n gadael erbyn hyn, ond mae ei frawd, Gerald, yng nghanol y datblygiadau gan y Parc Cenedlaethol i warchod y tŷ. Cefais y pleser o gwrdd â Gerald yn y Llyfrgell Genedlaethol ac anfonais gopi o raglen Bethan ato. Y tro diwethaf imi fynd i'r Ysgwrn oedd ar drip Capel Shiloh, Llambed, flynyddoedd yn ôl yng nghwmni fy nghydaelod, y diweddar Islwyn Ffowc Elis.

Fe fentrodd Bethan wedyn i fyd y teledu gan ysgrifennu rhaglenni ar gyfer y cyfresi *Almanac* a *Hel Straeon* a gyfarwyddwyd gan Wil Aaron, gyda Hywel Teifi'n cyflwyno llawer ohonynt. Yn eu plith mae ffilm am y *duel* olaf yng Nghymru pan laddwyd gŵr o'r enw Heslop yng Nghastellnewydd Emlyn. Yn ystod ei hymchwil ar gyfer MA bu'n pori trwy Lyfr Plwyf Llambed, a daeth ar draws stori drist am blentyn i dlotyn. Seiliodd ei ffilm, *Sara Abel Morgan*, ar honno, gyda Sharon Morgan yn cymryd y brif ran. Wedi hynny daeth i gysylltiad â Paul Turner, cyfarwyddwr y ffilm *Hedd Wyn*, ac fe aeth ati i sgriptio dwsin o raglenni wedi'u seilio ar lofruddiaethau hanesyddol yn Nyfed. Darlledwyd dwy gyfres o *Dihirod Dyfed*, a buont yn boblogaidd dros ben. Cafodd y gyfres ei hail ddarlledu i gyd-fynd â'r Eisteddfod Genedlaethol ddwy flynedd wedi hynny. Cyhoeddwyd detholiad o'r straeon mewn llyfryn dan yr un teitl, ac mae hwn yn dal i gael ei ddefnyddio ar gyfer arholiadau TGAU.

Yna, canolbwyntiodd Bethan ar ddysgu astudiaethau'r cyfryngau a chydweithiodd yn agos iawn gyda Mike Dyson o Sir Benfro, gŵr camera talentog iawn. Gwnaethant sawl fideo gan gynnwys rhai ar lenorion megis Islwyn Ffowc Ellis, Waldo Williams a Dic Jones, a hefyd un ar deulu Pantycelyn. Fe'u dewiswyd hefyd i wneud y fideo swyddogol ar gyfer Eglwys Gadeiriol Tyddewi. Yn 1994 enillodd hi a Mike Dyson wobr genedlaethol Sianel 4 Prydain am y fideo archeolegol orau ar Geltiaid Castell Henllys. Mae'r fideos yn awr yn y Llyfrgell Genedlaethol. Cofnod gwerthfawr yw'r fideo a wnaeth ar Gapel Soar y Mynydd, gan fod y prifardd W J Gruffydd a John Nantllwyd yn sôn am eu hatgofion yn ymwneud â'r hen gapel. Fideo arall o ddiddordeb hanesyddol erbyn hyn yw *Soldier George*. Yn hwn mae'n cyfweld George Pocock, yr olaf o drigolion Llambed fu'n ymladd yn y ffosydd yn Ffrainc, wedi iddo ymuno â'r fyddin yn bymtheg oed.

Cawsom hwb arbennig pan gafodd Geraint ei dderbyn i Goleg y Drindod, Rhydychen. Bu'r tair blynedd pan fu'n fyfyriwr yno'n gyfle i ni ymweld â Rhydychen yn gyson, gan aros fynychaf yng ngwesty'r Old Parsonage, lle bu Oscar Wilde

yn lletya. Cefais hyd yn oed gyfle i sefyll wrth fedd Syr John
Rhys, yr ysgolhaig Celtaidd y soniodd T H Parry-Williams
gymaint amdano yn ei ddarlithoedd. Roedd Catrin â'i bryd
ar fynd i nyrsio ac mi es i â hi am gyfweliad i Ysbyty Great
Ormond Street, Llundain, a chafodd ei derbyn yno. Cyn bo hir
fe fyddai Geraint a Catrin wedi'n gadael.

Problemau Iaith Unwaith Eto

BU'R BLYNYDDOEDD OLAF ym myd addysg yn rhai anodd dros ben. Hwn oedd cyfnod Thatcher, a bu'n rhaid gwneud toriadau cyson a fyddai'n ennyn protestiadau ymhlith athrawon a rhieni. Pan benderfynais gryfhau polisïau iaith yr ysgolion, torrodd storm unwaith yn rhagor. Oherwydd effeithiau'r mewnlifiad roedd yr iaith dan bwysau cynyddol yn amryw o ysgolion cynradd y Fro Gymraeg. Gwelsom i'r don gyntaf ddechrau torri yn Sir Aberteifi yn y chwedegau a'r saithdegau, ond erbyn yr wythdegau roedd y sefyllfa wedi dwysáu. Gan mai ysgolion dau neu dri athro oedd llawer ohonynt roedd straen mawr ar yr athrawon. Eisoes roeddwn wedi ffurfio corff o athrawon bro i'w cynorthwyo, a sefydlwyd canolfannau iaith er mwyn i blant mewnfudwyr gael sylfaen yn y Gymraeg cyn dechrau yn yr ysgol leol. Eto, roeddwn yn ymwybodol bod angen cryfhau'r Gymraeg fel cyfrwng dysgu fel y byddai'r disgyblion yn ddwyieithog erbyn gadael yr ysgolion cynradd. Felly, y bwriad oedd gwneud y Gymraeg yn brif gyfrwng dysgu yn ysgolion Categori A o fewn y Fro Gymraeg. Gan fod cymaint wedi symud i'r ardaloedd hyn, bu'r gwrthwynebiad ymhlith rhai rhieni'n ffyrnig iawn.

Ffurfiwyd y grŵp Education First in Primary Schools i wrthwynebu'r polisi iaith ac ymddangosodd llythyrau di-rif yn y *Western Mail* a'r papurau lleol. Bu cryn sylw i'r anghydfod y tu hwnt i Glawdd Offa yn y cyfryngau yn Lloegr. Cafwyd erthyglau yn y *Times* gan y colofnydd pigog Bernard Levin yn barnu bod dysgu iaith hynafol fel y Gymraeg yn gwbl ddiwerth. Ymddangosodd erthygl arall yn yr un papur gan Siân Griffiths, sy'n dal i fod yn brif ohebydd addysg y papur. Cafwyd peth cefnogaeth yn y *Guardian* gan y colofnydd Simon Jenkins sydd o dras Gymreig. Yn ystod un wythnos bu'n rhaid i mi ymddangos ar bron bob sianel deledu a radio yn esbonio ac yn amddiffyn y polisi. Yna daeth Dr Alan Williams, Aelod Seneddol Llafur Caerfyrddin, allan o blaid Education First a'm cyhuddo o fod yn Stalinistaidd ac yn haeru bod y Pwyllgor Addysg yn gweithredu system o apartheid o fewn yr ysgolion. Dyma ran o'r adroddiad a ymddangosodd yn y *Times Educational Supplement* gan Siân Griffiths am y sefyllfa.

> LABOUR MP SPEARHEADS ENGLISH-SPEAKER PROTESTS
> English speaker parents in rural west Wales warn that the new policy of teaching exclusively in Welsh in some primary schools will severely damage their children's educational prospects and psychological development. Parents in Dyfed have enlisted the aid of Carmarthen's Labour MP Dr Alan Williams in their bid to get the policy reversed. In a hard hitting letter to the council, Dr Williams accused the council of sacrificing children's educational prospects to the 'political objective of saving the Welsh language'.

Yna ymddangosodd hwn yn y *Western Mail* ym mis Mehefin 1990:

> LANGUAGE IS PUT BEFORE EDUCATION, MP CLAIMS
> Education chiefs in Dyfed have been accused of putting the fight to save the Welsh language before education. A hard hitting criticism of the county's policy of categorising schools has been dispatched to every county councillor by Carmarthen MP Dr. Alan Williams.

Aeth ymlaen i ddweud 'It is clear to me that for the authors of this policy the Welsh language is more important than the educational needs of the children'.

Cafwyd yr ymateb hwn gan Ffred Ffransis ar ran Cymdeithas yr Iaith:

> Mr Ffred Ffransis of Cymdeithas yr Iaith accused the M.P. of trying to create social division in Dyfed for his own ends. The policy gives Welsh speaking children the basic right to receive education in their mother tongue. And it gives the children of newcomers the right to be fully integrated and play their full part in the life of the community.

Daeth Blodwen Griffiths yn aelod amlwg o Education First ac yna'n gadeirydd i'r mudiad. Cafwyd cyhuddiadau yn fynych bod y polisi yn annheg i blant bach o gartrefi Saesneg. O bryd i'w gilydd cafwyd y stori bod plant bach yn gwlychu eu hunain am nad oeddent yn gallu gofyn am fynd i'r tŷ bach yn y Gymraeg. Gwnaed yr un cyhuddiad yn y senedd unwaith gan Neil Kinnock wrth gyfeirio at bolisi iaith ysgolion Môn. Felly, roedd cryn bwysau ar y pwyllgor addysg i ailystyried y polisi. Cofier bod gan y grŵp Llafur chwech ar hugain o aelodau ar y Cyngor Sir, a'r cwestiwn oedd a fyddent hwy yn penderfynu dilyn arweiniad yr aelod seneddol Llafur? Gwyddwn fod yna ddau neu dri eisoes wedi bod yn bresennol mewn cyfarfod o Education First yng Nghaerfyrddin, a bod Dr Williams yn awr yn cyhuddo'r pwyllgor addysg o 'force feeding':

> Dr. Williams complained that English speaking pupils are now being 'force fed' the language and little children and their parents have to like it or lump it.

Yna daeth llais newydd i'r ddadl a chafwyd y pennawd hwn yn y *Western Mail*:

EXPERT ATTACKS FORCED WELSH TEACHING
Parents who want Dyfed County Council to put 'education first' in primary schools have won the backing of language specialist Dr

Tim Williams. He has told the group that the central issue is not the survival of the Welsh language but the education of children.

Cafwyd rhaglen ar *Y Byd a'r Bedwar* yn trafod yr ymrafael yn Nyfed, a dyma ymateb Dafydd Morgan Lewis yn ei golofn *Tafoli'r Teli* yn *Y Cymro*:

Mae rhywbeth mawr yn bod ar Gymru os yw'n gwleidyddion yn adlewyrchu'n deg gyflwr ein cenedl. Methwyd dianc rhag Alan Williams eto'r wythnos hon, wrth iddo gael cyfle arall ar y *Byd ar Bedwar* nos Iau i ymosod ar 'greulondeb Stalinaidd' polisi ieithyddol Pwyllgor Addysg Dyfed. Ac ar y brif raglen newyddion nos Lun clywsom fewnfudwyr yn ceisio tolcio'r polisi ymhellach drwy ategu geiriau'r Aelod Seneddol. Cawsom ganddynt berlau fel 'The Welsh only deprives them of their education', a chyhuddwyd yr Awdurdod Addysg dieflig o 'Using children, which is outrageous, to beat the English with a big stick.'

Er maint y gwrthwynebiad daliodd y pwyllgor addysg yn gadarn a bûm yn lwcus iawn o gefnogaeth mwyafrif y grŵp Llafur dan arweiniad y Cynghorydd Howard Jones, cyn-löwr o'r Gwendraeth. Gwrthododd ef a'i gynghorwyr, ar wahân i lond dwrn, ochri gyda'r Dr Alan Williams. Pan alwyd cyfarfod o'r grŵp Llafur i drafod y mater, bu dau gynghorydd di-Gymraeg yn frwd iawn eu cefnogaeth i'r polisi, sef Howard James o Neyland, a fu'n gweithio y tu allan i Gymru am flynyddoedd, a Hag Harries, yr aelod Llafur dros Lambed. Hanai ef a'i wraig o Ganolbarth Lloegr a buont yn fyfyrwyr yng Ngholeg Llambed. Fe chwaraeodd ran allweddol yn ddiweddarach er mai dal i rygnu 'mlaen wnaeth y cynnwrf drwy sylwadau yn y wasg ac ar y cyfryngau. Cafodd Alun Lenny, gohebydd y BBC yn Nyfed, a Steve Dube o'r *Western Mail* amser prysur iawn. Bu'n rhaid iddynt hwy a'r gohebwyr lleol eraill geisio cadw'r ddysgl yn wastad, ond eto bu'r ddau'n hollol deg â'r pwyllgor addysg. Hanai Steve Dube o'r rhan Ffrengig o Ganada a nes ymlaen anfonodd ei ferch i ysgol Dyffryn Teifi. Erbyn heddiw mae

Alun Lenny'n cynrychioli Plaid Cymru ar Bwyllgor Addysg Sir Gâr lle bu problem debyg yn rhygnu ymlaen yn Llangennech. Parhau wnaeth y llythyru a'r ffraeo yn y *Western Mail*. Gallai ambell lythyr fod yn ddiflewyn ar dafod, fel hwn gan D O Davies o Bontargothi, wedi'i gyfeirio at Dr Alan Williams.

> Your attack on Dyfed's educational policy is repulsive, even by your standards. The old Welsh Labour stalwarts must be turning in their graves. Jim Griffiths once said, 'Labour has a duty to join with others in Wales to preserve our language.'... I lived happily in England for many years, and the Welshman the English despise is the Uriah Heap type, Dic Shon Dafydd.

I'r cyfeiriad arall cafwyd llythyr gan gadeirydd Education First yn mynnu bod eu haelodau hwy'n cael eu cam-drin y tu allan i'r ysgolion a bod nifer fawr o rieni'n rhy ofnus i godi eu llais yn erbyn y polisi iaith. Dan y pennawd 'Don't Indulge in Linguistic Engineering', dywedodd hyn.

> There are many parents who do NOT favour the policy but for a variety of reasons do not make their feelings known. Parents fear physical violence towards them and their children and some parents have been pushed around and spat upon for speaking out... Parents are afraid to make enquiries at their school in case their teachers attitude towards their children becomes less favourable.

Yng nghanol y corwynt digwyddais daro ar Gwynfor Evans yn Aberystwyth ac roedd ef hefyd yn gofidio wrth weld y sefyllfa'n dirywio. Roedd eisoes wedi sefydlu cymdeithas dan yr enw Pont ar gyfer y mewnfudwyr oedd yn gefnogol i Gymru a'i diwylliant. Gwahoddodd fi i alw i'w weld, ac fe alwais yn ei gartref ym Mhencarreg. O ganlyniad, trefnwyd cyfarfod cyhoeddus yn Neuadd Sant Pedr, Caerfyrddin, o dan nawdd Pont, a chadeiriwyd hwnnw gan y Cynghorydd Llafur, Hag Harris. Roedd ef a'i wraig Jan yn dysgu Cymraeg ac wedi gosod eu plant mewn ffrwd Gymraeg yn yr ysgol leol. Bu Jan yn cystadlu yn yr Eisteddfod Genedlaethol fel dysgwraig, a daeth yn gwbl rugl yn yr iaith. Bu ei marwolaeth annhymig yn golled fawr. Ar ddiwedd y cyfarfod cafwyd pleidlais a'r mwyafrif llethol yn cefnogi polisi iaith y pwyllgor addysg. Cafwyd llythyrau cefnogol hefyd gan amryw o fewnfudwyr, fel hwn yn y *Cambrian News*.

> We are incomers into Wales who deeply respect the country's life and native language. Our intention is to be an integral part of the communities into which we have moved. The question must be asked why are all these English people living in this part of Wales. For many of us the attraction (apart from affordable houses) was the Welsh flavour of the area, and I for one would hate to hasten its demise.

Mewn ambell ysgol gynradd roedd gan Education First nifer o gefnogwyr a chafwyd y pennawd hwn yn y *Western Telegraph*:

BATTLING PARENTS SLAM ALL WELSH EDUCATION PLAN
Parent resistance to Welsh medium teaching at Glandwr school is gathering momentum.

Cytunais i fynd i'r ysgol er mwyn esbonio'r polisi ac i wrando ar y pryderon. Ar noson hyfryd o haf ymwelais â chyfarfod rhieni yn yr ysgol fach yng nghesail y Preselau. Gwyddwn fod yno wrthwynebiad i'r polisi, ac y byddai'r awyrgylch yn elyniaethus iawn. Gyda mi roedd y trefnydd iaith, Elisabeth Davies, a'r cynghorydd, John Thomas, Cymro diwylliedig o Sir Benfro. Wrth weld y mynyddoedd drwy'r ffenestri ceisiais esbonio pa mor bwysig oedd y Preselau i ddiwylliant Cymru. Yna, dyma lais yn gweiddi 'you should bloody well move them then'. Heb yn wybod i mi roedd y gohebydd Hefin Wyn wrthi'n tapio'r cyfarfod, ac fe glywyd peth o'r drafodaeth ar Radio Cymru.

Trafodwyd polisi iaith Dyfed ar lawr y senedd pan ofynnwyd cwestiynau i Syr Wyn Roberts gan Dr Alan Williams a Nicholas Bennet, Aelod Seneddol Penfro. Mynnodd Syr Wyn mai mater i'r awdurdod addysg oedd y polisi. Yna cododd Geraint Howells, aelod Ceredigion, gan ddweud,

> It is a great shame that the two members have interfered with the teaching of Welsh in his constituency. In one school the parents of 50 out of 56 are in favour of the policy. Will the Minister advise those two honourable members to behave themselves and act like gentlemen?

O'r diwedd wrth i'r Pwyllgor Addysg ddal yn gadarn trodd Education First at y llysoedd er mwyn ceisio newid y polisi. Bu cais i'r Uchel Lys (Queens Bench Division) gan rai rhieni yn gofyn am adolygiad barnwrol. Roeddent am i'r llys orfodi'r cyngor sir i dalu costau teithio plant oedd am drosglwyddo o ysgolion Categori A. Fe allai costau o'r fath fod yn uchel iawn, a byddai wedi bod yn anodd parhau â'r polisi petaent wedi llwyddo. Yn ffodus, y diweddar Gareth Williams QC, yr Arglwydd Mostyn wedi hynny, oedd bargyfreithiwr y cyngor sir. Dyrchafwyd ef yn Dwrne Cyffredinol wedi hynny, ond bu farw'n rhy gynnar o lawer. Roedd yn fargyfreithiwr trwyadl iawn a'r ddawn ganddo i roi'n hachos yn gryno ac yn effeithiol gerbron y llys. Felly, methu wnaeth achos y rhieni a mynegodd y Barnwr beth cydymdeimlad â safbwynt y cyngor sir.

Yna apeliwyd yn ffurfiol at y Swyddfa Gymreig, ac fe allai'r ysgrifennydd gwladol fod wedi gorfodi Dyfed i newid y polisi. Syr Wyn Roberts oedd y gweinidog â'r cyfrifoldeb dros addysg, ond unwaith eto fe wrthododd ymyrryd. Bu ei gefnogaeth ef yn gyffredinol dros y Gymraeg yn anhraethol bwysig, er na chafodd y clod haeddiannol am hynny. Efallai mai'r ffaith ei fod yn Geidwadwr ac yn aelod o lywodraeth Margaret Thatcher fu'n gyfrifol am hynny. Ambell waith fe fyddwn yn ei gyfarfod ar y trên o Lundain ar fore dydd Gwener, a deallais ganddo na fyddai'r Gymraeg wedi cael lle o fewn y cwricwlwm cenedlaethol oni bai am ei ddylanwad ef, gan nad oedd Margaret Thatcher yn awyddus iawn i'w chynnwys.

Roedd Arolygwyr ei Mawrhydi hefyd yn gefnogol i bolisi'r sir, ond yn bennaf mae'r diolch i brifathrawon ac athrawon ysgolion cynradd Dyfed a'r trefnyddion iaith, Elisabeth Davies a Dyfrig Davies. Ar eu hysgwyddau hwy y syrthiodd y cyfrifoldeb am berswadio rhieni ac am weithredu'r polisi.

Bu peth helynt yn ysgol gynradd Tal-y-bont, a chafodd y brifathrawes Diana Jones amser caled gan un darlithydd yn y coleg oedd yn gefnogwr i Education First. Pan alwyd cyfarfod o'r rhieni i drafod y mater boddwyd ei lais ef gan leisiau'r cefnogwyr. Caewyd y cyfarfod gan y cadeirydd, y Cynghorydd John Davies, Dolcletwr, gyda'r geiriau 'When in Rome do as the Romans do'. Pan gynhaliwyd cyfarfodydd llywodraethwyr y tri chant a hanner o ysgolion cynradd ar draws y sir, gwelwyd mai ychydig o wrthwynebiad a gafwyd mewn gwirionedd. Mae hyn yn glod hefyd i'r nifer fawr o fewnfudwyr a ddaeth yma i fyw a oedd yn awyddus i weld eu plant yn cael eu cymhathu o fewn yr ysgolion.

Roeddwn yn eithriadol o lwcus mai'r Cynghorydd Dewi Lewis, cyn-brifathro Ysgol Ardwyn, Aberystwyth, oedd cadeirydd y pwyllgor addysg ar y pryd. Gallai ef ddal ei dir yn erbyn unrhyw wrthwynebydd yn Saesneg neu yn Gymraeg. Aeth ati'n ddiflewyn ar dafod i amddiffyn y pwyllgor addysg yn y *Western Mail* dan y pennawd

LANGUAGE PLEA MP ACCUSED OF RACE HATRED
Dr Williams' views on the Welsh language are well known and his call for a review of the county's language policy in schools was not unexpected. Nevertheless the use of such emotive words as 'racist', 'force feeding', Stalinist authoritarianism' and 'educational harm' do nothing to advance his arguments, said Mr. Lewis. In fact they stir up hatred within communities when we should all be working for closer harmony.

Arweiniodd un ddadl rhyngddo a Dr Alan Williams ar deledu at achos o enllib, pan fynnodd yr aelod seneddol bod un ysgol yn Sir Benfro yn gweithredu'r 'English Not'. Fe gymerwyd achos yn ei erbyn ef a'r BBC gan UCAC ar ran yr ysgol, ac fe lwyddodd y prifathro a'r athrawon i ennill iawndal.

Bûm yn ffodus iawn hefyd fod gan y cyngor sir swyddog y wasg medrus iawn a allai ysgwyddo tipyn o'r baich. Roedd fy nyled i Gerwyn Morgan a'i ddirprwy, Delyth Lewis, yn fawr iawn yn ystod y cyfnod hwn. Yn aml iawn byddai Gerwyn yn darian i'm cysgodi rhag y llu o alwadau a chwestiynau a ddeuai o'r cyfryngau yng Nghymru a thros Glawdd Offa. Un arall a gariodd dipyn o'r baich oedd Gwyneth Williams, fy ysgrifenyddes. Hi fyddai'n ateb y ffôn yn aml pan fyddai ambell alwad elyniaethus yn cyrraedd. Chwarae teg iddi, byddai'n amyneddgar a chwrtais bob amser. Ar adegau ni fyddai hynny'n dasg hawdd.

Yn ystod un wythnos bu'n rhaid i mi wneud cyfweliadau ar y rhan fwyaf o sianeli teledu a radio. Penderfynodd HTV anfon criw o Fryste i Ddyfed i weld beth oedd y drafferth yn y rhan bellennig hon o'r gorllewin gwyllt. Gan nad oedd y gohebydd yn ymwybodol iawn bod y Gymraeg yn dal yn iaith fyw, anfonais ef i ysgol Brechfa i weld y polisi ar waith. Gwyddwn fod y Parch Patrick Thomas, Ficer y Plwy, yn gefnogol iawn ac wedi cael cryn ddylanwad ar y rhieni. Pan ymddangosodd y rhaglen, roedd yn gwbl ragfarnllyd a heb fod yn adlewyrchiad teg o gwbl o sylwadau'r rhieni. Soniais am hyn wrth y Tra Pharchedig George Noakes, Esgob Tyddewi, ac fe gafodd yntau air â David Nicholas, Cadeirydd ITN, a oedd wedi bod yn gydfyfyriwr gydag ef yn Aberystwyth. O ganlyniad, cafwyd ymddiheuriad ar y newyddion cenedlaethol yn ystod yr oriau brig. Cofiaf i mi hefyd gael cyfweliad gyda gohebydd Sky ar ddiwrnod glawog y tu allan i Ysgol Gynradd Abernant. Synnodd honno hefyd fod y Gymraeg yn cael ei dysgu yn yr ysgolion. Gan nad oedd gennyf deledu Sky ni welais beth a ddaeth o'r cyfweliad hwnnw.

Aeth y BBC â chamerâu y tu allan i ysgol gynradd Cribyn i siarad â rhieni oedd yn gefnogwyr i Education First. Fe ddywedodd un gŵr bethau go hallt, nid yn unig am y polisi, ond hefyd am yr iaith Gymraeg. Cyhuddodd yr 'extremists' ar y cyngor 'of wanting to go back to the 13th century and crawl about speaking Welsh.' Aeth un arall ymlaen i ddweud, 'the education of English speaking children was suffering because they had to learn Welsh. It's not even a main language. It's a localised language.' Pan welodd rhieni Cribyn y rhaglen a chlywed y sylwadau hyn gan bobol nad oeddent hyd yn oed yn rhieni o'r ysgol, cafwyd ymateb chwyrn. Cyhoeddwyd adroddiad ar eu rhan yn y *Cambrian News*:

> BBC Programme attacked by angry Parents
> Dragged through the dirt
> Furious parents in Cribyn are claiming that the good name of their school has been dragged through the dirt by a news item on the BBC's Wales Today Programme. They claim that the programme implied that English parents in Cribyn were unhappy with the school's teaching methods. They insist that nothing could be further from the truth... Local people have been outraged by what they saw. No child has ever been withdrawn from Cribyn because too much Welsh is spoken.

Bu'n rhaid i'r BBC ymddiheuro unwaith eto, a'r unig amddiffyniad a roddwyd am y rhaglen oedd bod Cribyn yn fan canolog i gwrdd.

Yn anffodus cysylltir unrhyw ymgais i amddiffyn yr iaith Gymraeg â chenedlaetholdeb eithafol gan rai pobol, a dygwyd yr elfen honno i'r ddadl mewn modd anffodus gan olygydd y *Llanelli Star*. Yn ei golofn olygyddol cyfeiriodd at yr 'holocaust' fel canlyniad i genedlaetholdeb o'r fath. Yn naturiol ddigon cododd hynny wrychyn llawer iawn o'i ddarllenwyr a chafwyd nifer o lythyrau'n condemnio'i sylwadau. Dyma ddyfyniad o un llythyr:

I would like to make my feelings known on your comparing nationalism with the holocaust. I suggest in future that you visit one of the local Welsh schools to take a few history lessons, so you find out the difference between fascists, who were the perpetrators of the holocaust, and nationalists.

Yn ystod y cyfnod hwn roedd Cymdeithas yr Iaith yn gweithredu o fewn y sir. Er fy mod yn cydymdeimlo â'u hamcanion roedd eu dulliau o weithredu'n gallu gwneud pethau'n anodd. Bu cyfarfod o'r pwyllgor addysg i drafod y posibilrwydd o ariannu corff o athrawon bro, ac er bod Dr Roger Thomas a'r NUT yn gwrthwynebu, llwyddais i gael swm o arian i fwrw ati. Y noson honno torrwyd i mewn i'r Swyddfa Addysg ym Mhibwrlwyd a gwasgarwyd ffeiliau, rhai yn gyfrinachol, ar hyd y cae tu allan. Er bod gan y pwyllgor addysg lawer o bwerau byddai'r pwyllgor personél yn atebol i'r cyngor sir. Cadeirydd y pwyllgor hwnnw oedd y Cynghorydd Howard Cooke o Rydaman. Nid oedd ganddo fawr o gydymdeimlad â'r Gymraeg, a llai fyth tuag at aelodau o Gymdeithas yr Iaith. Felly, penderfynodd ei bwyllgor bod unrhyw un o staff y cyngor sir a fyddai'n euog o ddinistrio eiddo yn cael ei ddiswyddo. Gallai hynny olygu athrawon hefyd.

Yn fuan wedyn bu'n rhaid i athro ac athrawes ymddangos o flaen y pwyllgor disgyblu. Yn ôl y polisi fe allent fod wedi colli eu swyddi ond yn ffodus, y Cynghorydd Sam Hughes, cyn-löwr o Drimsaran a chynghorydd Llafur, oedd yn y gadair. Nid oedd yn un o ffrindiau pennaf Cooke, felly diystyrwyd penderfyniad y pwyllgor personél a chafodd yr athrawon ddianc â rhybudd terfynol. Bu'r ddau yn athrawon cydwybodol am flynyddoedd ac aeth Terwyn Thomas ymlaen i fod yn brifathro a Menna Elfyn i fod yn fardd o fri. Fe fyddai Cymdeithas yr Iaith hefyd yn gwrthwynebu cau ysgolion bach a Ffred Ffransis yn barod i weithredu'n uniongyrchol ar eu rhan. Fe ymladdodd i'r eithaf i gadw ysgol Llanfihangel-ar-arth ar agor gan feddiannu'r adeilad ar un achlysur, ond bu'n rhaid iddo ildio yn y diwedd. Roedd yn anodd iawn i unrhyw un gael y gorau ar Ffred gan ei fod mor bendant ei farn. Ond ei arfau pennaf oedd ei ddidwylledd cadarn a'i gwrteisi naturiol.

Pan ddaeth cyfnod Cyngor Sir Dyfed i ben yn 1996, mabwysiadodd Ceredigion, Caerfyrddin a Phenfro bolisi iaith Dyfed heb unrhyw wrthwynebiad. Ond mae yna ddihareb Ffrangeg *plus ça change, plus c'est la même chose*. Po fwyaf bydd pethau'n newid, mwyaf i gyd y byddant yn aros yn ddigyfnewid. Wrth i mi ysgrifennu'r geiriau hyn, gwelaf fod yna ffrwgwd yn Llangennech a charfan yn gwrthwynebu troi'r ysgol gynradd yno'n ysgol Gymraeg. Ond yng nghanol yr adroddiadau ymfflamychol cafwyd y darn hwn yn y *South Wales Evening Post*, Mawrth, 1990, sy'n rhoi darlun hollol wahanol o sefyllfa'r iaith yng Nghaerfyrddin:

WELSH LANGUAGE INTEREST BOOMS
So many people are learning Welsh at Carmarthen's Community Education Centre, that a forthcoming social event for learners will fill the centre's activities hall. There are 13 classes currently running. Most of the learners are newcomers to the area. We have so many learners and they are so enthusiastic that we decided to hold a social event.

Pan oeddwn yn gyfarwyddwr addysg daeth rhyw Sais a gadwai dafarn yn Llandeilo â llyfr allan dan y teitl *A Year in The Drink*. Yn y gyfrol fe wnaeth sylwadau enllibus amdanaf gan awgrymu fy mod yn delio â mewnfudwyr o Loegr fel petaent yn dod o Bacistan, a hefyd fy mod wedi colli swm o arian i'r cyngor sir. Mae'n debyg bod ei gymar yn ysgrifennu i'r *Guardian* ac wedi ymweld â'r swyddfa addysg am gyfweliad. Ar y pryd roeddwn i'n gorwedd yn ddifrifol wael yn ysbyty Bronglais ond mae'n debyg iddi weld Dewi Davies, y Dirprwy Gyfarwyddwr. Gwyddwn na fyddai Dewi byth yn gwneud sylwadau o'r fath. Bu'n rhaid i mi felly droi at fy Undeb, y Society of Education Officers, am help. Gan i mi ystyried mai peth personol oedd hwn, nid oeddwn am droi at y cyngor sir i ariannu'r achos fel sydd wedi digwydd mewn un sir yn ddiweddar. Trefnwyd imi weld cyfreithiwr yn Lerpwl oedd yn arbenigo ar achosion o enllib, a phenderfynodd ef bod gennyf achos cryf. Bu'n rhaid i'r cyhoeddwyr, Fontana Books, dderbyn fy mod wedi cael fy enllibio a chefais ymddiheuriad llwyr ganddynt. Ond yn fwy na hynny, bu'n rhaid iddynt dynnu pob copi o'r llyfr oddi ar y silffoedd a'u dinistrio, a rhoi'r addewid na fyddent byth mwyach yn eu cyhoeddi. Ymhen rhai misoedd wedyn wrth ymweld â'r siop bapurau yn Llambed ar fore Sul, gwelais fod un copi o'r llyfr yn dal ar ôl ar y silffoedd. Dywedais wrth y perchennog am gael ei wared, ond erbyn hyn rwyf wedi difaru na phrynes i'r llyfr, gan nad oes copi gen i ohono.

Prif Weithredwr Dyfed

Yn 1990 dewisodd DH Davies ymddeol fel prif weithredwr ar ôl cyfnod o wasanaeth clodwiw a phenderfynais gynnig am y swydd. Roeddwn wedi gwasanaethu fel cyfarwyddwr addysg Sir Aberteifi a Dyfed am bymtheng mlynedd ac mae'n rhaid cyfaddef fod y flwyddyn olaf wedi bod yn dipyn o straen. Roedd yn rhaid hysbysebu'r swydd a chynigiodd nifer amdani. Tynnwyd rhestr fer o chwech a bu'n rhaid inni ymddangos gerbron y cyngor sir, ac yn ffodus fe'm penodwyd i'r swydd. Wedi'r apwyntiad cefais gyfweliad ar deledu gan Alun Lenny, gohebydd y BBC, a'i gwestiwn cyntaf oedd, 'Ai am eich safiad dros y polisi iaith y dangosodd y cyngor ei ffydd ynoch?' Methais ag ateb hwnnw, ond gobeithio bod cnewyllyn o wirionedd yn y cwestiwn. Cafwyd y pennawd hwn yn *Y Cymro*:

DYN HELYNT ADDYSG I REDEG SIR
Dewiswyd Mr. Phillips, cyn Gyfarwyddwr Addysg Dyfed am 13 mlynedd o restr fer o chwech i arwain 14,000 o staff ar y cyngor. Mr Phillips oedd ynghanol yr helynt addysg yn ddiweddar pan brotestiodd Dr Alan Williams a'r grŵp Education First yn erbyn polisi Dyfed o drwytho plant ysgol yn y Gymraeg.

Nid oedd yr apwyntiad wrth fodd pawb. Cefais gyfweliad gan ohebydd y *Cambrian News* a gofynnwyd i mi ddweud gair am fy nghynlluniau ar gyfer y sir. Mae'n debyg i mi bwysleisio'r awydd i wasanaethu'r gymdeithas gyfan. Ymddangosodd llythyr yn y papur gan un o selogion Education First yn awgrymu petai modd credu hynny yna 'pigs could fly'. Bu Tegwyn Jones o Bow Street mor garedig ag ateb. Yn ei lythyr fe awgrymodd petai'r llythyrwr yn gweld mochyn yn hedfan fe ddylai neidio ar ei gefn a gadael y sir.

Roedd dyletswyddau prif weithredwr yn amrywio dipyn. I ryw raddau roedd yn golygu llai o straen wedi ffrwgwd yr iaith a chefais gyflog ychydig yn uwch, er na ellid ei gymharu â chyflogau bras heddiw! Ynghlwm wrth swydd y prif weithredwr roedd swydd clerc i'r Arglwydd Raglaw, Syr David Mansel Lewis, Castell Strade a'r cyfrifoldeb o drefnu ymweliadau gan y teulu brenhinol i Ddyfed. Felly, yn rhinwedd fy swydd, fe gwrddais â'r Frenhines, Dug Caeredin, Tywysog Cymru a'r Dywysoges Diana. Trefnwyd cinio i Charles a Diana yng ngholeg Pibwrlwyd ar eu hymweliad â Chaerfyrddin yn dilyn y llifogydd yno. Treuliodd hi'r rhan fwyaf o'i hamser yn siarad â'r merched ifanc oedd yn bresennol. Yn ystod y sgwrs fe ddywedodd yn gellweirus, 'I was thick as a plank in school'.

Ar y cyfan deuthum ymlaen yn dda iawn gyda Syr David Mansel Lewis. Roedd ef wedi bod yn Eton ac yna'n fyfyriwr yn Rhydychen yn astudio cerddoriaeth a byddai o bryd i'w gilydd yn rhoi perfformiad ar yr organ yn Llanelli. Roedd ei berthynas, Charles Mansel Lewis, yn arlunydd o safon uchel iawn, a gwelir llawer o'i luniau yng Nghastell Strade ac yn Amgueddfa Parc Howard, Llanelli. Ei ffrind mawr oedd yr arlunydd Herkomer o'r Almaen a fu'n ymwelydd cyson â Chastell Strade. Hwn oedd y gŵr a luniodd goron a gwisg yr Archdderwydd ar gyfer Eisteddfod Casnewydd 1896, ac ef ddyluniodd gleddyf mawr yr Orsedd. Bu Charles Mansel Lewis yn ddylanwadol hefyd o fewn yr Eisteddfod gan sicrhau bod celf yn rhan o weithgareddau'r ŵyl. Er nad oedd yr Arglwydd Raglaw yn gallu'r Gymraeg, erbyn heddiw mae ei fab, Patrick, sy'n byw yng Nghastell Strade, wedi dysgu'r iaith ac yn gallu pregethu ynddi.

Bu'n rhaid i mi unwaith wneud trefniadau ar gyfer ymweliad y frenhines â Thyddewi pan oedd yn cyflwyno siarter frenhinol i'r ddinas. Gosodwyd *marquee* o fewn Llys yr Esgob ar gyfer y cinio, a myfyrwyr Coleg Penfro yn gweini. Aeth popeth yn iawn nes i weinydd gynnig gwin i Philip, Dug Caeredin. Gwrthododd gan ddweud nad oedd ef yn yfed gwin ond fe fyddai'n hoffi potelaid o Double Diamond. Felly, bu'n rhaid rhuthro o gwmpas y tafarnau lleol nes dod o hyd i botelaid o'r cwrw arbennig hwnnw. Er fy mod wedi cwrdd ag Ysgrifennydd Preifat y Frenhines i wneud y trefniadau, ni soniodd hwnnw am hoffter Philip o gwrw, er byddwn yn gwybod y tro nesaf. Cefais sgwrs â'r frenhines yn ystod yr ymweliad a dywedodd iddi fod yn Hwlffordd yn cwrdd â gwragedd milwyr o'r Royal Welsh oedd yn garcharorion rhyfel yn Kosovo ar y pryd. Y noson honno, cefais wahoddiad i dderbyniad ar y Royal Yacht a oedd wedi angori yn Noc Penfro ac yna i seremoni *Beating the Retreat*. Bu'n rhaid i mi hefyd wneud araith ym Mhalas St James yn Llundain ym mhresenoldeb y Tywysog Philip pan oedd yn dosbarthu medalau aur Gwobrau Dug Caeredin i rai llwyddiannus o Gymru. Er y gallai ddweud pethau pigog ar adegau, ni chefais broblem ganddo. Y tro olaf i mi ei gyfarfod roedd y cynlluniau ar gyfer diddymu Dyfed wedi'u cyhoeddi, a dywedodd wrthyf yn gellweirus 'you're being sacked then'. Ond fe atebais yn fy Saesneg gorau, 'Don't worry, Sir, I'm going'. Noder y 'Sir'.

Ni fu pob ymweliad yn llwyddiant serch hynny. Daeth cais oddi wrth y Llyfrgell Genedlaethol yn 1996 am ymweliad brenhinol i agor yr adeilad newydd, a chytunwyd bod y frenhines yn dod i Aberystwyth. Gofynnwyd i mi drefnu ymweliad arall iddi yn y prynhawn cyn iddi ddychwelyd i'r maes awyr yn Llanbedr. Euthum i weld Is-ganghellor y coleg, Derec Llwyd Morgan, ac awgrymodd ef y gallai agor adeilad newydd yn y coleg yn y prynhawn. Ar ddiwrnod yr ymweliad bu protest go chwyrn gan fyfyrwyr y tu allan i Neuadd Pantycelyn, rhedodd rhai ohonynt o flaen ei cherbyd a phenderfynwyd canslo'r ymweliad â'r brifysgol. Yn ffodus i mi, roedd Cyngor Dyfed wedi dod i ben ychydig wythnosau ynghynt, a minnau wedi ymddeol o swydd Clerc y Rhaglaw.

Cefais yn fy swydd amrywiaeth o brofiadau. Roedd Dyfed wedi efeillio â sir o'r enw Vejle yn Nenmarc, a bu llawer o ymweliadau rhyngom. Trefnwyd seremoni yn Vejle i arwyddo'r siarter a chadeirydd Dyfed ar y pryd oedd y Cynghorydd Myrddin Evans o Rydaman. Roedd ef yn gymeriad hoffus a ffraeth, ond prin y gellid ystyried bod 'Myrddin Bach' yn areithiwr o fri, yn enwedig yn Saesneg. Gan fod y Daniaid yn gwbl rhugl yn Saesneg roedd gennyf broblem. Penderfynais yn y diwedd mai gwell fyddai i Myrddin siarad yn Gymraeg ac i minnau gyfieithu ei araith i'r Saesneg, ac felly y bu. Roedd un broblem, serch hynny. Gan fod côr Ysgol Llandysul yn bresennol, gallai'r plant weld nad oedd cymhariaeth rhwng yr hyn a ddywedai Myrddin a'm cyfieithiad innau. Dechreuodd rhai ohonynt chwerthin wrth sylweddoli hyn. Ond daeth arweinydd Cyngor Vejle ataf i'm llongyfarch ar y defnydd o'r Gymraeg, gan ddweud y byddai'n well petaent hwythau wedi siarad Daneg a chael cyfieithiad Saesneg.

Achlysur arall a roddodd bleser i mi oedd cael gwahoddiad i Heathrow. Roedd British Airways wedi penderfynu enwi un o'i awyrennau yn *City of St Davids*. Felly, cefais wahoddiad i'r seremoni yng nghwmni'r cadeirydd, y Cynghorydd Howard Jones, ac Esgob Tyddewi, y Tra Pharchedig Ivor Rees. Cawsom ein harwain i'r hangar i weld yr awyren a'r bwriad oedd i'r esgob ddringo ysgol ac yna bendithio'r awyren a'i henwi. Wrth gael cinio sibrydodd un o'r staff wrthyf yn gyfrinachol mai nid hon oedd yr awyren, a bod yr un iawn heb gyrraedd 'nôl o Hong Kong. Ni chlywais serch hynny fod unrhyw niwed wedi dod i ran y *City of St Davids* iawn, felly mae'n amlwg bod bendith yr Esgob wedi'i throsglwyddo'n llwyddiannus. Gerllaw yr awyren, roedd Concorde newydd gyrraedd o Efrog Newydd a gwahoddwyd ni i fynd i'w weld. Cawsom gyfle i fynd i mewn iddi a hyd yn oed eistedd yn sedd y peilot. O'n cwmpas roedd cannoedd o glociau a goleuadau. Mae'n dal yn ddirgelwch i mi sut yn y byd roedd y peilot yn cadw golwg ar y cyfan wrth hedfan ar gyflymder *supersonic*. Fe fyddwn wedi hoffi cael mynd ar daith ynddi ond yn anffodus roedd hynny gam yn rhy bell.

Digwyddiad arall nodedig i mi oedd ymweliad ag Ypres yn Fflandrys. Yn y dref mae cofeb anferth Porth Menin, ac arni cofnodwyd enwau'r miloedd a syrthiodd ym mrwydr Paschendaele yn 1917 ond sydd heb fedd. Bob nos bydd brigâd dân y dref yn cynnal seremoni goffa'r *Last Post* wrth y gofeb a chafodd Brigâd Dân Dyfed wahoddiad i ymuno â hwynt. Cefais i a'r cadeirydd, y Cynghorydd Gethin Bennett o Dregaron, gyfle i fynd gyda nhw. Yn ystod y gwasanaeth fe'n gwahoddwyd i osod torch ar y gofeb, a'r bore canlynol wedi i'r diffoddwyr tân orymdeithio drwy'r dre, cynhaliwyd gwasanaeth yn yr eglwys. Ond roedd gennym ni un dyletswydd arall. Gwyddem fod Hedd Wyn wedi'i gladdu ym mynwent Artillery Wood nid nepell i ffwrdd, a threfnwyd mynd yno er mwyn gosod torch ar ei fedd yntau. Gwelsom yn y fynwent hefyd nifer o feddau milwyr eraill o'r Welsh Fusiliers a laddwyd ym mrwydr Pilkem Ridge. Trist oedd gweld un beddfaen ac arni'r geiriau, 'Mae pawb yn cofio amdanat ym Mhenrhiw'. Deallais wedyn mai bedd milwr o Lanllwni, nid nepell o Lambed, oedd hwn.

Mynwent yn Ypres
Geiriau hudol gwladgarwch – a'u gyrrodd
    I gyrrau'r diffeithwch;
Ond daw'r ystyr a'r tristwch
Yn y llain lle ceir eu llwch.
                    J P

Mae un peth arall yn dal yn fy nghof o hyd am y daith honno sy'n dangos agwedd arall o greulondeb rhyfel. Roedd trefniadau wedi'u gwneud i ni aros mewn gwesty ym mhentref Poperinge yn ymyl Ypres. I'r pentref hwn yr anfonid y milwyr er mwyn cael ychydig o hamdden wedi'r brwydro a chyfeiriwyd ato fel 'oasis' yng nghanol yr holl ymladd. Roedd y gwesty yn ymyl adeilad urddasol Neuadd y Dref. Wedi swper dyma fynd am dro a gwelais fod yna gofgolofn fach wrth y neuadd, ond roedd yn rhy dywyll i fedru darllen yr ysgrifen arni. Felly, ar ôl brecwast dyma fynd allan i'w ddarllen a chefais fy mrawychu wrth ddeall mai o fewn cwrt y neuadd y saethwyd gyda'r wawr y milwyr hynny a gafwyd yn euog o *desertion and cowardice.* Roedd y gell, lle treuliasant eu noson olaf, yno o hyd a chadwyd y postyn y clymwyd hwy wrtho. Erbyn heddiw mae modd deall bod y mwyafrif ohonynt yn dioddef o sioc ar ôl bod yng nghanol y gyflafan yn Ypres. Wedi blynyddoedd o ymgyrchu cafwyd pardwn iddynt yn 2006. Hefyd, yn yr Arboretum Cenedlaethol sy'n coffáu'r milwyr a syrthiodd ym mhob rhyfel, mae cofadail i gofio amdanynt hwy. Ymhlith y rhai a saethwyd yn Poperinge roedd crwtyn croenddu o gatrawd y West Indies ac yntau'n ddim ond dwy ar bymtheg mlwydd oed. Roedd y Cadfridog Haig wedi arwyddo'r ddedfryd o farwolaeth gan fynnu bod yn rhaid cadw disgyblaeth o fewn y fyddin. Byddaf yn dal i gofio am Borth Menin fel symbol o wastraff y rhyfel ond byddaf hefyd yn cofio am Private Herbert Morris o Jamaica a aberthwyd yn Neuadd Poperinge er mwyn cadw trefn.

Byddai Ronnie King, Prif Swyddog Tân Dyfed, yn fy ngwahodd o bryd i'w gilydd i Goleg y Diffoddwyr Tân yn Moreton in Marsh. Yno, cefais un profiad hunllefus. Fe'm gwahoddwyd i fynd ar un o'r ysgolion hynny sy'n cael eu codi bron i'r entrychion. Er nad oes gennyf ben ar gyfer uchder methais â gwrthod heb ymddangos yn ddiasgwrn cefen. Ond roeddwn yn ymwybodol bod balchder yn achosi cwymp. Fe'm codwyd i'w llawn uchder ac yna dechreuwyd ei symud o gwmpas. Dechreuais deimlo pendro ac ni fûm yn falchach erioed o gyrraedd *terra firma* a'm hwyneb fel y galchen. Yn y tân dychrynllyd yn Grenfell Tower gwelsom y diffoddwyr ar yr ysgolion hyn yn wynebu'r fflamau ac mae fy edmygedd o'u dewrder yn fawr. Llwyddais i gyflawni'r ail brawf yn weddol, sef mynd ar fy mola i ystafell llawn mwg a dod o hyd i sachaid o wellt a'i llusgo allan.

Elfen bwysig o waith prif weithredwr oedd hyrwyddo buddiannau economaidd y sir. Gan fod Dyfed yn ymestyn dros chwarter tirwedd Cymru roedd amrywiaeth o sialensiau a phroblemau. Wedi'r gwrthdaro rhwng Thatcher a Scargill roedd y diwydiant glo yn y Gwendraeth a Dyffryn Aman yn awr mewn perygl a phrin bod cyfleoedd newydd am waith arall ar gael. Edwino hefyd wnaeth y diwydiant dur yn Llanelli a chollwyd nifer fawr o swyddi yng ngwaith dur Trostre. Daliai Aberdaugleddau'n ddibynnol ar y diwydiant olew, ond yng ngogledd Penfro roedd y pwyslais ar y diwydiant arfau. Roedd gan yr awyrlu ganolfan ym Mreudeth ac ynghlwm wrtho roedd canolfan glustfeinio gan yr Americaniaid. Roedd yma ganolfan hefyd i'r Sea Kings, sef yr hofrenyddion oedd yn gyfrifol am y gwasanaeth Chwilio ac Achub. Ers yr Ail Ryfel Byd roedd sefydliad i storio ffrwydron yn Nhrecŵn a gyflogai nifer o weithwyr. Ym Mhentywyn roedd sefydliad arall yn gyfrifol am brofi rocedi ac un tebyg yn Aberporth.

Wrth i'r llywodraeth geisio cwtogi ar wariant roedd posibilrwydd cryf y byddai'r rhain yn cau gan adael cyfran sylweddol o weithwyr ar y clwt. Golygai hynny hefyd fod swm sylweddol o arian yn diflannu o'r economi leol. Felly, roedd yn rhaid protestio, a phenderfynwyd mynd â dirprwyaeth i gwrdd â'r gweinidog, Jonathan Aitken, yn y Weinyddiaeth Amddiffyn yn Llundain. Wrth i ni ymadael, roedd gohebydd ifanc yn dal meicroffon y tu allan. Guto Harri oedd hwnnw yn mynnu cael cyfweliad ar gyfer Radio Cymru. Hwn efallai oedd un o'i gyfweliadau cyntaf, a bellach mae'n enw cyfarwydd. Ni chafwyd fawr o gysur yn Llundain, felly penderfynwyd mynd â'n hachos i Ewrop, a threfnodd David Morris ASE i mi a'r cynghorydd, Defi Davies, gyfarfod ag un o'r comisiynwyr yn Strasbourg. Ond ofer fu'n hymdrechion unwaith eto, er i'r llywodraeth gynnig ychydig o arian i sefydlu gweithgor i geisio creu cyfleoedd newydd yn yr ardal.

Hyd yn oed yn y diwydiant amaeth, sef prif gynhaliaeth cefn gwlad, roedd pethau'n go dynn, yn enwedig pan gyflwynwyd system o gwotâu llaeth. Esgorodd hynny hefyd ar brotestiadau fel yr un yn Llangadog pan arllwyswyd galwyni o laeth ar y stryd. Yn ychwanegol at hynny trawyd y sir yn wael gan glefyd y gwartheg gwallgof. Yn y *South Wales Evening Post* ar y 5ed o Fehefin 1990 cafwyd y pennawd hwn:

DYFED SECOND IN UK 'MAD COW' LEAGUE
Latest figures published show Dyfed with the second highest incidence of 'mad cow disease'. Only Devon with 22 recorded cases during the week ending May 20 had a higher figure than the Dyfed total of 16... There were five in Powys and Gwent and three in Clwyd. In Dyfed, 50 cases were confirmed between July and September last year, 82 between October and December, and 139 between January and May of this year.

Felly, roedd digon o broblemau ar y gorwel.

Daliai twristiaeth i fod yn bwysig a phan ddaeth William Wilkins â'r syniad o ddatblygu Gardd Fotaneg Genedlaethol o fewn hen ystad Paxton, ger Llanarthne, penderfynodd y cyngor sir gefnogi'r fenter. O fewn yr ystad roedd chwech o ffermydd y cyngor a thenantiaid yn eu ffermio. Byddai'n rhaid rhoi notis iddynt a cheisio dod o hyd i ffermydd newydd ar eu cyfer. Nid tasg hawdd oedd hynny, ond llwyddodd y Swyddog Ystadau i adleoli'r tenantiaid yn llwyddiannus. Nid oedd pawb yn cefnogi'r cynllun, ac fe fu peth gwrthwynebiad. Yn y diwedd llwyddwyd i gael arian o gronfa'r Loteri i fwrw mlaen â'r gwaith. Erbyn heddiw mae'r ardd wedi'i hen sefydlu ac yn atyniad i orllewin Cymru a thu hwnt, er y bydd problemau ariannol yn dal i godi o bryd i'w gilydd.

Yn ystod yr wythdegau a'r nawdegau roedd y Rhyfel Oer a'r tensiynau rhwng Rwsia a'r Gorllewin yn dal i gorddi, a'r posibilrwydd o ryfel niwclear yn ofn parhaol. Anfonwyd pamffledi i bob tŷ yn cynnwys cynghorion petai'r bom yn disgyn. Braidd yn arwynebol oedd y rhain a phrin y byddent wedi achub llawer yn y fath gyflafan. Ni fyddai cuddio yn y cwtsh dan stâr yn beth diogel iawn! Felly, gorchmynnwyd i bob sir greu cynllun diogelwch ac i apwyntio swyddog â'r cyfrifoldeb am ei weithredu. Yn Nyfed y prif weithredwr fyddai'r rheolwr oedd yn gyfrifol am gysylltu â'r asianteithau eraill. O ganlyniad, roedd yn rhaid imi fynd i Easingwold yn ymyl Efrog bob hyn a hyn i gael hyfforddiant. Fel rhan o hynny byddai'n rhaid treulio amser mewn byncer er mwyn delio â chanlyniadau trychineb o'r fath. Diolch byth, fe wellodd pethau gyda diddymiad yr Undeb Sofietaidd ac ni alwyd arnaf i na neb arall i ymgymryd â'r gwaith echrydus hwnnw. Gan fod byncer Dyfed o dan neuadd y sir anodd dychmygu sut y byddwn wedi cyrraedd mewn pryd o Lambed petai'r bom wedi syrthio tu allan i oriau'r gwaith! Yr eironi oedd bod gan Gyngor Dosbarth Caerfyrddin ei byncer gyferbyn â neuadd y sir. Bu protestio ffyrnig yno gan brotestwyr gwrth-niwclear, ac fe drodd yn gas ar adegau gan achosi niwed i un fenyw. Ni sylweddolwyd bod un tebyg o dan neuadd y sir. Er bod hinsawdd y Rhyfel Oer wedi meddalu erbyn heddiw, ni ellir diystyru'n llwyr y bygythion sy'n dal i gronni yn y byd. Mae ymddygiad Gogledd Corea ac ymateb Trump yn peri cryn bryder o hyd, ac mae gan Rwsia a'r Unol Daleithiau ddigon o arfau niwclear i ddifetha'r byd.

Cafwyd un digwyddiad arall o bwys yn ystod fy nghyfnod fel prif weithredwr. Fe aeth y tancer *Sea Empress*, yn llawn olew, ar y creigiau yn ymyl Aberdaugleddau. Collwyd cryn dipyn o'r olew a lledodd hwnnw gan orchuddio rhannau o'r arfordir. Roedd hynny'n sicr o osod bywyd gwyllt mewn perygl. Gorchuddiwyd amryw o adar gan y deunydd du gludiog a rhaid oedd mynd ati ar frys i'w lanhau. Hefyd roedd yn bosib bod y pysgodfeydd wedi'u llygru ac fe fyddai hynny'n ergyd i'r economi leol. Cafodd y digwyddiad sylw rhyngwladol a byddai criwiau teledu'n heidio i Sir Benfro. Er i'r tygiau geisio rhyddhau'r llong ni chafwyd fawr o lwyddiant yn y dyddiau cynnar. Defnyddiwyd awyrennau i chwistrellu deunydd i geisio difa'r olew ond byddai hynny'n cymryd amser.

Ar y pryd roedd William Hague newydd ddechrau yn ei swydd fel Ysgrifennydd Cymru ac rwy'n cofio cwrdd ag ef uwchben y creigiau i drafod y sefyllfa. Bu'n rhaid trefnu i staff y cyngor sir a'r cynghorau dosbarth fynd ati i geisio glanhau'r traethau. Anfonwyd gweithwyr y priffyrdd o Lanelli a Llandeilo i gynorthwyo gweithwyr Sir Benfro. Dyna oedd un o fanteision cyngor sir fawr fel Dyfed. Ymhen amser, llwyddwyd i ryddhau'r *Sea Empress*, ond fe gymerodd dipyn yn fwy o amser i lanhau'r traethau. Erbyn heddiw prin ar y cyfan yw olion yr olew, ac mae'r bywyd gwyllt wedi dechrau ffynnu unwaith eto. Mae traethau Sir Benfro yn dal i ddenu miloedd o ymwelwyr bob haf; yn ffodus llwyddwyd i osgoi effeithiau hir dymor.

Ond cyn bo hir daeth tro arall ar fyd gan fod y llywodraeth Dorïaidd a'i bryd ar ailwampio llywodraeth leol. Roedd yn amlwg bod yr wyth sir fawr yn rhy bwerus ac yn dueddol o dorri'u cwysi eu hunain. Yn eironig, y bwriad y tro hwn oedd cael gwared ar Gyngor Sir Dyfed a mynd yn ôl i'r tair sir a fodolai cyn 1974. Dadwneud y newid fu'n gyfrifol am ein diwreiddio ni fel teulu o'n cartref dedwydd yn Aberystwyth. Gan fy mod wedi cyrraedd oedran ymddeol, cefais y cyfle, ac fe ymddeolais ddiwedd Mawrth 1996. Daeth Vaughan Roderick, gohebydd seneddol presennol BBC Cymru, i neuadd y sir, Caerfyrddin, i wneud rhaglen ar fy niwrnod olaf yn y swyddfa. Cefais gyfweliad ganddo ac fe gafwyd lluniau ohonof ar deledu yn pacio 'mhethau cyn cerdded allan o neuadd y sir am y tro olaf. Gwnes adduned na fyddwn yn mynd 'nôl i'r adeilad byth eto ac na fyddwn yn ymyrryd â llywodraeth leol wedyn. Cedwais at yr addewid hwnnw. Ond fel trethdalwr caf fy nhemtio ar adegau i fynegi barn, yn enwedig wrth glywed am rai o'r digwyddiadau mwyaf amheus o fewn y cynghorau newydd.

Wrth edrych yn ôl ni allaf gofio un sgandal fawr yn ystod bodolaeth Cyngor Sir Dyfed. I raddau helaeth mae hynny'n ddyledus i safon y cynghorwyr a wasanaethodd yn ddi-dâl ac i'r parch a'r cydweithrediad fu rhyngddynt a'r swyddogion. Bûm yn ffodus i gael arweinydd mor gadarn â D T Davies, o Dryslwyn, i arwain y cyngor. Yn ffodus, medrodd ef a Howard Jones, Arweinydd y Blaid Lafur, gydweithredu'n effeithiol er lles y Cyngor. Er y byddai anghytuno weithiau, yn enwedig pan ddaeth y toriadau Thatcheraidd, ni rwygwyd y cyngor gan unrhyw ddadleuon politicaidd o bwys. Er bod y cyngor yn 1974 yn amalgam o dair sir hollol wahanol, erbyn 1996 roedd yn gweithredu'n effeithiol fel un corff – wrth gwrs, disgwylir i fi fynegi syniadau o'r fath.

Cyn yr ad-drefnu yn 1974 roedd tair ar ddeg o siroedd a phedair bwrdeistref yng Nghymru, sef dau ar bymtheg o awdurdodau addysg. Ar y pryd teimlwyd bod hynny'n ormod, ac fe grëwyd wyth awdurdod ac wyth cyfarwyddwr addysg. Heddiw mae dau ar hugain o awdurdodau, a'r un nifer o gyfarwyddwyr addysg a phrif swyddogion. Hefyd caiff pob cynghorydd gyflog, a chaiff yr arweinyddion ac aelodau'r cabinet dâl arbennig. Er i'r Cynulliad sôn droeon am yr angen i ostwng nifer y cynghorau, ni chytunwyd ar gynllun. Ond taw piau hi! Erbyn heddiw fi yw'r olaf o brif swyddogion yr hen Sir Aberteifi a minnau a D H Davies yr olaf o brif weithredwyr Dyfed. Gallaf ddweud fy mod yn falch o fod wedi gwasanaethu yn y ddwy sir, a chydweithio'n hapus â chynghorwyr oedd yno er lles eu cymunedau.

Y Melys a'r Chwerw

AR ÔL GRADDIO yn Rhydychen a threulio cyfnod byr yn Llyfrgell Ceredigion, fe benodwyd Geraint, y mab, i swydd archifydd yn y Llyfrgell Genedlaethol. Ond yn anffodus, yn 1994 pan oedd yn 30 oed, datblygodd rheumatoid arthritis a bu'n rhaid iddo gael amryw o lawdriniaethau dros y blynyddoedd yn Ysbyty Gobowen. Er hynny, brwydrodd yn erbyn y clefyd yn ddewr a dirwgnach. Mae'n dyled yn fawr i'r meddygon a'r nyrsys am eu gofal ohono.

Wedi graddio fel bydwraig penderfynodd Catrin, y ferch, fynd i America am flwyddyn a chael swydd yn ninas Fresno, Califfornia. Yn naturiol roedd Bethan a minnau'n ofidus, ond dangosodd Catrin gryn fenter drwy fynd yno ar ei phen ei hun i le hollol ddieithr. Bu'n rhaid iddi basio arholiadau nyrsio yr Unol Daleithiau, ennill trwydded car a hefyd cael lle i fyw. Yno cyfarfu Catrin â Dave Welton, ac er mawr syndod i ni, penderfynodd y ddau ddychwelyd i Lambed i briodi. Ond bu'n anodd iddynt gael gwaith a bu'n rhaid iddynt fynd yn ôl i Seattle. Yno ganwyd ein hwyres Ffion Carys, a daeth hynny â llawenydd mawr inni.

FFION CARYS, Ionawr 5 1994
Haul Ionawr a ddaeth eleni – â naws
    Gynhesach i'n llonni;
    Gwynnach yw'n byd o'i geni,
    Hud haf yw ei dyfod hi.
                    J P

Daeth Catrin a'i gŵr 'nôl am gyfnod arall, ond anodd unwaith eto fu cael gwaith. Roedd Bethan wrth ei bodd yng nghwmni Ffion, ond cawsom ofid pellach wrth i Bethan gael ei tharo'n sâl iawn ym mis Mawrth 1995. Ar ôl i ni ddychwelyd o ginio yng Nghaerfyrddin cafodd boenau difrifol ganol nos, ac ar ôl galw meddyg gwelwyd ei bod wedi cael trawiad ar y galon. Fe'i rhuthrwyd i Glangwili mewn ambiwlans a minnau'n dilyn yn fy nghar, heb wybod beth fyddai'n fy nisgwyl ar ôl cyrraedd. Trwy'r noson faith bûm yn aros yn bryderus am unrhyw newyddion, a hithau'n ddifrifol wael. Gyda'r wawr daeth y newyddion ei bod ychydig yn well, ond eto'n dal yn yr uned gofal dwys. Ond gyda gofal y meddygon a nerth gweddi, fe ddechreuodd Bethan wella, ac ymhen wythnos cafodd ei throsglwyddo i ward gyffredin. Ar ôl i mi ddychwelyd o'r ysbyty, cefais alwad ffôn ganddi tua naw o'r gloch y nos, yn dweud bod popeth yn iawn. Am dri o'r gloch y bore canodd y ffôn unwaith eto, a daeth galwad o'r ysbyty yn dweud iddi gael trawiad arall. Gofynnwyd imi fynd i Glangwili ar frys gan ei bod yn wael iawn. Ar y pryd, roedd Geraint yn aros gyda mi, ac aeth y ddau ohonom i Gaerfyrddin. Nid oeddwn yn optimistaidd iawn y tro hwn, felly rhybuddiais Geraint fod y sefyllfa'n ddifrifol ac y byddai'n bosib i ni gael newyddion drwg iawn ar ôl cyrraedd. Roedd y siwrnai honno'n un faith, ac wedi cyrraedd roedd y meddygon eto'n amharod i drafod y rhagolygon. Bu'n rhaid i ni dreulio'r dydd yn yr ysbyty yn gobeithio'r gorau ond yn ofni'r gwaethaf. Eisteddais am oriau wrth erchwyn gwely Bethan yn ei hannog i ymladd, ond dal mewn cyflwr difrifol a wnaeth am ddyddiau.

Noson mewn ysbyty

Daw imi yn gydymaith – yr oerni
Sy'n yr hirnos ddiffaith,
Ond ym mhoen munudau maith,
Gwibia pelydrau gobaith.

J P

Yn raddol, dechreuodd gryfhau, er i Dr Taylor, y cardiolegydd, fy rhybuddio bod peth niwed i'r galon. Ymhen pump wythnos cafodd ei rhyddhau o'r ysbyty, er y daliai'n wan iawn. Cyngor Dr William Evans, Tyndomen, y cardiolegydd enwog, i unrhyw un gâi drawiad, oedd prynu ci gan mai'r feddyginiaeth orau yw cerdded. Yn ystod y misoedd nesaf buom yn cerdded rhyw ddwy filltir bron bob dydd o gwmpas Tyllwyd a Maestir. O'r diwedd llwyddodd Bethan i gryfhau digon i fynd yn ôl i'w gwaith, cyn penderfynu ymddeol yr un pryd â mi.

Bu Geraint yn ddigon ffodus i gwrdd â Manon Foster Evans o Dywyn, a hithau hefyd yn gweithio yn y Llyfrgell Genedlaethol. Rhoddodd eu priodas yn 2002 lawenydd mawr i ni a daeth llawenydd pellach gyda genedigaeth Siôn. Yng nghwrs y blynyddoedd daeth Iestyn, Mabon ac yna Owain. Roedd olyniaeth y Philipiaid yn ddiogel.

Mae Catrin wedi bod yn gweithio mewn ysbyty yn Sacramento am dros ugain mlynedd bellach. Erbyn heddiw mae'n amheus a fyddai'n hapus yn gweithio yn yr NHS gan fod yr amodau gwaith a'r cyflog dipyn yn well yn America. Bu bod heb gwmni Ffion yn ergyd i Bethan a minnau gan ein bod wedi ymserchu'n fawr ynddi fel ein hunig wyres. Mae Catrin yn un o ffyddloniaid y Gymdeithas Gymraeg yn Sacramento, a chynhelir gwasanaeth yno bob mis. Roedd yn awyddus i Ffion ddysgu rhywfaint o Gymraeg a daeth hi atom am flwyddyn gan fynychu Ysgol Ffynnonbedr a'r Ganolfan Iaith. Bu honno'n flwyddyn wrth ein boddau, ac fe fu Ffion yn hapus ac yn boblogaidd gyda'r athrawon a'r plant.

Yn ffodus, parhaodd Bethan i ymddiddori yn nyddiaduron Joseph Jenkins, y Swagman o Dregaron, a daeth yn ffrindiau mawr â'i orwyres, Francis Evans, Tyndomen, ac â'r Dr William Evans, ei ŵyr. Roedd ef yn gyn-brif gardiolegydd yn Ysbyty Llundain ac yn feddyg i'r prif weinidog Stanley Baldwin. Ef oedd y cyntaf i hyrwyddo'r defnydd o'r ECG er mwyn archwilio cyflwr y galon. Yn anffodus ni chafodd gydnabyddiaeth gan y sefydliad, a chlywais gan Francis Evans y rheswm am hynny. Cafodd Baldwin drawiad ar y galon yn ystod y ffrwgwd ynglŷn â phriodas y Brenin Edward a Mrs Simpson. Gwrthwynebai'r briodas a phwysodd cefnogwyr y brenin ar Dr Evans i benderfynu nad oedd yn ddigon iach i barhau. Gwrthododd ildio i'r pwysau ac o ganlyniad ni chafodd ei wneud yn farchog fel llawer o'r meddygon eraill.

Dr Evans ddaeth o hyd i ddyddiaduron Joseph Jenkins yn yr atig yn Nhyndomen ac aeth ati i wneud detholiad ohonynt. Fe'u cyhoeddwyd yn Awstralia o dan y teitl *Diary of a Welsh Swagman*. Ystyrir y dyddiaduron yn ffynonellau pwysig iawn yn hanes cymdeithasol Awstralia yn ail hanner y bedwaredd ganrif ar bymtheg, a hynny o safbwynt y 'swagmen'. Erbyn hyn mae'n llyfr gosod yn ysgolion Victoria ac mae'r dyddiaduron a gadwai Joseph Jenkins yn Awstralia yn awr yn llyfrgell y dalaith honno yn Melbourne. Oherwydd ei ymdrechion ar ran y 'swagmen' cafodd y teitl anrhydeddus *Pepys of the Soil* ac yng ngorsaf Maldon mae ffynnon er cof amdano. Cyhoeddodd T Llew Jones gyfrol Gymraeg ar ei hanes dan y teitl *O Dregaron i Bungaroo*, ond gwnaeth ddefnydd o'r dyddiaduron heb ganiatâd y teulu. Felly, cymerodd Dr Evans achos cyfreithiol yn ei erbyn ef a'r cyhoeddwyr, Gwasg Gomer. Ceisiwyd dod i delerau, ond roedd y doctor yn gwbl ddi-ildio. Yn y diwedd, bu'n rhaid dinistrio copïau o'r gyfrol. Mae'n debyg bod rhai wedi dianc, ond methais ddod o hyd i'r un ohonynt.

Roedd yn amlwg bod cryn dipyn o waith i'w wneud ar y dyddiaduron, a bod galw am gofiant i Joseph Jenkins. Soniwyd wrth Bethan am y posibilrwydd o ymgymryd â'r gwaith. Roedd hon yn dasg anferthol gan fod Joseph Jenkins wedi cofnodi hanes ei fywyd mewn tua 58 o ddyddiaduron. Roedd y rhai cynnar, yn ymwneud â'i fywyd yng Ngheredigion, yn y Llyfrgell Genedlaethol, ond roedd y lleill, gan gynnwys hanes y fordaith i Awstralia a'i fywyd yno, yn dal ym meddiant y teulu yn Nhyndomen. Mynegodd Llysgenhadaeth Awstralia ddiddordeb yn y rhain ac yn y diwedd fe'u prynwyd ganddynt. Yn fynych, roedd yr ysgrifen yn anodd i'w dilyn, ond llwyddodd Bethan i ddod i ben â hynny.

Gan mai hi'n unig oedd â'r hawl i edrych ar y dyddiaduron, nid oedd yn bosib i neb ohonom ei helpu. Felly, ffrwyth ei llafur hi'n unig yw'r gyfrol, *Rhwng Dau Fyd*. Lansiwyd hi yn Theatr Felinfach a'r neuadd yn llawn a chafodd y gyfrol dderbyniad ardderchog. Fe'i dewiswyd ar restr fer Llyfr y Flwyddyn yn 1998-99. Gwerthwyd nifer fawr o gopïau ac yn fuan iawn aeth allan o brint. Yna aeth Bethan i Awstralia i ymweld â Melbourne, Ballarat a Maldon yng nghwmni Paul Turner, y cyfarwyddwr teledu, gyda'r bwriad o wneud ffilm. Yno awgrymwyd ei bod yn ysgrifennu cyfrol Saesneg am y swagman, a golygodd hynny gryn dipyn o ymchwil ychwanegol. Lansiwyd *Pity the Swagman* yn y Talbot, Tregaron yn 2001. Adolygwyd y gyfrol yn ffafriol gan Byron Rogers yn y *Spectator* a chafwyd gwerthiant arbennig o dda unwaith eto. Ymhen ychydig aeth y gyfrol hon hefyd allan o brint. Yna, gofynnwyd i Bethan ysgrifennu sgriptiau yn Gymraeg a Saesneg ar gyfer y ffilm gan Paul Turner. Dangoswyd y ffilm yn Gymraeg ar S4C, ac yna yn Saesneg ar BBC1. Yr actor Dafydd Hywel chwaraeodd ran Joseph Jenkins. Yn ddiweddar, mewn rhaglen o'i atgofion ar S4C, gofynnwyd iddo enwi'r rhan a roddodd y mwyaf o foddhad iddo fel actor. Ei ateb oedd Joseph Jenkins.

Wedi Ymddeol

WEDI YMDDEOL DALIAIS yn brysur. Gwasanaethais ar Gyngor Coleg Aberystwyth am ddeunaw mlynedd a bûm yn aelod o'r pwyllgor a apwyntiodd brifathro newydd i'r coleg. Bûm yn cadeirio amryw o banelau'n delio â chwynion yn y gwasanaeth iechyd am bymtheng mlynedd gan baratoi nifer helaeth o adroddiadau. Hefyd, bûm yn gyfarwyddwr Cymru a'r Byd (Cymru ar Wasgar) gan olygu'r cylchgrawn *Yr Enfys* am gyfnod.

Mae hanes y mudiad hwn yn mynd yn ôl i Cairo yn ystod yr Ail Ryfel Byd, pan ddaeth nifer o Gymry ynghyd i gyhoeddi *Seren y Dwyrain*. Yna, ar ôl y rhyfel, sefydlwyd mudiad y Cymry ar Wasgar i gysylltu'r Cymry alltud â'r hen wlad. Y prif symbylydd oedd T Elwyn Griffiths ac fe ddeil yn llywydd anrhydeddus hyd heddiw. Bu'n ffodus i gael criw mor barod i'w gynorthwyo, fel yr ysgrifennydd, Brian Jones, sydd newydd ymddeol a'r trysorydd, Meirion Williams. Un arall o ffyddloniaid y mudiad yw Edward Morris Jones a bydd cefnogwyr y mudiad ar draws y byd yn mynychu'r Eisteddfod Genedlaethol yn gyson. Deil *Yr Enfys* i gael ei gyhoeddi gan gyrraedd nifer fawr o wledydd tramor. Am gyfnod bu Glyn Evans, cyn-olygydd *Y Cymro*, yn gyfrifol amdano, a daeth ef â phrofiad newyddiadurol i'r cylchgrawn. Yn anffodus, collwyd ef, ond diolch i eraill am ymgymryd â'r gwaith. Ar un adeg câi Seremoni'r Cymry Alltud ei chynnal ar lwyfan y Genedlaethol ar brynhawn Mercher. Yr uchafbwynt oedd y ddefod pan fyddai cynrychiolwyr pob gwlad yn codi yn eu tro ar alwad R Alun Evans. Byddai'r cyfan yn gorffen drwy ganu anthem ddagreuol y Cymry alltud, 'Unwaith eto 'Nghymru Annwyl'. Yn anffodus, gwnaeth rhai ar Gyngor yr Eisteddfod gwestiynu'r angen i anrhydeddu pobol oedd wedi gadael Cymru a phenderfynwyd dileu'r seremoni. Un o'r rhai fu'n dadlau'n gryf yn erbyn ei diddymu oedd Hywel Teifi. Anghofiwyd am yr hen ddywediad, 'Gorau Cymro, Cymro oddi cartref'. Yn ystod y chwe blynedd y bûm yn gyfarwyddwr, dysgais pa mor bwysig yw hyrwyddo'n cenedl fach ar draws y byd, a sicrhau bod y ddraig goch yn cael ei chwifio. Gwelsom hynny'n dilyn llwyddiant ein peldroedwyr yn Ewrop. Erbyn hyn yr unig gydnabyddiaeth swyddogol yw'r araith fer gan arweinydd Cymru a'r Byd cyn y gymanfa ganu.

Un o aelodau mwyaf ffyddlon Cymru a'r Byd oedd Iolo Francis Roberts, cyn-ddarlithydd ym Mhrifysgol Keele. Roedd yn poeni nad oedd y cyfrifiad yn adlewyrchiad teg o sefyllfa'r iaith Gymraeg, am nad oedd cwestiwn yn cael ei ofyn am nifer y siaradwyr tu allan i Gymru. Cynigiodd bod Undeb Cymru a'r Byd yn dechrau ymgyrch i geisio cywiro hynny. Cyfrifoldeb y Swyddfa Gartref yw'r cyfrifiad, ac fe gyflwynais gais am gynnwys cwestiwn am y Gymraeg yng ngweddill y Deyrnas Unedig. Ni fu'r ymateb yn galonogol a gwrthodwyd ein cais. Felly, gofynnwyd i mi ysgrifennu at aelodau seneddol Cymru i geisio cael eu cefnogaeth hwy. Siomedig a dweud y gwir fu'r ymateb, er i Paul Flynn, Aelod Seneddol Casnewydd, addo cefnogaeth. Ond bu'r diweddar Arglwydd Gwilym Prys-Davies yn gefnogol iawn a cheisiodd ef berswadio'r Swyddfa Gartref. Cafwyd pob math o resymau am wrthod, a honnwyd y byddai ffafrio'r Gymraeg yn arwain at gynnwys ieithoedd lleiafrifol eraill. Mae'n sicr bod miloedd o siaradwyr Cymraeg yn byw ym Mhrydain a'r gwledydd tramor. Pan fydd digwyddiad mewn unrhyw wlad ar draws y byd, bydd S4C yn sicr o ddod o hyd i rywun sy'n siarad Cymraeg.

Parheais yn gadeirydd Cyngor Addysg y BBC yng Nghymru am rai blynyddoedd gan fynd yn aml i Broadcasting House yn Llundain. Byddai eistedd yn ystafell enwog y cyngor gyferbyn â llun mawr yr Arglwydd Reith yn rhythu arnaf yn brofiad. Pan ymddeolais cefais yr englyn hwn gan y BBC wedi'i gyfansoddi gan Alan Llwyd.

I John Phillips

Unai â dysg adloniant; – darlledwr
Llydan ei ddiwylliant;
Anodd rhoddi'i wir haeddiant
I un o blaid ein holl blant.

Gweithredais hefyd am yn agos i ugain mlynedd fel ymddiriedolwr Cronfa Pantyfedwen dan gyfarwyddyd Richard Morgan, yn dosbarthu cymorth ariannol i gapeli, eglwysi ac eisteddfodau. Cedwais mewn cysylltiad â'r byd addysg drwy fod yn ymgynghorydd i undeb yr athrawon, UCAC. Pan apwyntiwyd fi'n brif weithredwr cefais yr englyn hwn mewn brodwaith gan yr undeb wedi'i gyfansoddi gan Jon M O Jones:

I John Phillips MA, LLB

Doeth raglaw i'r athrawon – a'i rinwedd
Ei arweiniad cyson;
Ei lwyth hael i'r dalaith hon
Yw golud ein hysgolion.

Wedi i mi ei dderbyn dywedais wrth yr ysgrifennydd, y diweddar Wyn James, a'm tafod yn fy moch, y byddwn yn barod i fod yn ymgynghorydd di-dâl i'r undeb wedi ymddeol. Daliodd fi at fy ngair ac ni fu fawr o ddewis gennyf dros gyfnod o bymtheng mlynedd. Cedwais gysylltiad hefyd â Mudiad Addysg Grefyddol Cymru a bûm am beth amser yn llywydd. Pan gefais wahoddiad i fod yn Is-Lywydd y Llyfrgell Genedlaethol, ystyriwn y gwahoddiad yn dipyn o anrhydedd wrth gofio am y cyfnod a dreuliais yno fel myfyriwr ymchwil digon cyffredin. Cefais y fraint a'r pleser o weithio gyda'r llywydd, Dr Brinley Jones, ac Andrew Green, y Llyfrgellydd, am saith mlynedd. Pan ddaeth fy nhymor o saith mlynedd i ben ychwanegwyd at fy nghasgliad o englynion gan y Prifardd Dafydd Pritchard.

John Phillips

Yn syniadau'r sonedwr, yn seiniau
cytseiniaid englynwr,
yn hyn i gyd y mae'r gŵr
yn ei osgo'n addysgwr.

Daeth anrhydedd pellach i'm rhan wrth i mi gael fy ngwneud yn Gymrawd o Brifysgol Aberystwyth. Roeddwn wedi fy nerbyn eisoes i'r orsedd yn Eisteddfod fwdlyd Abergwaun yn 1986, a chymerais yr enw gorseddol Siôn Curwen. O bryd i'w gilydd mynychais amryw o seremonïau'r coroni a'r cadeirio ar lwyfan y Genedlaethol. Roeddwn yn aelod o'r 'osgordd goll' pan arweiniwyd y gwynion ar gyfeiliorn gan un o'r disteiniaid. (Ai Hywel Heulyn, tybed?) Yn lle mynd yn syth i'r pafiliwn fe gyrhaeddom *gul de sac* a gorfod troi a rhuthro'n ôl i'r pafiliwn gan gyrraedd o fewn munud i'r seremoni. Pan gefais fy nerbyn i'r orsedd anfonodd Tudor David, Cymro o'r Barri, a golygydd y cylchgrawn cenedlaethol *Education*, ffotograffydd i dynnu fy llun yng ngwisg yr orsedd. Yna pan fyddai unrhyw gyfeiriad ataf yn y cylchgrawn, byddai, o ran diawlineb, yn cynnwys fy llun yn y wisg honno. Dechreuais ofidio fod addysgwyr eraill yn meddwl fod Cyfarwyddwr Addysg Dyfed yn perthyn i ryw urdd esoterig fynachaidd. O'r diwedd anfonais fy llun mewn dillad plaen ato, a bygwth peidio cyfrannu i'r cylchgrawn os na fyddai'n ei ddefnyddio.

Cefais un dasg gan y Cynulliad wedi ymddeol, sef creu un gymdeithas yng Nghymru i gynrychioli'r cynghorau bro. Ar un adeg perthynai cynghorau Cymru i'r un gymdeithas â chynghorau Lloegr, gyda'r ganolfan yn Llundain. Yr ysgrifennydd dros Gymru oedd y Capten Dillwyn Miles a fu hefyd yn Arwyddfardd yr Orsedd. Teimlwyd ei fod yn rhy barod i dderbyn arweiniad o Lundain. Felly, aeth rhai cynghorau ati dan arweiniad pobol fel Teddy Millward, Gwynn Bowyer ac eraill i sefydlu cymdeithas annibynnol i Gymru. Ni fu'r berthynas rhwng y ddwy gymdeithas yn gyfeillgar iawn wedi hynny. Teimlai'r Cynulliad ei bod hi'n hen bryd iddynt uno gan greu un gymdeithas o fewn Cymru. Gofynnwyd i mi ymgymryd â'r dasg honno, ond ni ddychmygais y byddai'n dasg mor anodd. Euthum ati i drefnu cyfarfodydd rhwng cynrychiolwyr y cynghorau ar draws Cymru a chael anhawster dod â chynghorau'r de a'r gogledd ynghyd at ei gilydd. Cafwyd cyfarfodydd stormus iawn yn y Wyddgrug ac yn Ninbych. Yn y diwedd gelwais gynrychiolwyr yr holl gynghorau cymuned i gyfarfod yn Llandrindod. Bu hwnnw'n gyfarfod anodd unwaith eto, wrth i rai o gynrychiolwyr y gogledd geisio torri ar draws y trafodaethau. Ond lleiafrif swnllyd oeddent, ac yn y diwedd cafwyd cefnogaeth y mwyafrif. Felly, bwriwyd ati i sefydlu'r gymdeithas, Un Llais Cymru/One Voice Wales i gynrychioli holl gynghorau cymuned Cymru. Erbyn hyn mae wedi ennill ei phlwy ac yn dal mewn bodolaeth. Teimlwn wedi hynny fy mod wedi cyfrannu mwy na digon i lywodraeth leol a'i bod yn hen bryd i mi roi'r ffidil yn y to.

Cyn ymddeol, dechreuais ymddiddori yn y gynghanedd ac euthum ati ar fy liwt fy hunan i geisio'i dysgu. Roedd Eic Davies, flynyddoedd maith yn ôl, wedi sôn rhywfaint amdani, felly roedd gennyf ryw syniad am yr hanfodion. Wedi troi at yr *Ysgol Farddol* gan Dafydd Morgannwg dechreuais gyfansoddi ambell englyn. Bu Alan Llwyd mor garedig â chyhoeddi rhai ohonynt yn y cylchgrawn *Barddas*. Cyfeiriais eisoes at y gwobrau yn Eisteddfod Sain Ffagan am englynion, a chefais ambell un arall. Enillais wobr gyda'r englyn hwn ym Mhontrhydfendigaid:

Ystrad Fflur
Mae adlais hen ffydd gymodlon – heddiw'n
Sancteiddio'i hadfeilion,
Ac yn nyfnder pryderon
Annedd hedd yw'r hafan hon.

Hwn wedyn yn Eisteddfod Maenclochog:

> Machlud (cymuned)
> Heddiw ai'r unig waddol – yw'r hanes
>   A'r enwau hynafol,
>   A than len y gorffennol
> Afiaith hen iaith na ddaw'n ôl?

Cafodd yr englyn hwn ei gynnwys yn y gyfrol *Dagrau Tost* a gyhoeddwyd i gofio am drychineb Aberfan:

> Aberfan
> Heb arwydd gyda'r bore – y llithrodd
>   Y llethrau anaele;
>   Heddiw'r niwl sy'n cuddio'r ne
> A chur yn llethu'r chware.

Bûm mor fentrus â chyhoeddi cyfrol fechan breifat dan y teitl *Cymysgedd*, ond dim ond ar gyfer rhai o'm cydnabod. Prin y medraf gystadlu â'r holl englynwyr ifanc, dawnus sydd yn talyrna yng Nghymru heddiw, a llawer ohonynt wedi dysgu'r gynghanedd o'r crud. Ond gan na allaf wneud croeseiriau, mae cynganeddu'n cadw peth ystwythder yn yr ymennydd.

A minnau'n awr wedi hen groesi oed yr addewid, priodol yw edrych yn ôl ar yrfa bywyd. Cymysgedd o hapusrwydd a gofid yw bywyd y rhan fwyaf ohonom, ac fe brofasom ni fel teulu gyfnodau o'r ddau. Eto, fe gawsom fyw i weld yr wyres a'r wyrion, Ffion, Siôn, Iestyn, Mabon, ac yn awr Owain bach yn cyrraedd ac yn datblygu. Felly, mae dyfodol y Philipiaid yn edrych yn ddiogel. Cafwyd rhai llwyddiannau hefyd. Aeth Geraint ati i ddilyn hanes Owain Myfyr a Iolo Morganwg ar gyfer doethuriaeth a throdd ei draethawd yn gyfrol dan y teitl, *Dyn heb ei Gyffelyb yn y Byd*. Llwyddodd i ennill Gwobr Goffa Syr Ellis Griffith a ddyfernir gan Brifysgol Cymru am y cofiant academaidd gorau. Enillodd Catrin radd BSc dosbarth cyntaf ym Mhrifysgol Califfornia, ac erbyn hyn mae'n fydwraig brofiadol mewn ysbyty fawr yn Sacramento. Cyhoeddwyd cyfrol newydd gan Bethan, *The Lovers' Graves*, yn 2007, yn seiliedig ar hanes rhyfeddol y beddau ar fynydd Llanfair Clydogau. Dyfarnwyd y gyfrol yn Llyfr y Mis wedi iddi ymddangos, a phenderfynodd Bethan fod unrhyw elw'n mynd at Arthritis Care. Fe aeth y gyfrol i ail argraffiad ymhen tua chwe mis, a hyd yn oed heddiw (2018) mae'n dal i werthu. Yn fuan wedi hynny, cafodd Bethan ei chydnabod gan y brifysgol yn Llambed a'i gwneud yn Gymrawd Anrhydeddus ar sail ei chyfrolau a'i gwaith yn paratoi deunydd ar gyfer y cyfryngau.

Cawsom ergyd drom pan fu farw fy chwaer, Jennice. Ar ôl claddu Mam, hi a'i gŵr Brin oedd fy mhrif gysylltiad â'r Waun, a hi oedd yn gwybod am hanes y teulu. Pan fu farw Brin ychydig flynyddoedd wedyn, bu'n rhaid gwerthu'r tŷ lle'm ganwyd a'm magwyd i. Bydd hyn yn brofiad cyffredin i'r mwyafrif ohonom, ond dros y blynyddoedd bu yn ail gartref i mi, Bethan a hefyd i Geraint a Catrin. Ond fe ddaeth trafferthion eraill i'n poeni. Yn 2008 canfuwyd fy mod yn dioddef o gancr y prostad, ac wrth gwrs mae'r gair cancr yn creu pob math o deimladau. Ond penderfynais mai'r feddyginiaeth orau yw bod yn bositif, ac ar ôl chwech wythnos o radiotherapi yn ysbyty Singleton, 'rwyf yma o hyd'.

Yn ystod y pum mlynedd diwethaf dechreuodd Bethan arafu gryn dipyn, a phan roddwyd profion iddi gwelwyd bod yna arwyddion cynnar o ddementia. Roedd hynny'n brofiad anodd i ni gyd i weld rhywun a fu mor fywiog a chreadigol yn dechrau ein gadael ni. Proses felly yw dementia. Bu'n rhaid i minnau ymddwyn fwyfwy fel gofalwr parhaol iddi. Eto, ar y cyfan, roeddwn yn ymdopi'n weddol, ac fe aethom i America at Catrin gan ymweld â'r Grand Canyon a hyd yn oed ar fordaith i Norwy. Ond roedd y dirywiad yn gyson, a chyn bo hir roedd yn rhaid i mi wneud popeth drosti. Llwyddais yn weddol gyda'r coginio, heb geisio bod yn rhy uchelgeisiol, a hefyd meistrolais y peiriant golchi a'r sychwr dillad. Ond ni ches gymaint o lwyddiant gyda'r smwddio na chwaith gyda'r gwnïo. Mae botymau yn dal i fod yn broblem.

Byddai Bethan wrth ei bodd yn mynd ar deithiau yn y car i Aberaeron i gael hufen iâ mêl. Byddai hefyd yn croesawu ymweliadau ag Aberystwyth i weld yr wyrion, ond wrth i'r clefyd ddwysáu byddai ei hadnabyddiaeth ohonynt yn graddol gilio. Yna, os na fyddwn yn cadw golwg arni, byddai tueddiad iddi grwydro, ac ar ddau achlysur bu'n rhaid i gydnabod ddod â hi'n ôl o'r dref. Yna, ar un penwythnos datblygodd gastroenteritis go wael a bu'n rhaid ei chludo i Ysbyty Bronglais. Yno y buodd am chwech wythnos ac ni allaf ond canmol y meddygon a'r nyrsys am eu gofal a'u caredigrwydd tuag ati. Yn ystod y cyfnod hwn gwaethygu eto wnaeth y dementia a daeth yn amlwg bod angen mwy o ofal arni na fyddai'n bosib i mi ei roddi iddi. Felly, fe'i trosglwyddwyd i Gartref Annedd yn Llanybydder a oedd yn agos ac yn gyfleus iawn i mi. Ond dal i ddirywio wnaeth hi yno, ac yn y diwedd bu'n rhaid ei symud i Gartref Nyrsio (EMI) Blaenos yn Llanymddyfri.

Erbyn hyn, nid yw'n gallu fy adnabod ac nid yw'n gallu siarad, cerdded, na bwydo'i hunan. Byddaf yn galw i'w gweld yn gyson, ond gall hynny fod yn brofiad anodd ar adegau. Ambell waith fe lwyddaf i gael rhith o wên a bydd hynny'n fonws. Bydd Geraint a'r plant yn mynd i'w gweld ac yn ddiweddar daeth Catrin a Ffion, yr wyres, 'nôl o America. Gyda dementia ni ellir bod yn sicr beth yn hollol sy'n treiddio i'r ymennydd. Er bod Catrin yn credu iddi gael peth ymateb ganddi, pwy a ŵyr. Yr unig gysur yw ei bod yn cael gofal da ac mae gen i ddyled fawr i'r gofalwyr gan gynnwys y rhai o wlad Pwyl. Hebddynt hwy byddai'r cartref yn cau. Mae'r bleidlais Brexit wedi creu tipyn o ansicrwydd yn eu plith, ond ceisiais eu hargyhoeddi y byddai galw am eu gwasanaeth o hyd. Rwyf hyd yn oed yn ceisio dysgu rhai ymadroddion Pwyleg ar y cyfrifiadur er mwyn eu cyfarch.

Dementia

Mae heulwen dan y cymylau, – a gwên
    Yn gaeth yn y dagrau,
    Ond daw nwyfiant hen hafau
    Yn ei dro i'r co – cyn cau.

Yn ystod y pum mlynedd diwethaf deuthum i sylweddoli pa mor annigonol yw'r ddarpariaeth o fewn y gwasanaeth iechyd i ofalu am y rhai sy'n dioddef o dementia. Wrth ddioddef clefydau eraill ceir triniaeth o fewn ysbytai'n ddi-dâl ac felly y dylai fod, ond pan fydd yn rhaid i ddioddefwyr dementia fynd i gartref, os bydd gan y gŵr a'r wraig fwy na £40,000, gan gynnwys gwerth y tŷ, bydd yn rhaid iddynt dalu. Bydd llawer yn colli eu heiddo gan gynnwys eu tai, ac ni allant gyflwyno'u hetifeddiaeth i'w plant. Yn ddiweddar clywais un o weinidogion y llywodraeth yn amddiffyn hynny ac yn mynnu na ddylid ystyried y cartref fel rhan o'r etifeddiaeth. Os oes angen 'continuing health care', yna mae'r gwasanaeth iechyd yn talu amdano, ond lluniwyd canllawiau eithriadol o gyfyng a rhaid ymddangos gerbron panel er mwyn ei hawlio. Anodd osgoi'r teimlad mai pwrpas hwnnw yw amddiffyn buddiannau'r gwasanaeth iechyd. Rwyf eisoes wedi ymddangos gerbron dau banel heb lwyddo, er nad yw Bethan erbyn hyn yn gallu ein hadnabod, ddim yn gallu siarad, cerdded, na bwyta, a chafodd dair strôc fechan. Yn y panel cyntaf, dywedodd nyrs fod yn rhaid iddynt wneud pob dim i Bethan ond eto nid yw'n deilwng o gael gofal iechyd parhaol, yn ôl yr aseswyr. Er i mi ddelio â chwynion yn erbyn y gwasanaeth iechyd dros gyfnod o bymtheng mlynedd mae ymddangos gerbron y panel hwn yn dal i fod yn brofiad annifyr. Beth am y rhai hynny sydd heb fy mhrofiad i? Mae Beti George, y ddarlledwraig, eisoes wedi gwneud rhaglen Saesneg afaelgar ar ddementia. Penderfynodd wneud un arall yn y Gymraeg a gofynnodd i mi gymryd rhan. Gobeithio y bydd y rhaglenni o gymorth i eraill. Yn ystod yr etholiad diwethaf fe wnaed addewidion ynglŷn â'r gofal i ddioddefwyr dementia, ond gwelwyd yn fuan mai twyll oedd y cyfan. Yn lle colli'r cyfan o werth y tŷ byddai hawl cadw can mil. Ond ystyriwch, os oes gennych dŷ gwerth dau gan mil byddwch yn dal i orfod gwerthu'r tŷ. Gall dementia daro unrhyw aelwyd, felly fe gawn weld a fydd yna lywodraeth yn y dyfodol yn ddigon dewr i ymaflyd yn y broblem gynyddol hon.

Fe ddywedodd rhywun unwaith ei bod yn haws dechrau cofiant na'i orffen. Felly, mae'n bryd tynnu'r llith hwn i ben. Ceisiais roi rhyw syniad o 'mhlentyndod mewn cymdeithas lofaol Gymraeg ei hiaith, cymdeithas sydd erbyn hyn wedi diflannu. Yn ystod fy ngyrfa cefais gryn bleser wrth geisio gwella cyfleusterau addysg o fewn y tair sir, ac yn enwedig wrth geisio sicrhau bod seiliau'r Gymraeg yn weddol sicr. Gwelais gryn dipyn o wrthdaro, ond gwelais hefyd lawer o gadernid ac ymroddiad ymhlith prifathrawon ac athrawon dosbarth. Cefais y fraint o arwain y gyfundrefn addysg mewn cyfnod o newidiadau mawr, a da oedd deall bod y tri awdurdod presennol wedi mabwysiadu llawer o bolisïau Dyfed, gan gynnwys y polisi iaith. Mae yna ddywediad 'henaint ni ddaw ei hunan' a gallaf erbyn hyn dystio i wirionedd hwnnw.

Henaint

Ni ddaw hud hen freuddwydion – yn y nos
    I gynhesu'r galon,
    Ond eiddof bydd atgofion,
    A'r lleddf yn gymysg â'r llon.

           J P

Atodiad I

Gwaun-cae-gurwen – Y Filltir Sgwâr

Mae Gwaun-cae-gurwen o fewn plwyf Llangiwg ac fe saif yr hen eglwys o hyd uwchben Pontardawe. Yn y dogfennau defnyddir y ffurf lygredig Llanquicke sy'n gampwaith o Seisnigeiddio. Pan oeddwn yn yr ysgol ramadeg ym Mhontardawe byddem yn mynd 'out of bounds' amser cinio lan i'r hen eglwys, ond dim ond yn ddiweddarach y deuthum i wybod peth o'i hanes. Roeddwn yn ymwybodol bod rhai'n honni mai ffenestr i'r gwahangleifion oedd y ffenestr fach yn ei thalcen, ond wyddwn i ddim nes i mi ddechrau gwneud ymchwil bod Dafydd Wiliam Rhys Gibbs, un o hen brydyddion y fro, wedi'i gladdu dan yr ywen urddasol yn y fynwent.

Yn y drydedd ganrif ar ddeg roedd yr ardal bellennig hon yn rhan o Arglwyddiaeth Gŵyr ac yn eiddo i'r teulu Normanaidd, De Braose. Ym *Mrut y Tywysogion* ceir sôn bod Llywelyn Fawr a'i fyddin wedi croesi'r Mynydd Du yn 1217 i ymosod ar Reginald De Braose, ac yn ôl yr hanes cafodd ei feirch gryn drafferth wrth groesi'r mynydd ac fe gollwyd rhai ohonynt. Fe wersyllodd yn Llangiwg ac wedi iddo greu peth difrod gorfodwyd De Braose a chwech o'i farchogion i ddod i'w gwrdd ac i ildio iddo. Yna aeth Llewelyn yn ei flaen i 'gastell seynenis' sef Abertawe. Crogwyd aelod o'r teulu hwn, sef William de Braos (Gwilym Brewys), gan Lywelyn pan oedd ar ymweliad â Gwynedd. Mae'n debyg iddo ddod yn ormod o ffrindiau â Siwan, gwraig Llywelyn. Ceir yr hanes yn y ddrama *Siwan* gan Saunders Lewis. Ar ymylon gogleddol Arglwyddiaeth Gŵyr roedd maenor Kaegurwen ac afon Aman yw'r ffin rhyngddi a

Sir Gâr. Mae enwau fel Neuadd a Maerdy, sy'n dal hyd heddiw yn y cylch, yn awgrymu bod yma Faerdref Gymreig yn y Canol Oesoedd. Os felly, taeogion fyddai trwch y trigolion yn gweithio ar dir yr Arglwydd ac o dan reolaeth y 'maer biswail' oedd yn byw yn y Maerdy.

Pan wnaed arolwg o 'Manerium de Kaegurwen' yn 1610 cyfeiriwyd at y tenantiaid hyn fel 'customary holders', sef disgynyddion yr hen daeogion. Erbyn hynny roedd Kaegurwen yn eiddo i William Iarll Penfro, a byddai llawer o'r hen drethi yn dal yn ddyledus iddo. Roedd hynny'n cynnwys yr 'heriot' sef treth ar farwolaeth un o'r tenantiaid.

> The Lord's tenants dying within the said Lordship or Manor, upon their own possessions, are to pay as heriot to the Lord the best beast that he or they so be owners at the time of their death and if they have no beast five shillings. (Survey 1610)

Gallai'r Arglwydd gymryd eiddo unrhyw ddrwgweithredwr a hefyd eiddo unrhyw un a gyflawnai hunanladdiad. Roedd hawliau'r Arglwyddi hyd yn oed yn ymestyn dros y glo oedd o dan y ddaear, adnodd a fu mor bwysig yn nes ymlaen yn natblygiad y pentref. Ond gallai'r tenantiaid gloddio ar gyfer eu defnydd personol hwy. Roedd gan yr Arglwydd dŷ o fewn y faenor, sef y Neuadd Wen, er nad oedd yn blasty o bell ffordd. Cyfeirir ato weithiau fel 'hunting lodge' pan ddeuai ef i hela yn y cylch. Ynghlwm wrth y neuadd roedd melin yr Arglwydd, Melin Gurwen, a byddai'n orfodol i'r tenantiaid falu eu ceirch yno a thalu swm priodol iddo am gael gwneud hynny.

Felly, ardal dlawd oedd hon, a rhan helaeth ohoni'n dir comin gwastad yn ymestyn tua godre'r Mynydd Du. Enw gwreiddiol y comin oedd Gwaun Kegerwen ond yn ddiweddarach trodd hwn yn Gwaun Cae Gurwen, a dyma'r enw roddwyd ar y pentref. Roedd yr ardal wedi'i hamgylchynu gan fryniau, a alwem ni'n fynyddoedd. Mynydd y Cawdor, Mynydd Betws, Mynydd Penllerfedwen, Mynydd y Baran a Mynydd y Gwair.

Aeth George Borrow, awdur *Wild Wales*, drwy'r ardal yn 1854 ar ôl treulio noson ddifyr yn nhafarn y Ffarmers, Gwter Fawr (Brynaman). Ond ni welodd ddim o werth y bore trannoeth ar ei ffordd i Gwm Tawe ond y 'low, sullen peaty looking hills'.

Yn 1864 cyhoeddwyd erthygl 'Hen Brydyddion Cwmaman a Llangiwg' yn *Y Beirniad*, ac ynddi ceir disgrifiad o'r tirwedd. 'Mae'r Mynydd Du yn uchel ei ben a mawnog ei dir, ac ym mhlwyf Llangiwg byddai Gwaun-cae-gurwen gorsog a garw.' Hefyd ceir disgrifiad o drigolion y cylch. 'Dynion cryfion a gwladaidd... yn hynod ddifalch yn eu gwisgoedd yn wastadol. Eu prif ddifyrrwch ydoedd adrodd yr helwriaethau a gwelediad canhwyllau cyrff, ynghyd â gwneud penillion y naill i'r llall.'

Felly, rhigymwyr parod eu hawen oedd mwyafrif beirdd yr ardal. Nid oedd ganddynt unrhyw wybodaeth o'r gynghanedd na'r mesurau caeth. Mae hynny'n ddealladwy gan mai disgynyddion y taeogion oedd y trigolion, ac yn ôl y cyfreithiau Cymreig nid oedd hawl gan daeog ymhél â chrefft y bardd. Hefyd nid oedd yma blasty o werth lle gallai'r beirdd gael eu noddi fel yn rhai o'r cymoedd eraill. Ond eto roedd gan y rhigymwyr swyddogaeth o fewn y gymdeithas. Pan fyddai rhyw fân droseddu, ni ddygid y troseddwyr i'r llys, ond byddent yn gorfod ymddangos gerbron y Cwrt Bach lleol a gynhelid gan y beirdd. Ceir sôn am sefyllfa debyg pan gyhuddwyd Pali Shon Awbrey o dynnu coed tân o'r perthi a'u llosgi. Fe'i dygwyd gerbron y cwrt hwn a'r erlynydd oedd Dafydd William Rhys, un o feirdd amlycaf Llangiwg. Dyma'r dystiolaeth a gyflwynodd yn ei herbyn.

Mi glywais i gan rywun
Fod Pali'n tynnu polyn,
O'r adwy geuais i â drain
Yng ngodrau Gwaun y Felin.

Dal i bledio'n ddieuog wnaeth Pali, ac aeth yr erlynydd yn ei flaen.

Mi brofaf i fod Pali
Trwy'r parthau'n mysgu* perthi,
Ac nad oes gwaeth trwy'r byd yn bod
I lusgo co'd i losgi.

* datod

Cafwyd Pali druan yn euog, a'r gosb oedd gorfod gwrando ar benillion dychanol y beirdd amdani, a byddai'r rhain yn dal ar gof ei chymdogion am flynyddoedd.

Roedd un bardd yn sefyll uwchben y lleill, sef Owen Dafydd, y melinydd o Gwmgrenig, ond a fu am beth amser yn cadw melin Caegurwen. Torrodd storm allan ym mhlwyf Llangiwg pan drodd y Parch Josiah Rees gapel Gellionnen yn gapel Undodaidd ar ddechrau'r bedwaredd ganrif ar bymtheg. Cafwyd ymateb ffyrnig gan Annibynwyr y cylch ac Owen Dafydd yn eu plith. Cyfansoddodd y faled 'Duwdod Crist' yn ymosod ar y Sosiniaid a bu'n ei chanu ar hyd y ffeiriau. Yn anffodus roedd ganddo ef un gwendid amlwg, sef y duedd i feddwi ar adegau. Mewn gwledd briodas yn ffermdy'r Gwndwn Gwyn uwchben y Waun, cafodd ei wawdio gan rai o'r Undodiaid oedd yn bresennol.

Mae Owen lawn mor laned
Â neb o'r Calfinistied,
Ond peidied ef â meddwi mwy
Ymhlith y Dwyfundodiaid.

Er ei fod dan ddylanwad y ddiod, saethodd y pennill hwn yn ôl yn syth.

Achubwyd Lot er meddwi, mae heddiw yn y nef,
Ni chlywir neb yn dannod ei fedd'dod iddo ef;
Achubwyd ddim o Judas, mae'r Beibl gen i'n dyst,
Achubir neb o'r rheiny sy'n gwadu Duwdod Crist.

Erbyn blynyddoedd cynnar y bedwaredd ganrif ar bymtheg roedd yr ardal yn wynebu newidiadau mawr. Wrth i'r Chwyldro Diwydiannol ymledu ar hyd de Cymru, roedd yna werth arbennig i'r cyfoeth dan gomin y Waun. Roedd yma lo caled o ansawdd da. Dechreuwyd suddo nifer o byllau yn Nyffryn Aman a'r cyffiniau a datblygodd pentrefi fel Brynaman, Garnant, Glanaman ac wrth gwrs y Waun a Chwm-gors. Cynyddodd y galw am weithwyr i'r pyllau glo, a dechreuodd trigolion rhannau gwledig Sir Gâr a Cheredigion groesi'r Mynydd Du i'r *eldorado* newydd hon. Yn wahanol i gymoedd y de, Cymraeg oedd iaith bron y cyfan ohonynt, ac ni chafwyd dylifiad o Loegr fel yn y Rhondda. Cymhathwyd yr ychydig a ddaeth dros Glawdd Offa a dysgasant Gymraeg yn go fuan, felly daeth teuluoedd fel y Bizbys a'r Pedericks yn Gymry Cymraeg da a llwyddwyd i gadw'r iaith yn gadarn hyd yn gymharol ddiweddar.

Suddwyd yr Hen Bwll ar y Waun yn 1837 a dilynwyd ef gan bwll y Maerdy, y Steer Pit ac yna'r East Pit. Yn eu hanterth cyflogwyd tua 2,700 o lowyr ym mhyllau'r Waun a'r 'drifft' yng Nghwm-gors. Daeth yn amlwg yn go fuan bod yna bris i'w dalu am y glo. Canodd Owen Dafydd faled ym mlynyddoedd cynnar y ganrif am ddamwain erchyll a ddigwyddodd yng Nglofa Brynmorgan. Cafwyd ffrwydrad (tanad) a lladdwyd pump o'r glowyr. Mewn un pennill mae'n adrodd rhai o'u henwau.

> Dafydd Shon a gariai'r golau,
> Pan enynnai'r elfen dân
> At Shon William ar y trawiad,
> Oedd yn dyfod yn y bla'n.
> Joseph William am ei blentyn,
> Gyda'i wraig mewn galar sy,
> Mynd yn iach o'r gwely'r bore,
> Dod yn farwol gorff i'r tŷ.

Ni allod y Waun ddianc rhag trychineb o'r fath oblegid, yn 1847, wrth i'r glowyr gael eu codi o'r Hen Bwll torrodd y tsiaen a ddaliai'r caets ac fe hyrddiwyd chwech o lowyr i

waelod y pwll a'u lladd. Cafwyd yr adroddiad hwn ym mhapur
y *Cambrian:*

FRIGHTFUL ACCIDENT (six lives lost) On Wednesday last the
neighbourhood of Gwaun-cae-gurwen was thrown into a state
of great consternation due to one of those melancholy colliery
accidents... It appears that on Tuesday evening last at about six o
clock David Matthews aged 36, Evan Rees 37, John Lewis 28, John
Mainwaring 30, Richard Williams 18, Thomas Rees 17, all colliers
went down the coal pit. After the signal was given to raise the
platform, the flash of the men's candles was seen from the top of
the pit, but when the carriage was a short distance from the top a
crash was heard and the carriage falling down. Shortly afterwards
it was reported that all the men had been killed. On viewing the
chain it was found that one of the links had a small flaw and had
broken. The poor fellows were literally dashed to pieces. David
Matthews has left a wife and three children, Evan Rees a wife and
three children, and John Lewis a wife and two children, to lament
their unhappy fate. The other three were single men.

Nid dyma'r tro olaf i ddamwain o'r fath ddigwydd. Ymhen
bron deugain mlynedd cafwyd damwain debyg ym Mhwll
Perkins, Garnant, rhyw filltir a mwy o'r Waun. Ym mis Ionawr,
1884, roedd y caets ar gychwyn i lawr pan dorrodd y tsiaen a
lladdwyd deg o lowyr. Ceir yr hanes yn y daflen a gyhoeddwyd
i gofio'r drychineb:

Er coffadwriaeth parchus am y rhai a gyfarfyddant a'u diwedd
mewn modd truenus yng Nglofa y Garnant Pwll Perkins, Dydd
Mercher, Ionawr 16eg 1884 oddeutu pedwar o'r gloch y boreu.
Roedd y Gwaith yn dechrau yn gynt nag arfer y bore hwn er gadael
yn gynnar i fyned i hebrwng gweddillion annwyl briod un o'r
gweithwyr. Cymerodd y ddamwain le trwy i gadwyn dorri pan oedd
y Cage megys yn cychwyn i lawr a hyrddiwyd deg i arall fyd mewn
amrantiad.

Ymhlith y rhai a laddwyd roedd pedwar crwtyn, yr hynaf
yn un ar bymtheg a'i frawd yn bedair ar ddeg. Hefyd, collwyd

dau arall yn bedair ar ddeg oed, ond y mwyafrif yn wŷr priod â theuluoedd. Bu'n rhaid i 'nheulu innau dalu peth o bris y glo oblegid yn 1879 lladdwyd fy hen dad-cu, Morgan Phillip, yn yr Hen Bwll ar y Waun ac yntau ond hanner cant. Yn 1922 cafodd fy nhad-cu, William Jones, ddamwain yng ngwaith Cwm-gors a bu yntau farw yn ei bumdegau cynnar.

Perchnogion y pyllau, cyn y gwladoli yn 1947, oedd yr Amalgamated Anthracite Company o swydd Efrog. Erbyn heddiw nid oes un o'r pyllau ar agor. Yn 1948 caewyd y Maerdy, yn 1959 y Steer, yn 1963 yr East Pit ac yn 1965 gwaith Cwm-gors. Agorwyd pwll newydd Abernant rhwng Cwm-gors a Rhyd-y-fro, ond yn fuan wedi'r streic fawr caewyd hwnnw hefyd. Mae'r tipiau, fu'n nodwedd mor amlwg, wedi'u gwastatáu a heddiw rhwygir y comin gan beiriannau enfawr sy'n codi'r glo brig ac nid oes angen gymaint o weithwyr ar y math hwn o gloddio. Prin oedd y cyfleoedd newydd a gynigiwyd i'r cynlowyr, a heddiw mae'n rhaid i lawer deithio tu allan i'r pentref i ennill bywoliaeth. Erbyn hyn mae'r ardal yn ddieithr iawn i'r rheini, fel finnau, sy'n alltudion mwyach.

Gwelsom eisoes fod y Waun yn dal i gael clod am fagu'r chwaraewr byd enwog, Syr Gareth Edwards, a bod yntau'n barod iawn i arddel y pentref. Rhaid cofio bod y Waun hefyd wedi magu cyn-Archesgob Cymru ac yn y rhaglen *Beti a'i Phobol* yn ddiweddar bu'r Gwir Barchedig Barry Morgan yn sôn am ei fagwraeth a'i ddyled i'r gymdeithas yno. Mewn ardal lle roedd y traddodiadau anghydffurfiol wedi gwreiddio'n gynnar, byddai'r Hen Dadau yn sicr wedi rhyfeddu wrth weld un o feibion y Waun yn esgyn i binacl y drefn Anglicanaidd. Yn anffodus, ni allwn ni, gyn-ddisgyblion Ysgol Ramadeg Pontardawe, ei arddel oblegid fe ddewisodd ef fynd i Ysgol Ramadeg Ystalyfera. Ond eto gallwn ar yr un pryd ymfalchïo yn ei lwyddiant.

Yn yr hen amser cyfeiriwyd at drigolion y pentref fel 'Boncs y Waun'. Ni allaf esbonio'r ystyr, ond fe allwn yn sicr ymfalchïo yn y ffaith ein bod ni wedi ein magu yno.

Atodiad II

Ar ddyrchafiad Mr. John Phillips yn Brif Weithredwr Dyfed

I un a fawr edmygaf
Anfonaf rigwm blêr
Ar gael dyrchafiad sicr
Yn awr i blith y sêr.

Fel Cyfarwyddwr Addysg
Gwnaeth ddiwrnod gwych o waith,
Er cael problemau mawrion,
Fel hunllef lawer gwaith.

Fe wyddai beth oedd chwysu
A chafodd sawl pen tost,
Ond daliodd at ei bethau
Fel dur heb gyfri'r gost.

Bu'r iaith a'i pholisïau
Yn destun lot o strach,
Ond lloriodd ef bob beirniad
Gan gynnwys Alan Bach!

Bellach mae'n Brif Weithredwr,
Pennaeth pob tre a phlwy:
Ei oriau fydd yn fyrrach
A'i gyflog fydd yn fwy.

Ac ni fydd esgus mwyach
Dros smocio baco rhad;
Gall fforddio pwys o 'Dunhill'
Fel crachach mwya'r wlad.

Gall lenwi ei gypyrddau,
Ei gabinet a'i ffrij,
A llenwi'r bib a phwffian
Fel trên bach Devils Bridge.

Mae'n siŵr fod rhai dihirod
Yn Nyfed eto'n byw,
Ond rhaid i ti ddim ofni,
A Bethan wrth y llyw.

Fe setla hi'r dihirod
I gyd, rwy'n gwbl siŵr,
Ac ni chaiff un ohonynt
Wneud loes i'w hannwyl ŵr.

Ac fel y lleidr hwnnw,
Gofynnaf innau'n llon,
'A gofi fi pan ddelych
I 'th deyrnas – wnei di, John?'

George Ladd